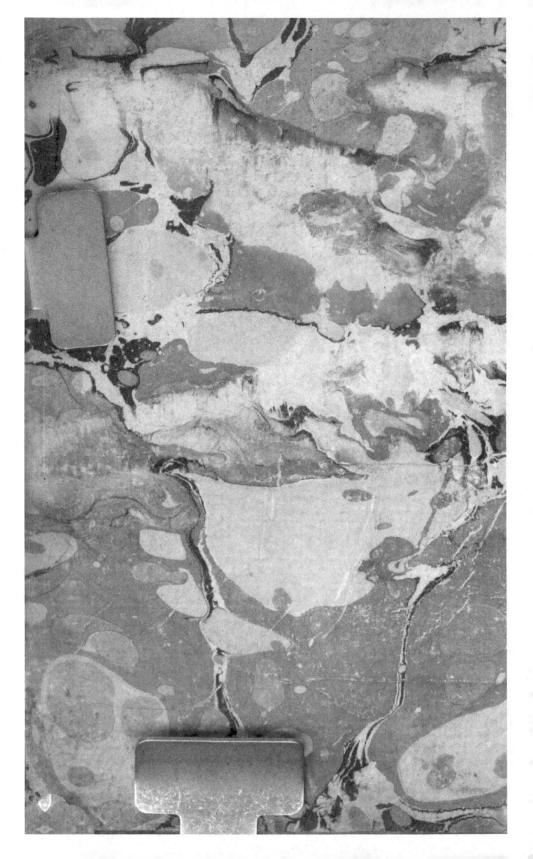

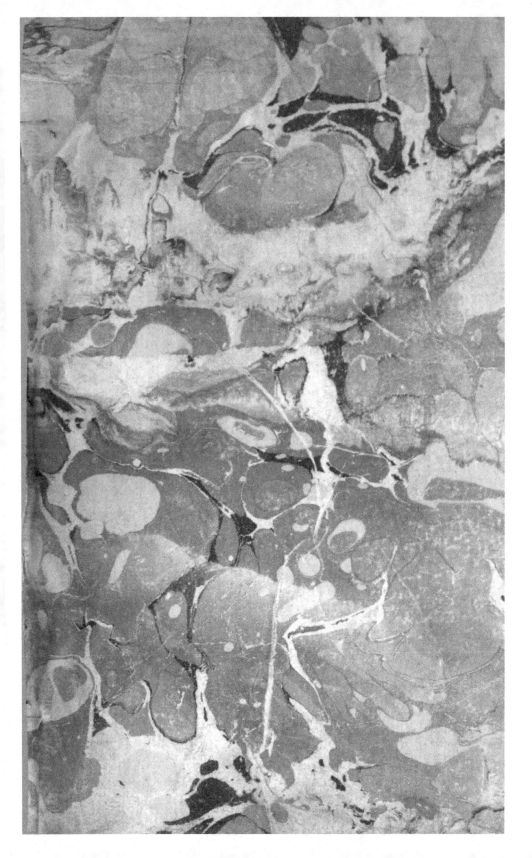

ENSAYO
SOBRE LA POLICÍA GENERAL
DE LOS GRANOS,
SOBRE SUS PRECIOS,
Y SOBRE LOS EFECTOS DE LA AGRICULTURA:
Obra anónima

traducida del francés al castellano.

OBSERVACIONES SOBRE ELLA,
Y
ANALISIS
DEL COMERCIO DEL TRIGO,
Executado todo de órden del Supremo Consejo
de Castilla

P O R

El Comisario Ordenador Don Thomas Anzano , Tesorero del
Exército y Reyno de Aragon.

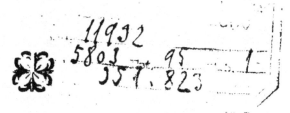

Madrid : En la Imprenta de Don Antonio Espinosa.
Año de 1795.

AL PÚBLICO

DEL REYNO DE ESPAÑA.

Acaso ninguna otra ofrenda literaria se verá mas desinteresada ni ménos lisonjera , porque ácia el público no ca-

ve

ve adulacion , ni esperar de él premio
ó recompensa ; por conseqüencia , mejor ofrece motivo de temor que de re-
conocimiento : sin embargo es el mas
digno de amarse.

Regularmente se tributan semejantes obsequios por relaciones de gratitud
ó de interés , ó tambien por de ciencia
en las materias que hacen sus respectivos asuntos , mas éste aun de tales co-
nexîones carece ; pero contiene quantas acredita la justicia de un sincéro
omenage al Héroe á quien se consagra
por su dignidad y por su instruccion;
y por interés universal, sin exceptuar á
un solo individuo de ambos sexôs , de
todas edades , clases y estados, de un

Pueblo, de una Provincia, y de todo un Reyno.

Lo mucho que padeció el Reyno en general, especialmente las Provincias de Castilla la Vieja, la primavera del año de 1789 por falta de pan, fué digno objeto de la mas séria meditacion.

Por una parte no se reconocia motivo inmediato, capaz de extender súbitamente la escasez del trigo, y de elevar sus precios con rapidez, hasta el de 150 reales fanega castellana en algunas partes, porque las cosechas precedentes á este suceso no fueron fatales. Por otra nos persuadiamos que la libertad con que giraba el comercio de este fruto proveería en tiempo de re-

remedio , y embarazaría tales excesos
desde el punto que se reconociesen ini-
ciales: Sea como fuere , la penuria fué
cierta , y no el socorro : evidencia una
y otra , que movieron mi ánimo para
investigar la causa , de cuyas resultas no diré absolutamente , que ella fué
el comercio del trigo , pero sí su extracción á Francia.

　La deliberacion de este juicio me
ratificó en el de que es muy conveniente especular á ciertos tiempos el curso
y sucesos de toda providencia económica susceptible de variaciones. La de
este tráfico no cede á ninguna en importancia , y por lo mismo tampoco en
necesidad de apurar sus efectos. El
pe-

periodo de veinte y cinco años. (hoy
treinta) que han mediado desde el
de 1765, en que se autorizó por ley
hasta aquel triste acaecimiento, es
bastante para dar conocimientos nada
equivocos de su potencia y exercicio,
no obstante las novedades y alteraciones á que está sujeto.

Todo esto se representaba á mi ima-
ginación, instándome á decir lo que en-
tendiese del comercio de los granos en
nuestro Reyno. En fin me resolví y for-
mé la idea de trabajar su analisis para conocimiento de su esencia, y discernir mejor si pudo tener parte en la
tragedia de entónces, y lo que en lo
sucesivo pudiera influir á socorrer.

La eleccion de materia sobre que procederá la operacion era mi primer empeño. Varios escritos reconocí, pero ninguno mas copioso ni enérgico que el Anónimo Francés: Ensayo sobre la policía general de los granos, sobre sus precios, y sobre los efectos de la Agricultura, impreso en Londres el año de 1754, y reimpreso en Turin en el de 1755; cuyas ambas ediciones se apreciaron como un tesoro, graduando la obra en los papeles públicos de Europa por del mejor órden, precision y elegancia de que es susceptible el asunto, por cuya solidéz de razonamientos fué aplaudida de un gran número de personas ilustradas.

Las

Las memorias de Treboux se creen enriquecidas con solo publicar sus encomios , prefiriendo este volumen á otros inmensos que llenan las Bibliotecas. *En un extracto que hizo de él en castellano el año de* 1765 *Don Josef Lope, dice,* que apenas lo vió le pareció muy digno de estimacion , y que su Autor dió bien á conocer su gran talento y profunda sabiduría en esta materia por un tratado completo de universal aprobacion ; *y por este universal aprecio me determiné á tomarle por materia de mi analisis ; á la que procedo por el órden de narracion del Autor, aunque no de concepto en todo.*

En Mayo de 1790 *presenté al Rey*

b   es-

esta pieza, aunque màs reducida, y S. M. se sirvió recomendarla al Real Consejo: de cuyo exámen á dictámen fiscal resultó un *Auto de S. A.* para que yo traduxese literal y completamente el tratado anónimo Francés Policía general de los granos, con las notas y observaciones que me pareciesen mas adaptables á la constitucion general de nuestro Reyno, y á la de cada singular Provincia, valiéndome de lo mismo que ya habia yo escrito, y de lo mucho que se ha publicado en Europa de algunos años á esta parte.

Así lo he hecho en quanto he podido; y aunque algunos con quienes creí conveniente tratar ciertos puntos,

qui-

quisieron á título de solicitar mi salud
(siendo el verdadero el de que apologi-
zase la libertad) disuadirme de todo
trabajo que no fuese el de la pura y
simple traduccion, no juzgué conveniente seguir sus dictámenes, porque
faltaria á la parte esencial de manifestar mis observaciones como el Consejo
me manda: á mas que ofenderia á
muchos sábios Españoles y Extrangeros que adquirieron derecho á ser oidos
una vez que se me mandó, y acepté
exponer sus votos en qualquier sentido
que los explicasen, y parcializaria
mi sistema contra el espíritu del Consejo, si no mas refiriese los de un parecer, con crímen contra el público,

ha-

haciendo estanco y monopolio de muchas curiosas y buenas noticias que dexaria en el caos sin sacarlas á la luz á que el Gobierno quiere exponerlas.

La doble prevencion de que yo traduzca literal y completamente el libro de la policía, y observe lo que me parezca adaptable á nuestra Nacion, con presencia de lo que se ha escrito en Europa, precave la opinion poco decorosa de copiante raso en materia tan comun con que quizás me caracterizaria la sola traduccion, haciéndome yo mismo con mi propio silencio esclavo de la opinion que repugno; y al mismo tiempo evita el otro extremo de soberbio

bio si rehusaba las luces agenas que me pudieran iluninar.

Confieso que siempre conviene oir, en todas materias á los forasteros, especialmente en las generales y abstractas; pero someternos absoluta y ciegamente á su parecer en las peculiares propias de nuestro clima, frutos, geografía, legislacion general ó municipal, y en otras cosas de costumbre ó establecimiento, no es justo sin sério exâmen. Yo miro tan odiosa la máxîma de creer único Paraiso al nativo suelo, como fastidiosa la vulgar de no estimar sino lo extrangero. A estos dos respetos, pues, provee la sabiduría del Real Consejo con su órden combinada, cuyo

cum-

cumplimiento no he podido acreditar ántes : lo primero por la preferencia del de mi oficio de Tesorero del Exército de Aragon , Navarra , y Provincia de Guipuzcoa, con mayores ocurrencias en la situacion presente que en otras: lo segundo por no ser comunes ni muy sabidos los libros extrangeros: y lo tercero por el quebranto de mi salud, para cuyo reparo debí á la piedad del Rey me permitiese permutar mi Empleo : confiriéndome los honores de Comisario Ordenador , para que quedase mi opinion en el buen concepto que merecia entre los que ignoraban que la causa de la permuta era la conservacion de mi salud (voces

ex-

expresas de la órden de aviso).

Esta es la historia de esta obra hasta el dia, que espero continuar, si aprueba el Gobierno lo que tengo escrito, y pido al Público acepte mis buenos deseos con la pureza y zelo con que los consagro. Zaragoza 9 de Diciembre de 1794.

Thomás Anzano.

DE-

DEDICATORIA

DEL AUTOR DEL ENSAYO
Á M.ʳ DE MAUPERTUIS,

*DE LA ACADEMIA FRANCESA, Y PRESI-
DENTE DE LA REAL DE LAS CIENCIAS
Y BELLAS LETRAS DE PRUSIA.*

*La amistad que os he profesado desde mi in-
fancia, y el íntimo conocimiento de las qualidades de vuestro corazon me han empeñado á*

c   ofre-

ofreceros este Ensayo. *No es á un Geómetra, á un Filósofo, á un hombre célebre á quien yo lo dirijo; pero sí á un Ciudadano, hombre cabal, y á un verdadero amigo, que reune las virtudes civiles con las prendas del espíritu. Si solo fueseis recomendable por vuestros trabajos y vuestras luces, hariais admiradores, pero no lograriais amigos. Gozad, pues, la feliz ventaja de ser apreciado y amado de los que os conocen. Vos lo mereceis y percibis todo el precio.*

No encontraréis en esta pieza aquellos cálculos profundos, en donde se despliega toda la sagacidad del espíritu humano. No veréis sino simples combinaciones, pero que pueden conducir á la comodidad y felicidad de los Pueblos; y me persuado sin lisonja que los leeréis con placer. Locke y Newton se ocuparon en materias económicas, y vos sois sensible á todo lo que puede interesar la humanidad.

Si yo hubiera podido ceñirme á una precision geométrica, lo hubierais celebrado sin duda, y yo hubiera evitado repeticiones. A vuestras luces son bastantes algunos signos para explicar muchas ideas y convencerlas: á mí me han sido precisas muchas palabras para desenvolver verdades comunes, y tal vez no las habré persuadido. Yo hubiera sido mas conciso, si tuviera vuestra gracia de axîomas y de corolarios, y la de ilustrar instruyendo.

Si no he logrado la fortuna de seguiros en la carrera de las ciencias, á lo menos he conservado el gusto que en mí inspirasteis, y en los diferentes exercicios de mi vida lo he preferido siempre á los objetos mas conocidos. Aquí encontraréis algunas ideas de esta verdad, y ciertos principios de ardor de Mr. Melon, nuestro comun amigo. Me he aprovechado de su teoría y de vuestras conversaciones, y he usado de una y otras para reflexîonar sobre lo que nos rodea, y exâminar la superficie de esta pequeña parte del Universo, que contiene nuestra patria. Mientras vuestro ingenio recorre los Cielos,

mi-

mide los Polos y perfecciona la navegacion, y
nos demuestra el modo de transportar con menos
riesgo las producciones de nuestro suelo, yo ex-
hortaré á nuestros conciudadanos, adviertan la luz
que se insinúa; y me congratularé, si aprobais
mi zelo, y si puedo empeñar á nuestros patriotas
á estimar y á cultivar la tierra que habitan y los
alimenta.

ADVERTENCIA

DEL AUTOR DEL ENSAYO.

Este Ensayo no se escribió ciertamente para darlo al Público; pero habiéndose impreso la primera parte contra la voluntad del Autor, se ha determinado á retocarla y añadir algunas reflexîones sobre el precio de los granos y sobre la agricultura.

Desde la publicacion del Decreto del Consejo de 17 de Septiembre de 1754, que permite el comercio de granos en el Reyno y su salida por algunos Puertos de Langüedoc, seria inútil dilatarse sobre esta libertad, si algunos no la mirasen como ruinosa, y no fuese necesario que el Público tenga siempre á la vista los motivos de este nuevo reglamento, y penetre las ventajas que pueden resultar de un comercio mas extenso. Muchas veces se necesita del sufragio de los Pueblos para concurrir al bien general,

y

y este es mas efectivo quanto mas llega á conocerse.

Acostumbrados á tener toda especie de transportes de granos, no ha mucho tiempo que su comunicacion aun en el mismo Reyno no se hacia sin dificultad, y se miraba como dañosa en la mayor parte de nuestras Provincias. La resolucion que acaba de publicarse ha corrido el velo, y nos pasma cómo no hemos conocido ántes, que su comercio interior no solo es útil, sino tambien indispensable. Exâminemos ahora sin prevencion, si su comercio exterior puede hacerse sin contingencias y con ventajas de los súbditos y del Estado.

No es la primera vez que se ha agitado en Francia esta qüestion. Principios precedentes se encuentran ya en un tratado publicado por un Autor Francés (a), que asegura, que quantos

mas

(a) Se encuentra en el Detalle de la Francia, impreso la primera vez en 1695.

mas granos vendamos fuera, mas abundante será nuestra cultura, y mas florecerá el Reyno.
Esta opinion, fundada en muy probables razones, ha sido sin duda tenida por una paradoxa.
Ni las Memorias anunciadas en 1739 por un
célebre Magistrado, ni otra impresa en 1748
para probar las utilidades de la exportacion de
granos, ni los libros económicos que han tratado poco há de ellas, han podido vencer la repugnancia con que hemos mirado la extraccion de nuestros granos//el proponerlo solo nos
asusta, y semejante proyecto queda al punto so-
focado baxo la autoridad de la ley y del hábito,
oponiéndosele dificultades asombrosas; y en fin,
ni se le dan oidos, ni se le exâmina.

Debiera por lo menos el exemplo de nuestros vecinos (son los Ingleses) empeñarnos á pesar maduramente las razones en pro y en contra
sin atenernos siempre á autoridades poco medi-
tadas.//Nosotros vendiamos muchos granos fuera
del País antes de ocurrirnos que este comercio

po-

podia ser con perjuicio nuestro. Despues se han aprovechado á nuestra costa las naciones que mejor conocen sus intereses. Lo visible es haber adelantado su agricultura, y contribuido al aumento de sus riquezas y de su Marina : consideraciones harto eficaces para dispertar el zelo del bien público, y la atencion del Gobierno.

Por lo demas, las reflexiones de este Ensayo no son fruto de la novedad ó de la imaginacion. Las sendas de la fuerza y opulencia de los Estados están abiertas mucho tiempo ha ; ¿para qué buscar otras nuevas con riesgo de extraviarse? Elijamos las mas ciertas y que tenemos mas á mano. La atencion, la experiencia y el juicio nos conducirán con mas seguridad que el espíritu de invencion.

Cien veces se ha dicho que la agricultura es el apoyo de los Estados, y la basa del comercio y de la opulencia : verdades tan vulgares, que con facilidad las olvidamos por correr en pos de objetos mas brillantes y menos sólidos.

Im-

Importa sin embargo no perder de vista ni un momento este principio sencillo, pero universal, á saber : Que la tierra bien ó mal empleada, y los trabajos de los súbditos mas ó menos bien dirigidos, deciden siempre de la riqueza y de la indigencia de los Estados. Lo físico del clima obedece á las precauciones del Legislador ; la industria de los habitantes se acomoda á su voluntad ; la tierra y el trabajador se animan al eco de su voz benéfica.

¿Qué no debemos esperar de la atencion de nuestro Monarca, y de unos Ministros que se afanan por la utilidad pública, y procuran adelantar los conocimientos económicos? Quanto mas comunes sean estos, mas nos empeñaremos, como corresponde á unos ciudadanos bien intencionados, en contribuir al bien de la Patria, en el que tienen tanta parte la subsistencia de los Pueblos y la Agricultura, que no podemos menos de exâminar sus causas y sus efectos. Es preciso mirar dichos conocimientos por diferentes lados,

d dos,

dos , *para percibir toda su extension* ; *y nunca sobre ellos podremos decir que hemos reflexîonado lo bastante. Sobre objeto de tanta importancia convidamos á todos los buenos ciudadanos á que propongan sus observaciones , y descubran los errores en que será facil haber incurrido:* Maxîmæ sibi lætitiæ esse prædicabit quod aliquos Patria sua se meliores haberet : *Valerio Max. lib. 6. cap. 4.*

AD-

ADVERTENCIA PROEMIAL

DEL AUTOR DE LA ANALISIS.

Este escrito se presentó al Rey en mucho ménos volumen del que hoy forma, porque solo traduxe del tratado del Ensayo de la Policía de los granos, lo preciso para hacer analisis de su comercio.

S. M. despues de haberlo hecho exâminar y merecido aprobacion, quiso pasase por la séria inspeccion del Consejo.

La circunspeccion de este sábio Tribunal, precedida duplicada censura y dictamen de los Señores Fiscales, entendió conveniente traduxese yo literal y completamente la expresada obra francesa, y que añadiese las notas y observaciones que creyese mas adaptables á la circunstancias generales de nuestra Nacion, y particulares de cada Reyno, tomándolas de los muchos libros publicados en Europa sobre el referido asunto, de algunos años á esta parte, y de lo mismo que yo habia trabajado.

Este supremo Senado conoce quanto interesa la Nacion en un metódico tratado sobre asunto tan importante, tratado regularmente por principios y datos generales, ó por simples anedoctas en papeles periódicos.

A mí me fuera muy lisongero y decoroso poder contribuir á un pensamiento tan útil; pero he de confesar como

hom-

hombre de bien, que su gravedad excede á mis talentos ; y
en el dia á mi débil salud, por cuya notoriedad, merecí
á la bondad del Rey, se sirviese condescender, en que de
Contador del Exército de Castilla, permutase con un Tesorero del de Aragon, mi país nativo; concurriendo tambien
la circunstancia de tocarme servir al año inmediato. Estos
obstáculos lo han sido igualmente para imponerme como
queria y convenia de algunos mas tratados extrangéros
de los que he podido ver : verdad es tambien que los de
esta clase no son tan comunes que se encuentren en qualquier
pueblo, ni aun se sepa donde hallarlos para poderlos comprar, como me ha sucedido con algunos de que he tenido noticia, y no ha sido dable adquirirlos ni aun verlos.

No obstante he cumplido como he podido con lo que se
me manda, aunque salva la veneracion á la sábia resolucion del Consejo, puedo decir que en vano, porque quantos han escrito madernamente sobre el punto Españoles y
Extrangeros miran al Autor que traduzco y medito, unos
como caudillo para seguirle, y otros como al enemigo mas
poderoso para temerle. Y el ver su general estimacion me
movió á elegirla por materia de mi analisis, concluyendo por esto, que la disertacion sobre este tratado reasu-
me en sí la substancia y fuerza de todos los de su especie,
pues él contiene los anteriores, y á él siguen los sucesivos.

Lo

Lo cierto es, que el exercicio de mi obediencia me ha constituido en el de gratitud al precepto, pues en su cumplimiento he hallado un apoyo evidente de toda la idea, que quizá no mereceria aprecio por ser mia, y es regular lo tenga ahora con la calificacion de otros votos de superior órden.

Por esto no debe extrañarse inserte muchos trozos de traduccion de varios Escritores; pues como el Consejo ha querido lo haga integramente con el Ensayo, porque conoce conviene á la instruccion pública, el mismo deseo le supongo ácia qualquier otro escrito que la produzca, porque su justificacion no se parcializa, sino que rectamente busca lo mas probable y conveniente del caso.

No me ha parecido conveniente usar de muchas notas, á cuya concision no es posible reducirme, porque el asunto pide discusiones prolijas, y manifestar con propiedad la naturaleza del comercio, su potencia intrínseca, sus actos peculiares ó accidentales, perpetuos ó temporales, y todos segun las respectivas circunstancias de tiempos, casos y lugares, y no cave hacerlo enérgicamente, sin union de especies, que producidas ilativamente se inflamen; y de este modo la demostracion de una, ilumine y prevenga la otra.

En el Ensayo va la doctrina literal del Autor, traducida con quanta exáctitud y propiedad me ha sido posible segun el original, y aunque intercalo algunas advertencias

bre-

breves mias , van entre paréntesis y letra bastardilla pa-
ra mejor comprehension , ó para mas fácil comparacion
con cosas semejantes , especialmente en reducciones de mo-
nedas y medidas.

A continuacion pongo mis observaciones y las de va-
rios Escritores , señaladas con comas al márgen , de ma-
nera que qualquiera podrá instruirse única y perfectamente
del Ensayo de la Policía de los granos *sin distraerse*
á su glosa , y lo mismo de esta sin dependencia precisa ni
union de aquel , y entiendo que para formar concepto cabal
de todo , debe hacerse así á lo ménos por capítulos.

Por lo mismo y al mejor logro de este efecto , me ha
parecido del caso renovar en la Analisis los datos mas esen-
ciales de la traduccion sobre que discuto para llamar pron-
tamente la atencion ; y sea regla general , que en quanto
en mis discursos se vé de letra bastardilla es del Ensayo,
aunque no le explique : á excepcion de alguna otra autori-
dad que tambien vá en los mismos caracteres , pero inme-
diato á ellas digo cuyas son.

El que me increpe de impertinente en las demostracio-
nes no se hará honor , porque si sabe que uno de los prin-
cipales cargos de la crítica á un Escritor , es la impropie-
dad del título con la materia, no debe ignorar, que habién-
dome propuesto caracterizar mi obra de Analisis, no puedo

pres-

prescindir de la prolixidad ni de la difusion; pues como en
las disecciones no solo se separan las partes continentes, sino que tambien descubre su cavidad, se extraen las contenidas y se manifiesta el mecanismo de unas y de otras, en la
Analisis se apuran todos los mixtos hasta disolverlos.

Para hacer menos grave este cargo, tengase presente
que aunque el Autor divide su tratado en diferentes articulos, el objeto de todos es la libertad del comercio y extraccion de granos, cuya máxima inculca en todas las materias; y por lo mismo repite en varios capitulos unas mismas ideas; y yo debo hacer otro tanto quedando ambos á
cubierto con este juicio del Baron de Bielfeld en sus Instituciones Políticas. ,,En una obra sistemática (como ésta)
,, nadie debe extrañar que se vuelvan á tocar las mismas
,, materias en artículos distintos. La causa de esta repe-
,, ticion se encuentra en la conexîon natural, que tienen en-
,, tre sí los diferentes ramos de la Política. Un mismo gol-
,, pe alcanza muchas veces á diversos objetos, y es grande
,, satisfaccion para el hombre de estado ver que su ciencia
,, está fundada sobre principios que son de una verdad uni-
,, forme para todos los casos."

Usa mucho del estilo sentencioso con proposiciones absolutas, que para haberlas de interpretar ó exponer, es
preciso proceder por teoremas.

So-

Sobre todo, si se reflexiona la complicacion de la materia de granos, y su importancia se extrañará ménos la nimiedad. Ella es la mas interesante en sí por la especie, y respecto á las resultas la mas grave, por lo mismo intrincadísima para manejarla. Es el alimento preciso á todo racional, y su falta la mas temible; ¿qué posesion mas digna de persuadirse? No se puede tratar de ella con propiedad sin ascender á las relaciones de la Agricultura, ni sin descender al mecanismo y economía del abasto del pan, pues aunque ni la una ni el otro dependen esencial y absolutamente del comercio tienen conexîon íntima con él; ¡qué caos presenta esta combinacion! Dispénseseme del entrar en él porque apenas puedo sino insinuarlo.

El comercio de granos se cree por muchos el Angel tutelar y de paz. No delibero para subscribir á su importancia ¡pero qué discusiones exîge este aserto absoluto! Veo á Sulli y Colvert divididos en sistemas diferentes. Sus clientes respectivos, ya los amplian, ya los moderan, pero siempre se oponen. Necher concilia á ambos y deduce uno como tercera especie prudente y condicionado; mas no se libra de impugnacion, que puede graduarse de calumnia, pues su notador crítico anónimo le niega la mas ligera nocion de este objeto.

Así luchan unos con otros, sin convenirse ni aun en los
pre-

preliminares. He baxo de ordenarse al comercio y hacer hay
cer oficios de precursor, ... dándoles la primera y anquitian-
do su virtud. En prueba siento extensivo exámenes. Primero, el trigo es materia posible y propia del comercio.
Segundo, que el comercio es practicable en el trigo cómo en qualquier otra especie: ... no ... un ... de
problema si el comercio del trigo es ... eficáz en nuestro
tro bien. Este es el punto céntrico para cuyo exámen y conocimiento de fuerza y solidéz, debe analizarse su esencia
por partes, proponiendo varias dudas cuyas declaraciones
deben servir de supuestos, ó á lo ménos de materia para
discursos. Tales son, con que clase de comercio se cuenta
interno ó externo, primario ó secundario, activo ó pasivo,
directo ó indirecto; si el mas conveniente es posible ó accesible el mas útil; si se considera como causa ó efecto si el
acto conforma ó puede conformar con su potencia, siempre
ó algunas veces por sí ó auxiliado. Ultima y mas principal-
mente si ha de ser absoluto y perpetuo, ó respectivo y condicionado uno omitiendo una ... reflexion, sobre si el exemplo de buenos sucesos en otras ... puede ser bastante
para empeñarnos á la imitacion. Añadiré en el Cap. ...
En el progreso de la obra discurriré sobre estas circunstancias aunque no por el orden propuesto, porque el
del Autor de quien no ... puedo desviar impide seguirlos,

y entretanto el ???o ??? ?????? difr???? el todo de mi idea en dos preguntas, la mitad ??????cas, y la mitad ???adas, y una respuesta combinada será la resolución del problema. ¿ Por qué ha de excluirse del comercio al trigo siendo materia tan interesante? Pregunta primera. ¿ Por qué siendo tan preciso el trigo se ha de exponer sin precaución á las contingencias del comercio? Segunda pregunta.

Solucion: cautelándose los riesgos, y templando la libertad, el comercio del trigo será útil, y el trigo será legitimamente comerciable. De otro modo, quanto pueda dañar el comercio de los granos siendo absolutamente libre, otro tanto aprovechará siendo mitigado y cautelado.

Si este prospecto alarma á algunos, les ruego suspendan la censura hasta ver en qué fundo, y cómo pruebo mi sistema, para que considerando el comercio del trigo, no como causa eficiente de la pública utilidad, sino únicamente como instrumento conducente, ??? ??? ??? solo capaz, mas tambien digno de ??????, y para que mi juicio no se tenga por original anunciaré el de Mr. Necher, segun lo manifiesta en el Cap. IV de la Legislacion de granos, por estas palabras: Debe tenerse presente que este comercio (de los granos) no es fin sino medio, susceptible de muchas modificaciones.

IN-

INDICE

DE LO QUE CONTIENE ESTE TOMO.

Tra-

T   TRA-

TRADUCCION DEL ENSAYO
SOBRE LA POLICIA GENERAL
DE LOS GRANOS, SOBRE SUS PRECIOS,
Y SOBRE LA AGRICULTURA.

REGLAMENTOS.

Los frutos de la tierra son los tesoros mas reales de las Naciones. Todo lo que el Arte añade á la Naturaleza, no produce sino riquezas de convencion sujetas á la vicisitud de los tiempos y á los caprichos del uso. Sola la Agricultura está exênta de estas revoluciones. De la cultura de las tierras, de este manantial fecundo, es de donde dimanan todos los bienes de que gozamos; y no puede padecer alteracion sin causarla en todas las partes del Gobierno.

Desde que las Artes y Ciencias han elevado la Francia al grado de esplendor á que ha llegado: desde que un Comercio mas extenso ha derramado entre nosotros una abundancia que no conociamos, parece habernos aplicado á las producciones del Arte, con preferencia á las de la Naturaleza. Esta riqueza primitiva abandonada á las manos mas des-

desgraciadas no se tiene por interesante al Estado, sino en los tiempos de escaséz. La abundancia restituye bien presto la seguridad; y remediamos las necesidades urgentes, sin pensar por lo comun en prevenirlas.

Si la Francia es tan abundante como es de creer, si sus tierras fecundas producen mas frutos de los necesarios á la subsistencia de sus habitantes, ¿por qué nos vemos necesitados algunas veces á buscar entre nuestros vecinos el fruto mas precioso y necesario? ¿No debe admirarnos que los Estados menos fértiles en granos sean los que mas nos proveen de ellos? En tiempo de carestía la Holanda, poco fertil, sirve de granero á la Francia Septentrional. La Berbería, un Estado de tan mala policía, socorre nuestras Comarcas Meridionales; y sin embargo en estos Países no hay leyes particulares en orden á los granos, quando la Francia las tiene permanentes y momentaneas segun las ocurrencias. Basta esta reflexion para hacernos creer, que hay algunos vicios en los Reglamentos sobre que fundamos la administracion y comercio de nuestros granos.

Bien podrán nuestras leyes ser dictadas por la pruden-cia, y estar consagradas por el uso; pero si estamos mas expuestos á los inconvenientes de la carestía que otros Es-tados menos fértiles, no podremos dexar de creer que es-tas leyes, tan sabias en la apariencia, son sin embargo de-fectuosas, y que no favorecen bastante, ó el cultivo de

las

las tierras, ó el comercio de los granos. Mas antes de exâminar sus disposiciones convendrá que subamos á su origen.

Pocos Reglamentos hay en la Francia sobre la policía de los granos, anteriores al siglo XVI. No dexó de haber carestías, mas el Gobierno no se empeñó en remediarlas. Quizá el tumulto de las Armas no permitiria al Ministerio dirigir sus miras á este objeto; ó tal vez se creyó que el libre Comercio de los granos bastaba para mantener la abundancia: mas una hambre que sobrevino en 1566, y duró algunos años, despertó la atencion del Consejo. El Canceller del Hospital, que estaba á su frente, formó un Reglamento general en 4 de Febrero de 1567.

Es muy probable que el zelo de los Magistrados, guiado solo por las luces de la Jurisprudencia, fué á buscar en el Derecho Romano lo que se habia practicado para prevenir los inconvenientes de la escaséz. Registráronse en el Digesto y en el Código las precauciones que la República y los Emperadores tomaron para el abasto de los graneros públicos; las reglas establecidas para el transporte de los granos; las prohibiciones de acumularlos; las penas fulminadas contra los monopolistas; y en fin todas las restricciones que se imponian al Comercio de los particulares. Y de este principio el espíritu de las leyes Romanas pasó á la ordenanza de Cárlos IX, y se perpetuó en

to-

todos los Reglamentos succesivos hasta el presente. ¿Pero estas leyes tan necesarias entre los Romanos, son adaptables á nuestra situacion actual? En Roma todo se decidia por las liberalidades de trigo y pan con que se ganaba al Pueblo. La eleccion de un Magistrado, la elevacion al Imperio dependian de estas larguezas mal entendidas, manantiales fecundos de turbaciones y partidos. Para conciliarse la benevolencia de los Ciudadanos; para contener un Pueblo ocioso y tumultuario importaba al Estado que todo el Comercio de granos estuviese en las manos de la República, ó de los Emperadores. De aquí nacieron aquellas precauciones tan repetidas para asegurar la manutencion á aquellos á quienes se confiaba el cuidado de abastecer los graneros públicos. A estas circunstancias deben imputarse la severidad de las leyes Romanas contra los que querian tomar parte en este trato, y los estrechos límites á que lo reducian. En Francia al contrario, en donde no hay graneros públicos, y donde pocos particulares hacen este Comercio, parece que las leyes deberian ser diferentes, y concederle toda especie de proteccion, en lugar de restringirlo.

Pocas veces se vé que quando disfrutamos de la abundancia pensemos en precavernos contra las necesidades; y en efecto todas nuestras ordenanzas concernientes á la Policia de los granos han sido promulgadas en tiempo de ca-

la-

lamidad. No debe, pues, admirar que en estàs circunstancias críticas, la necesidad no permitiese exâminar los medios mas eficaces para librarse de la miseria ó prevenirla, y nos persuadimos facilmente que las precauciones mas sabias, son las que presentan la Historia y la Jurisprudencia. Las quejas de los Pueblos prevalecen entonces sobre las reflexiones mas sensatas, y la piedad tambien cede á sus discursos, porque en ciertos tiempos ha adoptado sus preocupaciones, y de esto tenemos una prueba auténtica en una Capitular de Carlo Magno.

En el año de 795 sobrevino una súbita escaséz despues de dos años de abundancia; nadie podia atinar qué se habian hecho de aquellos granos, y llegaron á persuadirse que los espiritus malignos los habian devorado, y que se habian oido en los ayres las terribles voces de sus amenazas. Carlo Magno consultó sobre este triste acaecimiento á los Prelados juntos en Francfort; y para apaciguar la cólera del cielo, se mandó que se pagasen exâctamente los diezmos: Las palabras de esta Capitular son muy singulares para que dexemos de referirlas.

Et omnis homo ex sua proprietate legitimam decimam ad Ecclesiam conferat. Experimento enim didicimus in anno quo illa valida fames irrepsit ebullire vacuas annonas à dœmonibus devoratas, et voces exprobrationis auditas.

Y no nos pasme el que esta opinion mereciese crédito

en

en tiempo de Carlo Magno. Cada siglo tiene sus preocupaciones, sus delirios. Uno de los mas juiciosos Escritores de la antigüedad refiere que los demonios causan freqüentemente la hambre para hacer perecer á los humanos. Otros creyeron que Dardano, famoso mágico, disponia á su arbitrio de las cosechas, y que podia por medio de su arte producir la esterilidad ó la abundancia. De este modo en todo tiempo el espiritu humano se ha preocupado de diversas fantasmas, hijas de la ignorancia, y de la credulidad; y quando la idea de los demonios y de los mágicos se desvaneció, se creyó hallar causas mas verosimiles de la escaséz en las maniobras de los usureros, de los avaros y de los monopolistas : otra especie de monstruos contra quienes los Jurisconsultos concibieron tanta indignacion, que han inventado nuevos nombres para colmar de injurias á los Mercaderes de granos ; sin alegar ningunos hechos ni pruebas, y sin pensar en sacar provecho de la codicia de los hombres, siempre útil al público si las leyes la saben gobernar.

Desde que el espiritu del Comercio ha iluminado algunas Naciones sobre sus verdaderos intereses, no se les oyen invectivas contra los que hacen Almacenes de granos : al contrario los protegen ; y si nosotros conservamos este antiguo error, es porque los Reglamentos lo autorizan imputando la carestía de granos á sus negociadores

res antes que á la intemperie de las estaciones.

Léanse las tres Ordenanzas generales sobre la policía de los granos, y se verá que todas tres dan principio por una declamacion que indica el origen de donde se han tomado, y dá bien á entender el espíritu que animaba á los compiladores. El preámbulo de la Declaracion de 31 de Agosto de 1699, que vamos á trasladar, es una repeticion del Reglamento de 4 de Febrero de 1567, en tiempo de Carlo Nono, y del de 27 de Noviembre de 1577, en el de Enrique Tercero. „Las diligencias que »hemos practicado para proveer de granos á nuestros Pue-»blos en las Provincias que los han necesitado, nos han »hecho conocer, que no tanto ha contribuido al aumento »de sus necesidades la escaséz de las cosechas, quanto la »codicia de ciertos particulares, que no siendo de profe-»sion Mercaderes de granos, se han ingerido en este Co-»mercio, siendo el único objeto de estas gentes aprove-»charse de la necesidad pública, y todos han concurrido »por un interés comun á hacer Almacenes ocultos, que »produciendo la escaséz y carestía de los granos, les han »dado lugar á revenderlos á mucho mayor precio de aquel »á que los habian comprado.

»Y habiendo hecho exâminar en nuestro Consejo los »medios mas propios para que cese este desorden, hemos »tenido por el mejor, seguir el camino que nuestros pre-
»de-

»decesores nos abrieron en sus Ordenanzas, &c. «

Debe observarse aquí, que habiendo seguido las huellas de las antiguas Ordenanzas se desviaron de ellas en el punto mas esencial. Esta declaracion, cuyo mal preámbulo sindica mas la precipitacion del Compilador que la magestad del Trono, no es mas que un compendio de las anteriores Ordenanzas. Viene á contener los mismos motivos y las mismas disposiciones á excepcion del Comercio interior recomendado por todos nuestros Reyes, y solamente *vedado en 1699*, inmediatamente despues de una desgraciada cosecha. Esta declaracion contiene once artículos, cuyo extracto hará conocer los principios sobre que la policía de granos se halla actualmente establecida en el Reyno. El primero, el segundo, y el tercero prohiben á toda especie de personas dedicarse al tráfico y comercio de granos sin solicitar y obtener permiso de las Justicias Reales de su respectiva residencia, y prestar ante sus Oficiales juramento, sentando en las Actas públicas sus nombres, apellidos y habitaciones, como tambien presentándose á los Escribanos de Registros de las Jurisdicciones de policía en los lugares de su residencia, baxo la pena de multa y confiscacion.

El quarto ratifica los tres precedentes, sin perjuicio de las declaraciones, que los mercaderes de granos de París deben hacer en sus Casas Consistoriales, ni del cumplimienmiento de los Reglamentos particulares de otros lugares del Reyno.

El quinto prohibe á todos los Labradores, Gentiles-hombres, Oficiales de Justicia de municipios, á los Re-caudadores, á los Abastecedores, Comisarios, Caxeros y otros interesados en el manejo de las Rentas Reales, ó su cobro, mezclarse directa ó inderectamente en el tráfico de granos, baxo pretexto de sociedad ó de qualquiera otro, con apercibimiento de penas pecuniarias, y tambien cor-porales.

El sexto arregla los derechos de los Jueces y Registra-dores por el acto de juramento á 30 sueldos los primeros, y á 20 los segundos.

El séptimo exîme de permisiones y registros á los que quieran entrar granos de Paises extrangeros, ó extraherlos del propio en tiempo de abundáncia, *en virtud de permi-sos generales, y particulares que se concederán.*

El octavo prohibe toda sociedad entre Mercaderes de granos; y el noveno las permite, con tal de que se escri-ban y registren por los Escribanos.

El décimo prohibe comprar los trigos en mies, ni dar ó recibir prenda por ellos antes de la cosecha, baxo la multa de tres mil libras, con mas punicion corporal.

El undécimo y último deroga todos los contratos y prendas que se hubiesen contrahido precedentemente.

B   La

La declaracion de 9 de Abril de 1723, añade nuevas precauciones á la antecedente, y anuncia las mismas desconfianzas de la conducta de los Mercaderes.

»Informado el Rey (dice) de que la mayor parte de »los granos en lugar de ser conducidos á los mercados, »se venden en los graneros y almacenes de los particula»res, dando lugar á los monopolios, y causando la cares»tía de esta mercaduría en medio de la abundancia de las »cosechas: S. M. para remediar estos abusos, ha manda»do que los granos y las harinas no se puedan vender, »comprar, ni medir en otra parte que en los mercados ó »en los puertos, &c.«

Esta prohibicion, que no se tuvo por conveniente insertar en la Declaracion de Luis XIV, se tomó de la Ordenanza de Enrique III. de 27 de Noviembre de 1577.

Despues de la lectura de estos Reglamentos, no puede dudarse que no reyna en Francia una oposicion general contra los que hacen el comercio de los granos, pero el temor del monopolio ha producido estas ordenanzas rigurosas, que no anuncian sino formalidades, restricciones y penas; ¿y por ventura está fundado este temor? Y acaso ¿no nacerán mejor estos desórdenes, que con razon nos asustan, de la restriccion y trabas que nosotros ponemos á este Comercio?

El primer medio y el mas eficaz para prevenir las

ma-

mayores escaseces ó hambres formales es favorecer la Agricultura: ella es el alimento de los hombres y de las Artes, y la basa mas sólida de todas las operaciones del Gobierno.

El segundo es tener Almacenes en donde encontremos oportunamente lo que la inconstancia de las estaciones rehusa algunas veces á los trabajos mas penosos. Nuestra política se opone prohibiendo amontonar los granos; y no es posible esperarlos de ninguna ley prohibitiva, cuyo efecto forzado es siempre insuficiente. Las necesidades y el interés gobiernan el Universo: unir estos resortes; y los hombres por un instinto natural, se conducirán de concierto ácia los objetos de sus necesidades y de su codicia.

ANA-

ANALISIS
DEL COMERCIO DEL TRIGO.
OBSERVACIONES SOBRE REGLAMENTOS.

Todo este capítulo es dirigido á proscribir quantas leyes y ordenanzas se han promulgado relativas á la economía de granos , ya sean negativas ó positivas , imponiendo tasas, y limitando compras con objeto á la reventa , prohibiendo la salida continua ; ya activas para proveer los Pueblos de cuenta de los Gobiernos Municipales , Provinciales , ó del Supremo del Estado ; y en fin quantas Pragmáticas , Leyes , ú otras Providencias que no se funden sobre el preliminar del libre y absoluto Comercio , y la extraccion franca y perpetua.

El supuesto en honor de la Agricultura á cuya prosperidad se dirige todo , y á la seguridad de los granos es verdad constante ; y casi tan cierto , que no mas en los apuros de indigencia en que tocamos la necesidad , se la hace justicia , se promulgan leyes , y se buscan los recursos para el socorro , pero tan temporal como la urgencia. Remedios aventurados los que exîge el arrebato de un accidente , cuya mejoría es momentanea , y quizá á cambio de otro mal , pues el alivio suele ser síntoma de otra acecesion tal vez mayor. Esto mismo dixo, y con mas extensa expresion el Consejo de Castilla al Rey, en Consulta de 30 de Julio de 1699, y ha sucedido en todos tiempos y Reynos en que se ha remediado la hambre en el acto de padecerla.

Acaso por esta conducta se ha visto la Francia y tambien nosotros en muchos conflictos, que han inspirado Ordenanzas, que miradas á luces mas serenas, piden inspeccion y quizá reforma. Este daño es de inoportunidad; voy al de concepto y produccion.

Se reconviene á la Francia, de como siendo abundante de granos y de leyes para el gobierno de ellos, depende de los socorros de otras Naciones escasas de unos y de otras, y se resuelve que por los vicios de los Reglamentos relativos á la administracion de los granos extraidos de la legislacion Romana.

Merecen exâminarse antes de admitirse las conseqüencias trobadas, de que la Francia, por los Reglamentos de granos, no obstante su fertilidad, sea sufraganea de la Holanda, Berbería, &c. faltos de unos y de otros; y que estos Estados abunden de trigo quizá porque carecen de leyes para su administracion.

Suspendo la discusion para otro lugar, aunque desde luego niego la escaséz de Berberia, y la falta absoluta de policía, á lo menos en la Regencia de Argél, que tiene

su-

suma solicitud en saber pronto la cosecha de cada año ; y separando la garrama del Dey , y reservando lo suficiente al abasto , determina lo que se ha de extraer , y no se permite mas. Este no es barbarismo , sino sábia économía que contiene máxîmas admirables ; una de ellas , la de preceder noticia de las cosechas y conocimiento del consumo , ambas indispensables para determinar la cantidad que se puede extraer.

Es cierto que las reglas de economía no dependen precisamente del derecho legal : equivocacion que abortó el error de adoptar para los granos las providencias de la antigua Roma , maxîme las prohibitivas ; aunque en mi juicio pudo causarlo mas la indiscrecion de su uso ; pero debemos congratularnos de que nuestro Gobierno , (bien libre de la mancha de la intriga , ambicion , ni otra de las que se atribuyen á aquel Imperio) dió una prueba pública de su inmaculado zelo en la Pragmática del año de 1765. Con toda la buena fé y proteccion ácia la Agricultura , Propietarios , y Comerciantes qual el autor desea , y con quanta libertad propone ; pero en los 25 años que se han seguido á ella , no hemos logrado tanta prosperidad como vaticina.

Las únicas limitaciones que desdicen de una abierta libertad , son la de haber de llevar libros los Comerciantes, y la de prescribir precio hasta el qual no mas es permitida la extraccion. Esta la observan todas las naciones cultas , y

el

el mismo Autor la propone ; no como restriccion sino como cautela. La otra no obstruye si se obra de buena fé ; y si de mala no debe tolerarse : mas sea lo que fuere, aseguro que ninguna se ha cumplido ; luego como si no se hubiesen mandado.

En quanto al supuesto de que el precio, punto de la extraccion, sea inferior de lo que debia, me ratifico en que no se ha observado, con lo que salgo del paso hasta lugar mas propio.

Esta Sancion promovió positivamente la cultura, y relevó las restricciones que padecía el Comercio, y sobre todo las invectivas. Contra los Comerciantes de que se querella el autor los tratan los Reglamentos de otras Naciones poco ilustradas del espíritu de Comercio, solo prohibe los *lucros torpes*, *usuras*, *monopolios*, y otros vicios de enormidad, cuyo consentimiento é impunidad sería un feo tolerantísimo : aunque el autor en otra parte los quiere purificar de este borron, negando su existencia ó criminalidad.

Favorece á la Agricultura, permitiendo la extraccion quando no es dañosa, y fomenta los Almacenes particulares con el libre Comercio, que son los dos medios mas eficaces para precaver las escaseces mayores : con todo, ni la sinceridad, ni la proteccion, ni la franqueza de esta Ley nos han puesto á cubierto de los apuros que padeciamos

en

en tiempo de la tasa , evidencia que arguye otra causa mas (á lo menos en nosotros) que las Leyes ó su inobservancia.

Sea lo que fuere de las antiguas , ya de los Romanos, ya de las nuestras ; lo cierto es , que no pueden darse mas riendas á una libertad discreta que la permitida en nuestra Pragmática : prueba concluyente de que no impedian sus buenos efectos las restricciones legales.

La Ley es viciosa (dice en otro lugar) *ó inútil si las miras de su execucion no producen efecto , ó si la malicia la iluode.* Por algo se dixo el vulgar proloquio *hecha la ley , hecha la trampa.* Este es un mal permanente é irremediable, especialmente en las prohibitivas ó negativas , causado por la miseria humana activa y pasivamente. Esto es de parte del interesado en la fraccion y del encargado de su custodia , y cumplimiento por laxîtud ó abandono , y quando el zelo de éste iguale con la codicia de aquel , aun entonces será problema , pero mientras , positivo el quebranto ; mas no por eso justa la derogacion.

El impedimento dirimente debe estar en la misma ley, y no arguye su proscripcion la inobservancia. La bondad de su espíritu y las principales relaciones pueden ser admirables , aunque lo restante de su integridad no tenga eficacia , y lo mas no logre obediencia. Las modificaciones, ampliaciones y declaraciones rectifican lo que en el origen pudo escaparse ó se vició.

Con-

Convengo con el Autor en que los Reglamentos prohibitivos son insuficientes; no tanto por su naturaleza, quanto por inobservancia, efecto de la omision, y de preocupacion ó entusiasmo general, como manifestaré en otra parte.

En lo que disiento es en la asercion, con que cierra este capítulo. *Las necesidades, y el interés gobiernan el mundo: unid estos resortes, y los hombres, por un instinto natural, se conducirán de acuerdo, ácia los objetos de sus necesidades, y de su codicia.*

Sé que las necesidades afianzan la subordinacion; pero tambien que la *codicia* extiende mas de lo justo su dominio, para cuya barrera son las Leyes y Reglamentos, cuyo temple mitiga por una parte el mal, y por otra fortifica ab paciente. Esto es dificil sin preceptos, no meramente conminatorios, ni aun solamente protectivos, sino positivamente subsidiarios. Entonces el *interés* mismo soberano sobre las *necesidades,* no será tan absoluto, permitirá mas libertad al inferior, mas justificacion en la Moral, y mas cumplimiento en las Leyes, para que no se verifique cumplidamente el anuncio de San Agustin, y ya del Horacio por la codicia *Leges sine moribus vanæ proficiunt.*

C TRA-

TRADUCCION DE ALMACENES.

La primera idea que se presenta en los apuros de granos, como la mas sencilla y la mas natural, es la de formar graneros públicos. Habiendo visto algunos pueblos bien gobernados, y habiendo oido hablar tantas veces de estos Almacenes inmensos del Imperio Romano, cuya historia nos es tan familiar, creíamos no habia medios mas seguros para subsistencia de los Pueblos. Pero si atendemos que en todas las Historias que hacen mencion de graneros públicos, se ven regularmente las hambres y turbaciones que ellos excitan, y que no se advierten estos acontecimientos en las que nada hablan de provisiones públicas, nos persuadiremos facilmente que el temor de carecer de granos, y las precauciones que resultan conducen al escollo que se quiere evitar.

Vemos en la Vida de Coriolano que los granos enviados á Roma por Gelon, Tirano de Siracusa, fueron un presente fatal, y el origen de las disensiones que no cesaron de agitar á la República, y que le obligaron á disponer Almacenes.

Esparta y Athenas al contrario, en un pequeño canton de la Grecia alimentaron una multitud infinita de esclavos y ciudadanos sin ningunos graneros públicos. Sus Legisladores creyeron bastaba para mantener la abundancia,

dés-

desterrar la ociosidad y castigarla , y no se vió que las cal
restias hubiesen causado entre ellos ningunas conmociones.
El Pueblo de Israel no parece tuvo ninguna inquietud so
bre sus provisiones , sin embargo que reducido á mas pe
queña region poco fertil , era la Nacion mas numerosa de
la tierra.

La Agricultura le era recomendada , y Dios le habia
prometido abundantes cosechas por recompensa de sus
trabajos y obediencia.

Si miramos lo que se practica al presente en Europa,
veremos que los Estados que no tienen leyes , ó que son
contrarias á las nuestras , para proveer las necesidades de
los Pueblos , son siempre los mas bien provistos. Los Al
macenes públicos , y todas las precauciones alimentarias no
son , pues , tan útiles como se piensan. Mejor seria que un
gran número de particulares pudiesen hacer una copia de
pequeños Almacenes , y que los Reglamentos fuesen favo
rables á sus empresas.

Se ha propuesto muchas veces formar Almacenes pú
blicos ; pero hay tantos inconvenientes para este estableci
miento que no admira haya dexado de ser efectivo.

Si se considera la inmensidad de gastos para construc
cion de edificios , para compra de granos , para su custodia
y conservacion , se confesará llanamente que no es creible
consienta en esta empresa ningun Ministro. Quanto mas
al

ilus-

ilustrado esté, mas dificultades registrará en la execucion, y mas riesgos en la manutencion. Compútense los dispendios en construcciones, en acopios, en su direccion, tanto de los Superiores quanto de comisionados, guardas, y domésticos; las desmejoras naturales de los granos; las pérdidas imprevistas por la negligencia, la ignorancia ó malicia; y se convendrá que á qualquier baxo precio que se hayan hecho estas provisiones, ascenderán á muy excesivos en poco tiempo, y casi con evidencia de tener los granos muy caros y de mala calidad.

No sería ni mas prudente ni mas útil encargar á una Compañía el apronto de estos repuestos en el Reyno; aun quando ella se compusiese de ciudadanos los mas inteligentes y mejor intencionados, no podrian encargarse de esta empresa sin intencion de recompensarse de sus trabajos; y la economía mercantil no es siempre la qualidad esencial de estos empresarios. Asi se incurriria en los mismos inconvenientes de pagar el interés de gruesos préstamos, de multiplicar gastos, y de obtener los granos en términos de que el público pudiera quejarse con razon, lo que es inevitable en las compras de alguna consideracion.

Por otra parte, á poca atencion que se preste se juzgará facilmente que estos dos medios son sin duda el verdadero monopolio, á quien no se dá este nombre, sor

lo porque es autorizado, y que no se hace sino con intenciones loables, pues el monopolio no es otra cosa que apo-
derarse una sola mano de una mercaduría para revenderla,
y aunque en el caso presente no se compren granos sino
con el objeto de socorrer el Pueblo; sin embargo, el
efecto es el mismo que si se tratase por otros motivos.

Así es, que en qualquier tiempo que se hagan compras de granos por cuenta del Estado, ó por algún Empresario, es imposible que el público no sea bien presto no-
ticioso, y que no alce considerablemente el precio, á pesar de qualesquiera precauciones que se pudieran tomar;
lo que no sucede quando es por Mercaderes particulares,
que compran imperceptiblemente en pequeñas cantidades
sin estrépito. Si por prevenir el alto precio que puede
ocasionar una compra de granos algo considerable, se em-
barazan las que pueden hacer algunos particulares, se
ofende al vendedor y al público : al vendedor porque regularmente es el mismo cultivador, á quien se le frustra
un provecho natural y legítimo sobre un fruto precioso,
que no se debe sino á sus fatigas ; y al público porque se
le priva del beneficio de la concurrencia y de la eleccion,
porque desviar á los compradores en un tiempo, es disminuir el número de vendedores en otro, y entonces hacerse
uno señor de las compras y de las ventas ; es establecer
una tasa forzada á la mercaduría, es recargar de todos los

gas-

gastos á un negocio por lo ordinario mal conducido; es ponerse en el caso de no poder volver á vender los granos sino con estos sobreprecios, y este sobreprecio influye sobre el de los mercados, que hubiera regularmente baxado si los granos hubiesen estado en manos mas económicas.

Así por qualquiera parte que se consideren los Almacenes públicos, se verán innumerables inconvenientes. De la libertad de este Comercio es de quien únicamente se deben esperar los Almacenes menos costosos, y mas útiles á la subsistencia de los pueblos.

OBSERVACIONES SOBRE ALMACENES.

El objeto de este tratado es seqüencia de parte del antecedente, pues sigue el empeño de reprobar las providencias gobernativas para el repuesto de trigo á prevencion: resultando de su reforma la necesidad de Comercio, á que nos conduce como medio preciso excluidos los demás.

No puede negarse que las compras y pósitos de granos por cuenta del Estado, ó de alguna Provincia ó Capital son costosos : El punto está en que el Comercio responda de la seguridad y cómoda provision : ardua responsabilidad, y dudoso efecto. Nadie ignora sus contingencias, y no podemos olvidar el estado en que nos vimos en la primavera de 1789. Es constante que él nos puso en aquel apuro; ¿por qué no nos sacó? Bien agenos estábamos de repuestos; reposábamos en su seno, y dormíamos en su regazo, y con todo nos desamparó, y dexó huérfanos y despojados. Recurrimos á los Comerciantes; pero ya no eran sino arrebatadores de nuestras últimas reliquias á qualquier precio, y costaba una lucha partir la presa; ¿qué apreciables hubieran sido entonces los Almacenes! ¿Y quién responderá de que no se repita la escena con freqüencia?

Al primer arrebato ofrecieron muchos zelosos patriotas, especialmente los Señores Prelados y Eclesiásticos, cau-

caudales para comprar granos, quando no pasaba de quarenta y cinco reales en algunas partes de Castilla. Muchos Propietarios, animados del espíritu del bien público, lo alargaban aun á menos precio; pero hubo Magistrados con tan viva fé, y firme esperanza de la provision del Comercio, que rehusaron estos auxilios; y en verdad tuvieron despues que solicitarlos, y adquirieron parte, no sin gran pena, para comprar trigo á ochenta y mas reales, con afliccion, clamor y conmocion general. Ellos fueron semejantes á aquellos Israëlitas que se dexaron degollar en Sábado por no quebrantarle defendiéndose.

El exemplar funesto que se alega de los antiguos graneros de Roma no es concreto : abusó de ellos; y el daño no estuvo en la provision, sino en el modo de administrarla.

Eran maniobra viciada para grangear, ó mas bien corromper el Pueblo; de manera que el socorro no fué el fin, sino el medio; y mas pudieran llamarse provisiones fraudulentas, que prevenciones públicas.

El trigo, no tanto era materia de Comercio, quanto de soborno. En una palabra, el Pueblo, en lugar de socorrido, era comprado ó vendido segun convenia á la ambicion de los Magnates.

Yo convengo en que esta conducta de Roma no mereciese lugar en las Ordenanzas de Francia, como se dixo

en

en el capítulo de los Reglamentos, ni que deba adaptarse á España, ni á otra parte; pero tampoco excluirse del todo, supuesto que carecemos de los motivos por que fueron detestables en aquella Nacion. Increpa el Autor la providencia de los Almacenes por la ociosidad y viciosidad de los de Roma, y sella su abominacion insinuando el suceso ocasionado por los granos que envió Gelon de Siracusa. Yo lo ampliaré,

Las guerras suscitadas por Octavio Manilo, yerno de Tarquino, causaron la primera necesidad, que puso á los Romanos en precision de buscar trigos extraños, que hasta entonces no los hubieron menester. Aristodemes, heredero que se decia de Tarquino, apresó los Baxeles en que se conducian; y este azar aumentó la hambre.

Gelon, que tenia paz con Roma, envió en testimonio de amistad y gratuitamente una porcion de trigo. Como fué de regalo y sin coste alguno, se deliberó en el Senado sobre el modo de repartirlo al Pueblo con otros mas que se compraron con fondos del Estado. Se dividieron los pareceres; y se hizo un cisma de dos partidos: uno que se vendiese todo al justo precio que tuvo el comprado, y otro que se repartiesen ambos gratis. Coriolano se opuso acerrimamente á este último: lo supo el Pueblo; se conspiró contra él y fué desterrado.

El Senado por sosegar el público, sin viciarlo y vién-

do-

dose entre los dos extremos de repartir el trigo francamente, ó venderlo todo segun el valor de una parte, tomó el medio de dar uno y otro á precio baxo.

Ausente, y ofendido Coroliano, conmovió los mal
contentos; juntó gente y llevó las armas contra Roma, de
donde resultaron muchas calamidades. Este es en compendio el caso. Es verdad que fué la causa el regalo de Gelon, pero no inmediata sino muy remota, y por eso la
llama *inocente* Monsieur de la Mare.

Hágase reflexion en el principio de necesidad inculpa-
ble supuesta la guerra promovida por los Enemigos; en la
desgracia del apresamiento por la fuerza; en la conseqüencia natural de la hambre; en las ideas sanas del Senado; en la accidental discordancia de pareceres; en la dificultad de que el Pueblo reflege ni escuche; y se confesará, que este accidente no influye contra el concepto en
general de los Almacenes, con quien no tiene conexion;
menos contra la providencia tomada entonces, ni tampoco
ácia la prudencia del Gobierno en el instante de la conmocion, para no irritar ni appopar á los sediciosos; esto es
en quanto al exemplo determinado del regalo de Gelon;
voy á hablar del origen de los Almacenes y de su vicio.

Rómulo abrió los cimientos de la material y formal
Roma con el arado. Las Tribus rústicas precedieron á las
demás, y conservaron la veneracion y confianza del Pue-

bio , sin que las Urbanas que le succedieron con alto ascendiente pudieran despojarlas nunca de la estimacion que
siempre se les tributó.

Mientras Roma no diferenció el campo rústico del de
Marte, antes bien recompensaba la fatiga de los eméritos
de las Legiones con porciones de tierra que les asignaba
por premio y para descanso, entretanto que sus procede-
res alternaban de la Agricultura al Consulado y al contrario; y que el arado y el Orden concordia se adornaban
y unian con las fasces Consulares y haces de espigas; en
toda esta época, Roma fué feliz y dechado de Repúblicas y
de Monarquías.

Pero quando esta misma Roma, seducida del oro y de
la plata, dió entrada á la codicia, como Troya por otra
causa á su caballo fatal; quando embriagada del poder,
hinchada del triunfo, y adormecida con el narcótico del
fausto y del luxo, dió lugar á la relaxacion general; entonces la ambicion transformó todos los Estados aspirando
los individuos de cada uno á clase mas distinguida y des-
cansada. Así se desamparó la Agricultura, faltaron sus
productos, y todo se subvirtió difundiéndose en el Pueblo el desorden y la conmocion.

Los proporcionados ó aspirantes al mando aprovechándose de la turbacion y de la necesidad, que es consequen-
te, prodigaban socorros pecuniarios y de trigo para ganar

D 2

par-

partidos y adquirir fuerza. El Gobierno en estas revoluciones, se vió en la precision de proveer como podia, ya
por medio de los Publicanos Asentistas ó por Comisionados del Imperio, á cuyo efecto se establecieron leyes ade-
quadas entonces segun las urgencias.

Mas á pesar de su cuidado no podia evitar las cor-
rupciones por el soborno, aunque su zelo castigó siempre
las liberalidades insidiosas.

Spurio Melo, hombre ambicioso, que en una grande
hambre repartió graciosamente una porción de trigo, fué
delatado al Senado por Minucio Edil, se le citó: rehusó
comparecer ante L. Q. Cincinato que se nombró Dictador
para este negocio. Se le arrestó; y resistiéndose perdió la
vida. Poco menos sucedió á M. Scio Edil por iguales motivos.

A fin de evitar las funestas conseqüencias de estas larguezas, pareció conveniente adoptar el medio propuesto
por Cayo Sempronio Graco Tribuno, para proveer cómoda ó francamente á la República con algunas porciones de
trigo á ciertos tiempos, y se estableció por ley, que se llamó *Semprónia* tomando el nombre de su Autor. Las con-
quistas de Sicilia, Córcega, y Cerdeña, y las de parte de
Africa y España dieron buen principio á la idea, pues de
estos nuevos paises sacaron copiosas cantidades de granos,
con que pudieron darlos á la Metrópoli, y ésta á sus vecinos á baxos precios.

Sin embargo, siempre que hubo lugar fué resistida la Sempronia por varios Tribunos; pero el Pueblo la reclamaba en las escaseces; y aunque el Senado con graves y poderosas razones se opuso en todo tiempo á su renovacion, algunas veces tuvo por conveniente condescender: movido de lo que en una de ellas exclamó uno de los mas sábios; *O quam difficile est verba facere ad ventrem qui auribus caret.* Este fué el principio de las Anonas romanas mas abominadas que abominables.

El error principal de los Romanos fué dar lugar á la decadencia de la Agricultura y al progreso del ocio, porque entregado el Pueblo á la holgazanería, no pensaba sino en divertirse y comer á poca costa; lo que hizo decir á Juvenal.

Atque duas tantum anxius optat panem & circenses.

La ley *Agraria* fué dictada de la equidad y arreglada por la justicia; pero no fué menos combatida de la proscripcion y renovacion que la *Sempronia.*

No quiero dilatarme haciendo historia de lo que unicamente sirve para materia á un discurso, pues basta lo expuesto para persuadir que no es justo se diga que las leyes produxeron las faccíones, los sobornos y cohechos; sino que tales desgracias precisaron á establecimientos, que se hubieran excusado sin esta fuerza: porque no es lo mismo proceder obligado que obligar.

Spar-

Sparta y Athenas quiere que reprueben también los Almacenes y apoyen la libertad suponiendo ambas Repúblicas en identidad de circunstancias, y de uniforme exercicio de Comercio sin graneros públicos.

Athenas carecía de frutos por la esterilidad de su suelo, y le era preciso suplir con la industria la falta de los granos. Su policia la remedió atrayendo los Comerciantes con el buen trato en la facilidad del arribo, entrada, venta, y relevacion de todo qualquier derecho ó impuesto aunque fuese aplicado á las cosas mas urgentes y sagradas de la República, á diferencia de todos los demás géneros que regularmente eran recargados.

Pocas leyes, pero observadas inviolablemente, sostenian el buen órden. Ninguna habia que no tuviese por objeto uno de estos tres efectos: *atraer* los trigos extrangeros: usarlos con *economía*; y evitar todo *abuso que pudiera aumentar su precio.*

Por una, era permitido á todo ciudadano ó extrangero avecindado fletar el número de embarcaciones que quisiese para el Comercio de granos, con tal que los llevase á la Capital, baxo la pena de confiscacion de género y baxél, si mientras ella no estaba abastecida los conducia á otra parte; y despues se permitia conducirlos á los demás Pueblos de la República, precediendo obligacion entre los Magistrados de su residencia, de exigir de los del Pueblo adon-

donde se dirigía un documento de su buena conducta
visado de los Cónsules de los Puertos ; y el que se encontraba sin este resguardo sufria la pena de confiscacion : cuya precaucion se dirigía á saber siempre el Gobierno superior , qué granos habia en toda su jurisdiccion , y dónde se
hallaban. Y para afianzar mejor las utilidades , y evitar los
riesgos que las menguasen , se permitió por una ley de So-
lon que los Pilotos pudieran interesarse en esta navegacion.

Apenas llegaban los granos al Puerto ó al Mercado,
se permitía á cada vecino comprar lo necesario para el
abasto doméstico de un año no mas ; y si se le encontraba
algun exceso , lo perdia todo. Despues de proveerse los
particulares se compraba el restante con caudales públicos,
y se encerraba en los Almacenes del Estado.

No creyéndose suficientemente seguros para afianzar el
abasto popular con estos arribos accidentales , hacia traer
la República de su cuenta muchos granos forasteros que
guardaba en Depósitos ó Almacenes titulados *Tesoro de granos* , para venderlos á justo precio en caso de necesidad , ó
quando los Mercaderes por sus maniobras querian encare-
cerlos. Así lo asegura Lysias, famoso Orador, en la declamacion que hizo al Senado contra los Mercaderes de granos
que llevaban regularmente de Lacedemonia.

Temiendo siempre las contingencias y violencia de los
Mer-

Mercaderes, tenian compradores que decian *proveedores de granos* en varios Puertos de diferentes Repúblicas ; y á mayor abundamiento, *Inspectores de Mercaderes* de quienes tomaban noticias de los que compraban y vendian, cuidando de que se los pagasen fiel y prontamente.

A este respecto tenian oficiales para la custodia, apaleo, trasiego del grano, venta de la harina, y pan al precio correspondiente al trigo y maniobra, y quánto conducía á su económica seguridad y justificacion ; cuyos operarios serían ociosos si el Gobierno no tuviese *graneros públicos*. Todo por medio del Comercio es verdad ; pero forzado para no perecer, mas no como ramo directo al engrandecimiento del Estado.

Juzgue la crítica imparcial si la conducta de Athenas nos induce á que nos abandonemos al arbitrio y providencia del Comercio; si la precision de llevarlos á la Capital, y despues de su provision, asignar los lugares adonde debian conducirse ; la de afianzamientos, manifiestos, guias, responsivas, y otras formalidades, convienen con la libertad absoluta á que se aspira, y veremos en el curso de la obra ; si los Almacenes de granos tan temibles como los de fuegos artificiales rodeados de llamas, se pueden proscribir por este exemplo segun se pretende ; y sobre todo si Athenas no usaba de ellos como se asegura absolutamente.

Con—

Concedo que los Spartanos no los tuviesen, y que el Comercio les librase la seguridad; pero no se puede negar que resistian su espíritu; pues reprobaban y castigaban hasta el deseo de ganar, que es el movil de todo Comerciante y el mayor riesgo del abuso del Comercio. Contentos con la frugalidad y austeros en la moral, no excedian de un porte honesto. Si hacian el Comercio no era por codicia, mas solo por adquirir á cambio de sus frutos sobrantes lo que habian menester. Tenian especial cuidado de la Agricultura, que encargaban á los *helotes*, ó esclavos; y viendo Licurgo que esto podia menoscavarla, interesó en ella á los cultivadores en una cierta parte de sus frutos.

Aun por este medio tan inocente procuraban no se insinuase el aliciente de las riquezas, tan escrupulosamente que *Cimandridas*, notando al regreso de un viage que su hijo enriqueció por nimia solicitud en sus negocios, se enfureció contra él, y le juró que si continuaba, le delataría á los Magistrados como avaro y criminal contra los Dioses de la Patria. Esta conducta de Sparta por concreta á probar la pureza de su Comercio, de que no estamos todavía en caso de hablar, y porque no destruye el principio de que carecian de Almacenes, que es á lo que se reduce su alegacion y la materia de este capítulo, debiera omitirse: con todo, como se quiere identificar

E   con

con la de Athenas, en punto á Almacenes, es preciso referirla para hacer ver su desemejanza, y porque no daña anticipar estos bosquejos del Comercio, cuyo uso y utilidad se confunde.

El tiene dos funciones, una activa dimanada del proveedor, y otra precaria de parte del que necesita proveerse ; y aunque ambas peculiares de su ministerio, las causas y los efectos son distintos. Unos Pueblos se sirven de él por su abundancia, y otros por su escasez; ¿y dirémos que el Comercio que unos hacen, lo pueden hacer los otros ? De este modo todos serian Comerciantes, porque raro habrá que dexe de tener que comprar, y muchos que vender. Esto, pues, quiere hacerse con Sparta y con Athenas, univocando ambas Repúblicas para el exemplar de los Almacenes.

La limosna es una virtud moral de parte de quien la exércita, y al mismo tiempo un sufragio fisico del que la recibe; ¿y por eso dirémos limosnero igualmente al sufragado que al sufragante? Mala dialéctica : la misma que poner á las dos Repúblicas por exemplo del Comercio de los granos, y querer probar con una y otra, que es reprobable la prevencion de los Almacenes. Del Pueblo de Israël, á quien indemniza de toda afliccion por no estar sujeto á Almacenes, y depender únicamente de la libertad, consta en la Escritura lo contrario repetidas veces : Jeremias dá tes-

testimonio de esta verdad y la misma Nacion, quando preferian haber muerto en Egipto ántes que á la fuerza de la hambre que padecian. La grande y general de toda la Palestina, que obligó á Abrahan á peregrinar á Egipto, con su muger Sara, fue bien particular, por ella y por haber fingido que era hermana y no consorte, con los demás sucesos que hacen á éste bien notable. A poco de la muerte de Judas Macabeo, padeció Israël tanta hambre, que se entregó el Pueblo á Baquiades, y sobre todas, quando acudieron los Tribus, hijos de Jacob, á su hermano Joseph y los socorrió de la provision que habia dispuesto por el vaticinio de la calamidad futura; en cuyo hecho no solo se prueba que á los Israëlitas no salvó la libertad, mas tambien la utilidad que se sigue de los graneros públicos dispuestos por el Gobierno, si son bien administrados. Y aunque modernos políticos quieren deducir la virtud del Comercio de esta misteriosa economía de Joseph, es equivocar el suceso y su causa; pues fué prevencion del Estado y administracion ministerial por medio de Comisarios Provinciales, que recogieron la quinta parte de cosechas y depositaron en los graneros Reales, dispuesto todo por el Superintendente de Faraon, aprovechándose de la abundancia de los siete años fértiles para sostener el Reyno en los siete siguientes calamitosos, que esto significaban las siete vacas gordas y las

sie-

siete flacas, y las siete espigas llenas y las siete vacias del sueño.

:. En el capítulo precedente de Reglamentos pregunta el Autor: *¿Pero estas leyes tan necesarias en los Romanos, son adaptables á nuestra postura actual?* Respondo, según su espíritu, que no; pero en esta legítima exclusion fundo un argumento en apoyo de las provisiones. El vicio por que ellas fueron, y en todo tiempo serían abominables, no existe ni es posible en nuestros dias.

No se acriminan, ni deben acriminarse, por su esencia sino por sus efectos; mas si estos eran independientes de su objeto sincero y zeloso, ¿qué razones habrá para que resguardadas de aquellas siniestras conseqüencias, no queden en el ser inmaculado que les es propio? Si nuestro sistema presente, diferente del de los Romanos, resiste sus leyes ¿por qué no han de tener lugar los establecimientos en que concordemos? Al de las provisiones no se objeta sino la intriga; luego si carecemos de ella y de qualquiera otro obstáculo semejante no es fundada la recusacion. Dedúcese, por fin, segun una recta lógica, que ó se ha de negar la resistencia de sus leyes, ó se ha de conceder la posibilidad de sus provisiones dirigidas por diferente rumbo.

El gran número de particulares y *copia de pequeños Almacenes,* que prefiere el Autor á los mas fuertes públicos,

cos, no se pueden lograr, ni en mas abundancia, ni con mas favor que lo han estado desde la promulgacion de la Pragmática.

En lo que estoy con el Autor, es contra los socorros municipales en tiempos de necesidad, porque excede á toda expresion, y contienen quanto puede hacer abominable el manejo, baxo el recomendable aparato de alivio del pobre. ¿Pero qué harémos si el apuro urge y todo es ménos que perecer? Si el Comercio no provee sino á un coste asombroso, ¿se ha de abandonar el Pueblo?

Lo que tampoco es de dudar, que aun la provision premeditada por el Gobierno y fortalecida de fondos, ha de ser por lo regular costosa y desabrida al Pueblo, porp que desde luego ha de gravarse con los gastos de administracion, aunque no sea omisa ni colusa.

Si por fortuna favorece la estacion y baxan los granos con celeridad, el Consumidor mormura y se resiste á tomar el pan del Público sobrecargado mas de lo que corresponde al precio del dia. No reflexiona su interés, si la suerte se hubiese trocado: increpa al Gobierno inconsideradamente; y de aquí resulta, ó la violencia del vecino, ó la quiebra del fondo. En resumen, no ofrece duda el supuesto de que los repuestos y socorros públicos son costosos; tampoco el que no siempre suplirá su utilidad la libertad del Comercio, como se prueba, para cuyos lances no mas pueden ser, no solo convenientes, sino precisos. La pluralidad de Comerciantes que conserven los granos para los casos de necesidad es constante; mas tambien que no los venderán sino á precios casi iguales á los acopiados por los Gobiernos Municipales y aun exôrbitantes, de cuya evidencia resulta, que el Comercio, por ahora, quizá promoverá mejor el negocio de particulares que la conveniencia pública; no solo respecto á la causa, que nunca será otra que la codicia, sino tambien respecto al efecto; porque las vicisitudes hacen muchas veces razonable lo que en otras injusto; y pues se conceptua, y es util tener el pan á un precio igual aunque sea subido, quizá podrá lograrse por medio de Almacenes bien arreglados; pues el inconveniente de los mayores gastos que se concede, equivaldrá á la subida que debe disimularse por beneficio de la igualdad, no mas importante que su seguridad.

TRADUCCION DE LIBERTAD.

La opinion es la reyna del mundo, y la ley es la madre de la opinion. Reglamentos importunos, prohibiciones repetidas, formalidades multiplicadas dexan en el espíritu de las Naciones ideas de opresion y de temor, imprimiéndose de tal manera que influyen sobre sus acciones y sobre sus pensamientos; y la diversidad que se advierte en los Pueblos de una Region, no viene sino del temple de las leyes, y la costumbre del Gobierno que les dá mas ó menos ayre ó vuelo. Los estilos y usos deciden de las opiniones y conducta de los súbditos, y difunden tanta diferencia entre los modos de obrar y de pensar de cada Pueblo, como la educacion entre las diferentes clases de una misma sociedad. Si nuestros Reglamentos nunca hubiesen prohibido los amontonamientos de granos, pensaríamos naturalmente que eran útiles; y se encontrarian en Francia Almacenes de trigo en mayor número y mejor precio que en Holanda. Nuestras costas mas abundantes que las del Norte de este fruto, que regularmente queda sin exportar, hubieran establecido un ramo de Comercio considerable, que habria multiplicado nuestros marineros, nuestros bastimentos y nuestras riquezas; y nuestros vecinos quizá no se hubieran aprovechado de un beneficio que pertenece á nuestro suelo. Tal es el efecto de la libertad

tad del Comercio que lleva á los países menos fecundos las precisas producciones de los climas mas fértiles ; hace un objeto de Comercio de los frutos mas necesarios, y esparce sobre los Pueblos mas industriosos las producciones de una tierra extrangera que no sabe recogerlas. Así Tiro, Cartago y Athenas, Comarcas ingratas, gozaron sin embargo con abundancia de todas las cosas necesarias á la vida; al mismo tiempo que Roma, señora de las Naciones, pendia siempre de un socorro precario y forzado. Ella habia establecido leyes para los granos ; y en el seno de la libertad y de la licencia ignoró que solo el Comercio puede llenar nuestras necesidades.

Ha sido necesario que las Repúblicas, poco ambiciosas en su origen y situadas en terrenos casi infecundos, se aplicasen mas particularmente á suplir por el trabajo y la industria todo aquello de que podian carecer : así la naturaleza les ha indicado mejor que á otros Pueblos las rutas de un Comercio indispensable y fructuoso ; y la necesidad, maestra de todas las artes útiles, les ha enseñado que ellos no pueden sostenerse sino por la libertad del Comercio : reflexion regularmente perezosa en una Monarquía opulenta, mas propensa al esplendor del Estado, que á los efectos de un Comercio premeditado, sin el que se lisongea poder pasar.

Pero la libertad del Comercio corre sin trabajo á toda

es-

especie de Gobierno. Ella marchará á un paso mas pronto y mas seguro donde encuentre una autoridád y una obediencia mas decidida. Nápoles y Liorna serán tan florecientes como Génova y Venecia, y todos los Pueblos serán Comerciantes, y no estarán expuestos á carecer de los frutos mas necesarios quando ellos adopten los mismos principios. Los movimientos y objetos de todos los hombres son los mismos respecto á su interés, quando no se les molesta.

La Nacion primera que inventó las prohibiciones hizo un pésimo servicio á todo el género humano (a), y la libertad pendiente de muchos pareceres no preserva siempre del error á un Gobierno en donde las deliberaciones son muy combatidas (b), porque la multiplicidad de votos no suele reunir la mayor parte de acertados dictámenes.

La República Romana no se conduxo mas sabiamen-
F te

(a) *Los Athenienses prohibieron la salida de los higos, á pretexto de que otros Pueblos no comiesen tan buen fruto.*

(b) *Quando la Inglaterra prohibió los vinos de Francia se privó de la mitad de su Comercio de estofas y ropas de lana: ella quiso mejor pagar caros los malos vinos de Portugal, que beber á mejor cuenta los superiores de Francia; segun algunos Escritores Ingleses lo han observado.*

te por los Comicios, que por la autoridad del Senado. , Los motivos de decision se valancean cuerdamente, aunque con menos publicidad, quando el objeto de las deliberaciones es bien conocido y bien expuesto; y si la experiencia de un Comercio razonado no ha logrado siem-pre la mas clara luz, podemos no obstante felicitarnos de los progresos de nuestra industria en todas las especies: Debémoslas á los Ministros y á un Consejo ilustrado, y acaso nos faltan pocos pasos que dar en la carrera de un Comercio mas útil y mas extenso.

Ya amanece un nuevo dia, cuyos rayos de luz nos ilustran é instruyen : nuestros Magistrados desean y bus-can el bien público; y nuestro Augusto Monarca no quie-re otra cosa tanto como el que se propague la luz, y que se extiendan sus beneficios sobre el Pueblo á quien ama. Convenimos en el principio de que la libertad es el alma del Comercio; sin embargo creemos limitarla muchas veces, especialmente en el Comercio de granos, en el que la reducimos y estrechamos quanto podemos, no teniendo presente que este Comercio enriquece á nues-tros vecinos.

¿Y qué la libertad no solamente provee los territo-rios mas ingratos, sino que pone en estado de abastecer de granos á las Naciones que los recogen ? Volvamos los ojos á mirar lo que pasa al rededor de nosotros,

y

y verémos que en todas partes reyna la libertad de
los granos, excepto quizá en España y Francia. Esta libertad es la que alimenta de granos extrangeros la Provenza, Génova y las Costas de Italia; ella es la que
los introduce en las estériles montañas de la Suisa; ella
es la que oponiéndose á las barreras que parece forman tantos Soberanos, los esparce igualmente en toda la
Alemania.

Ella es la que los acumula en Dantik, en Stetim
y en Amburgo, y la que los mantiene en las húme-
das comarcas de la Holanda; ella es la que desmaraña
la Inglaterra y transforma sus tierras incultas en fértiles barbechos. La falta de esta libertad es la que seca
á la España, y enflaquece muchas veces á la Francia.
¿Quándo gozarémos esta libertad bienhechora para dar una
nueva espuela á nuestra cultura, un valor mas real á
nuestras tierras y una emulacion á nuestros Ciudadanos,
que les empeñe á ser ellos mismos los proveedores de
sus propias necesidades?

OBSERVACIONES SOBRE LIBERTAD.

Quiere persuadir el Autor que solamente la libertad del Comercio de los granos, y siendo sola afianzará la subsistencia y no la legislacion, si la limita. Tal Potencia la atribuye, que aun á los paises infecundos hace abundar, y su restriccion esteriliza los fértiles; pero esta libertad debe ser discreta para que no dexe exhaustos á los abundantes, por socorrer á los indigentes; esto seria bilocar, ó aumentar la necesidad y no extinguirla.

. . Tiro, Cartago y Athenas se nos demuestran como mecenas de la libertad, por lo benéfica que les fué. Tiro gozaba de situacion ventajosa para la negociacion, en cuya circunstancia establece Ezequiel sus riquezas sobre todas las demás Naciones, porque estaba situada en el corazon del mar; *repleta est et glorificata nimis in corde maris*. Cartago estaba dedicada al Comercio, y con otras ventajas que se verán. De Athenas ya se ha dicho lo bastante, y Roma por sus precauciones es tratada como ludíbrio de todo Gobierno; pero lo cierto es, que esta Roma, aun con las reliquias de aquel bárbaro Gobierno, en el lenguage de muchos, es en el dia modelo del mejor con el de su Annona, y el mismo Autor lo confiesa; luego lo reprobable era la colusion, no la provision. Si mirásemos simplemente la variedad con que se

usa

usa de la libertad por las mismas Naciones que se nos proponen para exemplares , se tendría por metamorfosis ver , que los Ingleses prohiben la salída de las lanas, mas que con severidad con atrocismo , porque no es ménos que con pena de muerte ; y lo mismo el Elector de Brandemburgo. Sé que es arte, de la buena economía sacar ventajas aun por medios encontrados , y que quizá por lo mismo que conviene dar franqueza al trigo , será útil prohibir la extraccion de lanas ; pues aunque ambas providencias se opongan en los actos, conforman en el efecto , que es la felicidad del Estado.

Sé tambien que no son homogéneas las relaciones del trigo y las de la lana , y por conseqüencia tampoco análogas las reglas de su respectivo Comercio : son diferentes en si mismas ; sonlo igualmente por sus empleos y diversifican en sus efectos.

La simplicidad del trigo no reditúa, ni produce ocupacion de gentes , ni atrahe mas interés que el premio moderado de su primitivo ó secundario capital; y la lana con la variedad de maniobras , cargadas todas en el último comprador, es un fondo de continuos nuevos valores , un vivero de hombres y un ostal de su mantenimiento.

No ignoro ique estas maniobras , con las de la política , elevan los Imperios activamente por su acrecentamiento , y pasivamente enervando á los ribales , cuya guer-

ra fabril , mercantil é industrial , es permitida á los Estados por el libre uso de sus propiedades y derechos;
pero el trigo , por el de gentes, no debe padecer monopolio , ni aun político en caso de necesidad á excepcion del de legítima guerra hostil.

Se dirá tambien que padezco grande error de juicio
y de comparacion , aquel hijo de esta , ó al contrario ; porque no solo hay la diferencia de relaciones sino de esencia,
tiempo y acciones entre los comparados y las providencias.

La lana por sí sola en el órigen del vellon no debe proponerse aquí como materia de comercio ; segun
lo es el trigo limpio ya en la hera , sino perfeccionada
con la última operacion ; en cuyo caso está á la par
del trigo para dar á una y á otro destino y uso ; y así
como es cierto no haber Gobierno tan estulto que prohiba la extraccion de la lana, consumada que sea su potencia , ántes lo contrario , que no procure la salida á
otros paises ; así tampoco proceda retraer los granos que
desde el principio nada tienen que perfeccionar ; y este
punto es sobre el que deben parangonarse estos géneros, y juzgarse de las providencias , una de la extraccion
libre é ilimitada , y otra prohibida , ó gravada.

Si el argumento no urge , yo soy culpado , pues me
lo propongo para no omitir impugnacion que pueda con-
vencerme ; y digo por conclusion , que lo que se entien-

de

de. del todo; se entiende de la parte, y la relacion que hay entre compuestos, la hay tambien entre simples; porque *respice finem*. Si el objeto de la prohibicion de la lana es la precaucion de su falta y subido precio en el pais productor que la ha de menester, y el que ocupe y reditue quanto pueda; esto y mucho mas, aunque con modo diferente, versa en el trigo; pues si bien es cierto, no entretiene manos, ni adquiere valores cointrinsecos, ni transmutaciones, porque su simplicidad no admite maniobras; tambien lo es que la importancia de su seguridad excede á quantas ventajas puedan acarrear todos los artefactos, para que se prefiera el cuidado de su posesion al de las industrias mas amenas. Una sola extraccion descompasada causa mas emigracion y paralisis en un Estado, que una succesion de quiebras y contratiempos en Comercios y manufacturas.

¿Y toda esta importancia ha de pender de la libertad absoluta que logra qualquier otro género, porque el trigo no sea el único que carezca de ella? El tiene derecho como qualquiera; pero resultas sobre todos: por eso aunque la libertad le convenga, no se afianza. Y si la restriccion es permitida en ciertos géneros, por sola la utilidad del acrecentamiento civil, ¿por qué no la ha de haber á su tiempo en el mas preciso para la conservacion humana, siendo discreta y temporal?

Así como no conviene estancar el trigo sobrante por

la

la simple precaucion de que no falte, ó por dislocado
juicio de que vaya barato, ambos efectos á favor del consumidor, será otro tanto error la libertad absoluta, aun
con la mira de fomentar la Agricultura.

La libertad es precisa, pero debe ser precaucionada.
Ni retraer cobarde ni codiciosamente, ni derramar con
prodigalidad. *La libertad es la alma del Comercio*, es verdad: concordemos; pues, las acciones de este cuerpo con
las potencias de aquel espíritu, para que resulte uniformidad de acciones en identidad de objetos.

Yo entiendo la libertad, en el modo con que se propone en esta obra y casi en quantas he visto semejantes,
por el Alcon camino, en metáfora.

*La libertad absoluta, sagrada, perpetua, ilimitada y pro-
tegida para comprar, vender, revender, almacenar y sacar
quando y quanto acomode.* Alcon disparado: *pero solo en el
sobrante, no mas, si el trigo vá á ínfimo precio para auxiliar al agricultor, desembarazándole de lo superfluo que le arruina y que nunca cause agravio al Público.* Alcon reducido
docilmente á la mano del cazador. Así todos asentirán;
pero cuidado no se suelte la pihuela que ata el Alcon.

En fin, compárola á un caballo fogoso que si se refrena demasiado, se empina y cae sobre el ginete, y si
se le alarga la brida se despeña. Conviene, pues, que se
manege con el freno de la empresa de nuestro Don Diego
Saavedra, *Regit et corrigit.*

TRA-

TRADUCCION DE MERCADERES.

Cada profesion es mas ó menos honesta y útil á proporcion del favor ó desprecio que se le dispensa ; las que no tienen necesidad de distinciones para ser solicitadas , se elevan por ellas mismas con la esperanza de la ganancia, á condicion de que la ley las ponga en seguridad y no las haga odiosas : ella es la que dirige los sentimientos y las ocupaciones de los súbditos.

Nuestras leyes alimentarias hablan de Mercaderes de granos de profesion con amenidad de invectivas contra los acopiadores. Ellas columbraron que los que nombran Mercaderes podrian ser útiles ; mas temen que todos no lo sean igualmente.

Han creido que unos harian un Comercio abierto , y otros clandestino y nocivo : han intentado establecer distinciones entre todos los que podrian mezclarse en la mercaduría de granos. Debil presuncion que solo el temor y la preocupacion pueden rezelar ; porque las acciones de todos los que compran y venden granos son uniformes , y es muy difícil reconocer diferencia entre el Mercader de granos por acaso en grueso ó por menor ; el regaton , el comisionado, el avaro, el usurero , y el monopolista. Todos se conducen por unos mismos principios , todos tienen ansia de ganar y sentimiento de perder. Dad á todos la

li-

libertad del Comercio de granos y todos serán Mercaderes de ellos. Perseguir á los que la ley indica por un nombre odioso, es obligar á que se oculten en un tiempo en que ellos serán mas necesarios.

Si es interés público que haya Almacenes de granos, no es menos esencial tener gentes versadas en este Comercio. Lo uno no puede existir sin lo otro; y quando veamos nacer Mercaderes, veremos tambien formarse Almacenes por ellos mismos.

Solo de la libertad del Comercio pueden esperarse estas ventajas tan deseadas. Ella basta á nuestros vecinos para preservarles de la necesidad; ¿por qué no causaria en Francia los mismos efectos? ¿Somos mas avaros ó mas usureros que ellos? El interés reyna igualmente en todas las Naciones; pero nosotros tenemos una preocupacion mas que los otros: una policia diferente, y Reglamentos particulares para los granos, que nos daria rubor adoptarlos para otra especie de Comercio, como si el fruto mas necesario debiera ser tratado con mas rigor que los otros; sin embargo todo el mundo conviene en que la libertad es el alma y atlante del Comercio, y que la concurrencia es el medio único y capáz de establecer el precio de toda la mercaduria en el punto mas ventajoso al público.

El Estado no pretende arreglar el tráfico particular. No excluye á nadie, ni prohibe á un negociante lo que á

otro

otro permite : tampoco limita el tiempo de las compras y
de las ventas , ni embaraza el transporte de las mercadurías de Provincia á Provincia , y menos le concede exclu-
sivamente á ciertos particulares. Esta es la libertad , que
conduce la abundancia haciendo circular los frutos y las
mercadurías , y esta es la concurrencia que mantiene el
precio en todas las cosas en justo equilibrio.

Ninguno debe tachar á los Mercaderes de avaricia , de
usura , ni de ganancias ilícitas. Se sabe que ellos deben
ganar , y no pueden conducirse sino por motivos de interés , ¿por qué pues pensar diferentemente del Comercio
de granos? ¿Por qué seguir otros principios? Si alguna diversidad cabe en éste , debe ser para favorecerle y auxi-
liarle con preferencia á los demás. Hemos juzgado siempre que no puede sufrir ningun derecho : (a) ¿Quándo sen-
tirémos que no puede soportar ningunos estorvos?

Si el Comercio de granos fuera siempre libre ; si se
permitiese á todo el mundo sin ninguna formalidad ; si no
fuese menester permision particular para llevarlos de una
Provincia á otra ; si se pudiesen extraer en tiempo de una
————————————————————————————————— se cultivarian mas. Quando mas abun-
(a) En 1382 en tiempo de Cárlos VI. se puso un derecho
de auxilio sobre el pan , excepto París y algunos Pueblos en
donde los panaderos pagaban el derecho sobre la harina. Tom. 7.
desordenn. pág. 746. y 748.

abundancia superflua sin esperar la autoridad del Gobierno, si jamás se prohibiese la salida, sino quando subiesen á un precio gravoso al público, no hay duda que se formarían en el Reyno Almacenes que nada costasen al Estado; se declararían á este negocio sin temor y sin desconfianza, porque la ley les protegería, y sería fácil aplicarse á esta profesion, que no requiere sino atencion y fondos.

»Pero estos Mercaderes, dirán, son mas dañosos que útiles: ellos comprarán todos los granos, y quando sean dueños de ellos se concertarán para revenderlos muy encarecidos. Mejor es que estén en los Labradores para encontrarlos en caso de necesidad; y estéis el objeto á que se dirigen nuestras ordenanzas.«

»1.º En estos años felices, cuyas estaciones favorecen nuestros trabajos, no se encuentran todos los cultivadores en estado de conservar sus cosechas. No es menester mas que dos ó tres copiosas ó medianas para hacerlos gemir baxo el peso de la abundancia: entonces disipan muy bien que les es oneroso; y si los acomodados ó sobrados no les desembarazan de su sobrante, la mayor parte de sus tierras quedarian valdías, ó las cultivarian mal. Quantos mas Mercaderes haya, mas pronto socorro encontrarán los Labradores.«

»2.º Los Mercaderes no embarazarán que los Labradores reserven en sí todas las cantidades de granos que ten-

tengan necesidad de vender. Así en caso urgente se encontrarán en los Arrendadores de tierras todos los que les sean posibles conservar ; y entre los Mercaderes tan solo aquellos que el cultivador tenga riesgo de perder : este es el medio de poner en seguridad la abundancia , y de evitar que ella produzca perjuicio.

3.º Hemos hablado poco ha de los inconvenientes que resultarían de una empresa general , y de los inmensos gastos en que el Estado se empeñaria si quisiera depositar los granos superfluos en Almacenes públicos. La poca economía , el gobierno mal arreglado ó infiel , y la opresion de este Comercio los levantarán siempre á un precio muy alto , quedando al público justo derecho de quejarse. No hay , pues , quien pueda mejor gobernar este asunto , y sacar buen partido de él , sino los que tienen interés personal en la conservacion de los granos. Un Comisionado , un Director , no vela con la atencion que aquel , porque el ojo del dueño es un argos.

4.º Los Mercaderes no encarecerán los granos por contratos fraudulentos ; como se les quiere atribuir : Esto únicamente puede suceder quando un pequeño número de particulares se apodera de la mercaduría ; mas quando las ordenanzas no ofrezcan obstáculos á la copia de Mercaderes , ellos se multiplicarán , y sus intereses serán tan diferentes y dispersos , que la actividad , los rezelos , y el afán

1)   de

de la ganancia, y el temor de perder arreglarán sus conductas, como sucede en todos los Comercios que el Estado autoriza y protege.

5.º Este método de dexar obrar, la emulacion, y la concurrencia, produce siempre muy buenos efectos, ¿por qué dudar de su eficacia sobre el trigo, que es el fruto mas necesario, y que debe ser el mas circulante? ¿Es preciso retardar el curso y que las leyes se obstinen en fixarle quando debia volar, por decirlo así, para presentarse delante de los Pueblos? Esta actividad empeñará á los Mercaderes á transportarlo instantaneamente adonde él será mas caro, y á no sacarlo sino de donde no se estime por su baxo precio. Doble ventaja que socorre al hambriento, y al que está abrumado de la abundancia. Del Mercader libre es de quien esto debe esperarse, y no del cultivador que no se puede ocupar en este cuidado, y que por otra parte no le conviene separarse de su trabajo diario.

6.º Si los Mercaderes encarecen los granos en algunas Provincias, tambien los hacen baxar en otras, evitando así la inferioridad de su precio, tan fatal al Estado y á los Pueblos como la mas mala cosecha.

En fin si estos Mercaderes se aprovechan de la abundancia de nuestros granos, los hacen pasar oportunamente al extrangero enriqueciendo el Reyno; y sabrán traerlos en en tiempo de calamidad, por medios mas seguros y menos costosos, porque ellos son versados en el Comercio.

El rigor de la ley nos priva de todas estas ventajas. No tenemos ni Mercaderes ni Almacenes. Los extrangeros compran nuestros granos, quando van á ínfimos precios, y ellos mismos nos los revenden quando van caros. Esto es lo que regularmente nos sucede, y lo que podríamos evitar, si en lugar de ceñir su Comercio á los Mercaderes de profesion solamente, los permitiésemos á todo el mundo sin distincion: Labradores, Gentiles-Hombres, Rentistas, y qualesquiera otros.

Importa mucho al bien público tener Mercaderes ricos, en proporcion de formar Almacenes, difundir el dinero entre los cultivadores, y sostener los gastos de su custodia. No de Mercaderes de pocos fondos han de esperarse estos socorros: mas sí de los que pueden hacer adelantamientos de consideracion. Es preciso que haya de toda especie para mantener la concurrencia.

Nuestras leyes nos obligan á pensar diferentemente; sin embargo seria útil se formasen muchos Almacenes de trigo en el Estado para encontrar en la necesidad estos grandes repuestos que la policía ha solicitado siempre inútilmente. No careceríamos nunca de ellos, y nuestras gentes se aplicarian á conservar los granos, si les fuera tan decoroso emplear sus fondos en esta mercaduría, como en

qual-

qualquiera otra ; y ella tendria bien presto la preferencia,
si fuese libre de formalidades y gastos de recepcion : ¡Ah!
¿Qué profesion mas útil que la que provee á las necesidades y al alimento de los Pueblos? Nosotros tememos que
nuestros súbditos se enriquezcan con nuestras producciones ; miramos como ilícito su aprovechamiento, y no reparamos en pagar al extrangero los gastos de la conservacion
y transporte y el interés usurario de sus adelantamientos;
por fin no sabemos, ni evitar la necesidad, ni aprovecharnos de la abundancia.

OBSERVACIONES SOBRE MERCADERES.

Es cierto que ha merecido poca atencion y piedad todo manejo y lucro de granos en el comun concepto de las gentes intimidadas de las formidables anatemas fulminadas contra sus retractores con opresion de sus próximos. *Maldito de los Pueblos sea el que esconde el trigo*, dice la Escritura (a). *Por el contrario. Benditos los que los venden: su memoria se exâltará sobre los hombres, será eterna y esenta de calumnias, y no habrá alabanza que no se le tribute.*

De este origen y otros semejantes se derivaron tantos epitetos odiosos con que se tilda á estos Negociadores. El Doctor Saravia en *la Instruccion de Mercaderes*, valiéndose del Evangelio, quando Christo habla de la correccion fraterna, los trata *de pertinaces, é incorregibles; de Gentiles y de Fariseos*, segun la palabra del mismo Señor. San Juan Chrisóstomo los figura como compendio de todos los pecadores; Calmet *de Publicanos*, y así á este tenor.

Sin distinguir el espíritu de estos Oráculos, han confundido los poco inteligentes la codiciosa retraccion con ministrados únicos convenientes proveedores, los par-

(a) *Qui abscondit frumenta, maledicetur in populis. Benedictio autem super caput vendentium.* Prov. 26.

Pue-

tra quien se dirigen, con la útil economía de su buen
uso, conservacion, comunicacion y aumento, y tratado
con igual improperio á los útiles proveedores que á los
avaros detestables; en una palabra, han equivocado los
buenos Comerciantes con los malos Negociadores.

Pero ya nuestra Pragmática sobre el libre Comercio, nos vindica de las groseras imposturas con que el
Autor se queja han tratado las leyes indistintamente á
todos los actores en este negóciado; pues no solo los
permite, sino que los promueve y protege, como se ha
dicho; pero por su mismo mérito é importancia no puede prescindir de la honestidad, buena fé y legalidad que
hace recomendable todo trato, y por eso condena los
ilícitos, los lucros torpes, y demas que contengan enormidade
desintiendo en esta parte del juicio del Autor, que simultaneamente *ampara al avaro, al usurero y al monopolista, que al Comerciante honrado; porque supone en
todos un mismo espíritu y principio, que es la ganancia,
y espera de cada uno, un propio fin loable, que es la pre-
vision*; y este es en su juicio, el salvo conducto para que
puedan hacerla por qualquiera via. Apologiza el Comercio y Comerciantes de granos en términos, que sobre
constituirlos únicos convenientes proveedores, los puri-
fica y absuelve de todo vicio que pudiera caber, ó co-
meterse, negándolos todos, y aun considerándolos útiles.
Pue-

Puede decirse del Autor, en cierto modo, lo que de otro muy grave á quien se le aplicaban irónicamente las palabras con que el Precursor señalaba al Mesías : *Mirad al que quita los pecados del Mundo*, porque su moral y laxà doctrina apenas daba pecado.

Nuestro Anónimo opina *que no debe tacharse á los Mercaderes de avaricia, de usura, ni de ganancias ilícitas*, es decir, si no me engaño : que el Comercio no tiene que cautelar, y que no puede ser vicioso, opresivo, coluso, ilegal, ni criminal.

El fraude artificioso y el robo manifiesto no se diferencian sino en el modo de oprimir, por arbitrio, ó por violencia; no hay mas que sostituir la maña á la fuerza; ¿ y es posible que la Magistratura vea á sangre fria esta lucha en que tanto interesa la quietud y buen orden de los Estados ? No se pretende quitar la libertad en el amigo, sino que se use bien de ella. Tampoco extinguir sus Mercaderes, y sólo si que sean útiles. Si no cabe en esto daño y en aquella vicio, júzguelo la prudencia con el exemplo de muchos quebrantos,

A los Comerciantes de tal categoría se les puede aplicar lo que de los Halandeses dixo un Inglés: "Si sacamos algun beneficio de ellos, es porque les damos ocasion de sacar mas de nosotros; y es cierto, que aunque tales personas no hubiese en el mundo, el hu-

H 2   ma-

nmano Comercio, nada perdería." Tambien es cierto que
salutem ex inimitis nostris.

Hay, ó no *usura*, *avaricia*, *monopolio &c.* Si la hay
es abominable y punible, y si no la hay fueron ilusos
quantos con zelo y caridad advirtieron y precavieron un
aspid ponzoñoso, que es un puro ente en persuasion
de nuestro Autor. Los políticos economistas coetáneos
del Autor, y de su misma doctrina en la materia, aseguran su existencia, Mr. Patullo, Mr. Noel Chomel,
Mr. Sabarri, el Marques de Mirabeau, el Abate Galiani, su impugnador, el Autor de las representaciones
á los Magistrados de Francia sobre el libre Comercio de
granos, el del tratado *del trigo considerado como génera
comerciable*; Mr. Beguillet, Mr. Neker, la Encyclopedia
y otros modernos que han esforzado el interés de este
Comercio, convienen todos unánimemente en que hay
monopolistas, *usureros* y *avaros* en este negocio mas que
en otro, y que deben desterrarse hasta de la memoria
de las gentes. Mr. De la Mare, de quien se sirve el Autor en el capítulo de *carestía* para negar que hay usureros, ó no conceder sino muy pocos, confiesa infinitos en
el mismo lugar de donde nuestro Anónimo quiere extraer
la prueba contraria.

Porque en otras mercancías no se cebe tanto la usura, ni se declamé con tanta vehemencia como en el trigo,

go , ó se tolere ; y lo mismo el monopolio , no se sigue que no lo hay , ni ménos su inocencia : los demás géneros no son tan precisos como éste , y por eso no es tan sensible ni perjudicial. Ella sobresale en este fruto precioso , como la mancha á proporcion que el color en que cae es mas delicado. El usurero no tiene otro norte que la ganancia , obstinado en ella de conforme la aumenta ; y como el trigo es indispensable , sabe que asegura la presa , en la que es insaciable. Aludiendo á esto , dice el Abate Galiani en el Diálogo 7 , »esta es la »razon por que siempre que se trata de comprar trigo »oirá Vm. hablar de monopolio ; pero no así quando »se trata de lienzos y pieles , de azúcares , vino &c.« Con este mismo sentido se explica Mr. Neker en estas expresiones. »Siempre que el riesgo de carecer por algun »tiempo de alguna mercancía no imprima terror , los Ne»gociantes no podrán sacar mas que un debil partido de »las maniobras que suelen executar para alzar la especie, »ó hacerla rara momentaneamente. Así se vé que el mo»nopolio sobre géneros no necesarios , debe ser completo; »quiero decir : que es preciso alzarlos casi todos para »dar dia á ley , pero respecto á frutos de necesidad como »el trigo, basta que el monopolio sea parcial para hacer »impresion , porque la inquietud de los consumidores for»tifica el poder de los Mercaderes. Un mínimo temor »de

»de que falte lo preciso agita mas los espíritus , que la,
»probabilidad mayor de ser privado de una cosa simple-
»mente agradable. El no mirar esta qüestion baxo tal
»punto de vista precipita en los mas grandes errores."

Deducir de los demas géneros para el trigo , ó al
contrario , es confundir el oro con el cobre , porque ni
comparacion permite , quanto mas identidad , que se digan de otra especie los encomios que ha debido esta
preciosa y preferible á todas desde que hay hombres.
¿Baxo quál se han contenido y explicado mas Miste-
rios , mas Sentencias y mas Parábolas Sagradas ? ¿Quál ha
servido de materia mas amena á los Poetas para sus invenciones entusiásticas ; á los Mitologios para sus fábu-
las, y á los Políticos para empresas y geroglíficos? Basta de discusion abstracta.

Para que haya útiles Comerciantes de granos propone el Autor , entre varias condiciones, estas dos, que
si puedan extraen en tiempo de una abundancia superflua
sin esperar la autoridad del Gobierno ; primera. Entre una
abundancia superflua , que es quando supone deberse consentir únicamente la extraccion del trigo , hasta que suba á un precio gravoso al Público , que es quando debe
cesar , media un grande periodo , que no permite indiferencia , porque puede ser muy crítico , y en que el Comercio es capaz de transformarse de mediador en hostil.

Es-

Esta condicion es una virtual restriccion de la salida por que la ciñe á solo el tiempo de abundancia; luego no puede ser absoluta, y menos sin permiso.

La segunda proposicion del Autor levanta el relieve de la mia, dice así: *que jamás se prohiba la salida* (atencion) *sino quando suban los granos á un precio gravoso al Público.* Esto es justo, pero árduo. Los vendedores, aunque no nieguen la gravedad del precio, alegan siempre razones con que la disculpan, ó la autorizan, y los consumidores rara vez dexan de resistirla: de suerte que por los respectivos intereses no es fácil llegar á conocer si el precio es ó no gravoso al Público. En esta contienda señalan por norte otra duda, y es, saber los granos que hay en un Reyno; pero tal evidencia, quando fuese posible, serviria para decidir sobre la salida, pero no sobre si el precio era gravoso: á esta incongruencia se aumenta la equivocacion de juicios, porque unos ahaden causa lo que otros efecto, queriendo inferir algunos por el valor la cantidad existente, y al contrário muchos, que se arregle por ella el precio.

Pero sea enhorabuena este la arteria para conocer el grado en que mas ó menos granos en un Estado ó Provincia, y el poder prohibir ó permitir probablemente la extraccion; mas en mi juicio no es fixo, ni oportuno este indicante, porque muchas veces los hay en abundancia,

cia, y el retraimiento que hacen de ellos persuade efectiva escaséz.

Mas sea así: tambien es cierto que quando esta muestra nos advierte el mal, es ya positivo, y muchas veces incurable; pues dista poco ó nada del aviso el extrago. Solo, pues, el previo, exâcto y pronto conocimiento de las cosechas anuales, y el de las salidas, puede iluminar, sin cuya guia, y no mas que con la del precio, siempre será ciega y aventurada la extraccion.

No solamente puede ser falible la guia del precio alto ó baxo para no temer, ó prohibir la salida, sino que puede perjudicar, ó exponiendo la conservacion del trigo preciso á la subsistencia de un País, ó impidiendo sacar de él el precio proporcionado y posible.

Mr. Neker en el capitulo 3.º de la parte 3.ª de la *legislacion del Comercio de los granos*, lo prueba así. "La Ley de 1764 creyó prevenir á los abusos de la exportacion de granos prohibiéndola quando su precio llegase á treinta libras el septier: presumiendo sin duda que el exceso á mas fuese contrario al interés general. Pero sea enhorabuena esta la arteria para...

"El precio depende esencialmente de la sobrante que mantiene en balanza las fuerzas desiguales de compradores y vendedores de este fruto. Al principio de la cosecha la abundancia que hay en todas partes

»tes

»tes no permite comparar en justicia la suma de las ne-
»cesidades, y la de los trigos exîstentes; y es muy posi-
»ble salga entonces del Reyno una parte esencial de este
»sobrante sin que levante el precio de las treinta libras.

»Pero á proporcion que el consumo disminuye la
»cantidad esparcida en lo general del Reyno, se hace mas
»fácil el juicio de relaciones entre esta cantidad y el glo-
»bo de las necesidades: en este punto, pues, produce un
»efecto muy sensible en la opinion la parte de trigo, aun-
»que sobrante, extraida sin herir el punto de la permi-
»sion; y la que no hizo levantar el precio de treinta li-
»bras inmediato á la cosecha, puede ser causa de que suba
»á quarenta ó cincuenta al último del año: pues como se
»ha dicho á poco tiempo del recogimiento, el precio de
»los granos de una Provincia, no se forma sino en razon
»de la abundancia; y es muy lentamente y por la comu-
»nicacion de diferentes avisos de un extremo á otro del
»Reyno, que se arregla segun las circunstancias generales.»

»Resulta pues de estas observaciones, que la determi-
»nacion de un precio para la salida de los granos no puede ser
»su salvaguardia, si no se fixa muy baxo; pero entonces se
»cae en otro inconveniente, y aunque menos ruinoso á la
»verdad, digno de indicarse para presentar el objeto baxo
»todos los aspectos.

»Supongo que el precio para la salida se determina-

I

ná

„á veinte libras : una seguida de buenas cosechas y las mis-
„mas precauciones que se toman para contener la expor-
„tacion llevan los granos á este término , al qual algunas
„Provincias limitrofes venden al punto una cantidad á los
„extrangéros ; pero estos mismos entre quienes algun tiem-
„po despues llegó á estar mas caro lo hubiesen comprado
„entonces á veinte y cinco libras , si la exportacion se hu-
„biese permitido mas alta. Así , la ley que puso obstáculo
„á esta salida , mientras que los trigos no pasasen de vein-
„te libras , viene á causar positivo daño al Reyno que lo
„vendió , pues dexa de percibir otra tanta menos plata en
„cambio de sus producciones. En suma , la determinacion
„de un precio para la salida , es en todos casos una mo-
„dificacion sujeta á muchos inconvenientes.„

Pocos tendrán á mal , que en los años abundantes haya Mercaderes que desembaracen á los labradores del sobrante ; pero ninguno responderá de que estos libertadores
de lo superfluo en su tiempo , no sean retentores ó ex-
tractores de lo preciso en los medianos , que por este medio los harán escasos y aun malos ; y si en los estériles
practican lo mismo (que es de temer) los harán pésimos.
La prueba aun está pendiente con lo sucedido en el
año 1789 , convirtiéndolo de regular en el peor que se ha
visto en siglos , especialmente en Castilla , y acaso nunca.
No es exâgeracion. Zabala señala el precio de ciento vein-

-te

te reales el mas excesivo que se ha visto en España el año de ocho, y eso en solo un lugar y casi por un momento: (en 1555 llegó tambien al mismo precio) Mr. De la Mare el del de cincuenta y siete libras el septier, que corresponde á ochenta reales fanega en la gran calamidad de Francia año de 1694; y aqui llegó en algunas partes hasta ciento cincuenta reales, y de esta asombrosa é inaudita subida, fué causa la extraccion executada por los Mercaderes.

Concedo en obsequio de la Agricultura que *quanto mas Mercaderes haya mas pronto socorro tendrán los labradores.* Vamos al cange con este otro principio mio conseqüente al antecedente del Autor. *Quantos mas Mercaderes y mas socorros á los labradores, quizá mas caro el trigo.* Esta parece opuesta á la general innegable de que la pluralidad hace baxar la estimacion, y que habiendo muchos que deban vender se contendrán unos con otros. Contradice tambien la suposicion de que siempre habrá menos monopolio quantos mas sean los individuos entre quienes esté repartido el género. Es así; pero tambien que la misma multitud encarece segun su exercicio.

En la de Mercaderes es constante, pues como ya he dicho son tantos quantos tienen dinero. Todo Mercader compra antes que vende, y si por la copia de compradores en el primer acto sube ya el género, no es regular baxe

en

en la venta, antes bien que ascienda por necesidad; pues sobre el precio caro á que costó por la multitud, se ha de aumentar el de los gastos y ganancias. La concurrencia de extrangeros que obliga á vender con moderacion es dificil, y aun imposible, como se probará; luego solo puede obligar á la venta la abundancia reiterada, no tan comun como la codicia de los Mercaderes, que por una vez que beneficien el precio por la competencia de vendedores, lo encarecerán diez por la de compradores, y despues por la union en retraer la venta, no habiendo emulacion extraña, única cuña que hace manifestar el trigo del pais.

El monopolio no es otra cosa, que recogerse mucho en pocos, y por consequencia no lo habrá entre un número casi infinito; pero si á todos y á cada uno anima un mismo espíritu, que es la *codicia*; como el mismo Autor lo afirma, contendrán en un acto sin confederacion expresa por conformidad de sentimientos; y entonces aunque el monopolio no sea perfecto en quanto á los agentes, lo será efectivo respecto á los pacientes, y la qüestion será de integridad, mas no de realidad.

Veánse los Reglamentos de Francia de 4 de Febrero de 1567, y 27 de Noviembre de 1577, que certifican *haberse hecho un monopolio general concurriendo todos á él por un interés comun entre los actores.*

Mr. De la Mare, dice, que en la comision por la aflic-

cion

cion en que se vió Francia el año de 1699, encontró *abun-dancia de granos*, pero que una especie de conspiracion los retraxo con el designio de que no compareciesen á la venta pública sino muy escasamente ó solo por muestras para aparentar carestía, y que esto hizo aumentar por instantes el precio; y en otra parte : «En tales ocasiones tenemos un enemigo á »quien temer mas que á las peores influencias de los astros, »y á la contrariedad de las estaciones : y es la pasion de la »avaricia, y la codicia de la ganancia, que apenas présiente »remota carestía quando por todas partes forma *una especie de conspiracion* para juntar y *guardar los granos* en lu-»gares ocultos, y al mismo tiempo esparce ruidos falsos en »todas partes, comete *monopolios*, *usuras*, forma sociedades »viciosas, y por otros infinitos medios perniciosos fomenta »y entretiene la calamidad pública.«

Estos exemplares no sirven aquí sino de probar la identidad quanto mas conformidad de afectos y de efectos entre Mercaderes, y que no obstante su pluralidad pueden causar monopolio hasta por el útil exércicio de socorrer á los labradores. Sin embargo, jamás reprobaré, antes sí celebraré, y si me fuera posible proporcionaría con el mayor ardor el socorro anticipado á todo agricultor sin entrar en rezelos de lo por suceder.

Si la emulacion y competencia, sigue el Autor, *produce siempre buenos efectos en todos los comercios que protege el Es-*

tado , ¿*por qué dudar de su eficacia sobre el trigo que es el fruto mas necesario y circulante?* Respondo que por su misma calidad de ser mas necesario , y formo ahora esta mia sobre los mismos principios. *Si en fuerza de la Pragmática de 1765 ningun género ha merecido mas proteccion soberana que el trigo ¿por qué no ha habido mas emulacion y concurrencia ; ó por qué ella no ha producido mas ventajas al Reyno?* Es cierto , como dice el Ensayo , *que la actividad empeña á los Mercaderes á transportar los granos instantáneamente adonde ellos serán solicitados* , pero no lo siguiente ; y *á no sacarlos si no de donde no se estimen por el baxo precio á que estén.* El desprecio del género no impulsa tanto su salida del País propio , quanto el mayor aprecio en otro. La razon es evidente , porque aunque se compre barato , no se sabe si se venderá caro ó á buen precio que es el objeto final ; y como en este no hay duda quando es efectiva la necesidad en algun puesto , entonces es la apresuracion del acarreo si en el indigente se paga mas. Reciente prueba es la Primavera del año de 89 , que á sesenta , setenta , y ochenta no dexaba de salir á Francia con el mayor ardor, y aqui no vino despues , aunque subió á ciento veinte y cinco y mas reales , exemplar que acredita falibles ambos supuestos precedentes.

Por mas que combaten mi imaginacion infinidad de pruebas que acreditan la debilidad de juicio humano , no

pue-

puedo admitir en su multitud la de que el trigo se confunda con las demás especies del Comercio del mundo, porque es menester obstinarse de todo punto para no confesarle singular por sus alteraciones, y por sus conseqüencias originadas de principios tan débiles, exquisitos y raros que se hacen imperceptibles á la perspicacia mas lince.

En el año de 1770 se vió en Aragón lo que no es creible sino al que lo admiró de cerca, y fué que por una caprichosa competencia entre dos mugeres en el mercado de Zaragoza sobre qual habia de llevarse una muy corta partida de trigo, lisonjearon tanto el interés de su dueño pujando una sobre otra, que triplicaron su valor, y en el mismo dia se duplicó en toda la Ciudad, y al quarto en todo el Reyno con sensacion general; y tanto cuidado del Gobierno, que hizo expreso de la novedad á la Corte. Si esto es posible y efectivo por acasos tan no esperados ni imaginables ¿qué no puede temerse de las astutas maniobras de los Mercaderes?

Reausume el Anónimo las utilidades de los Mercaderes con esta expresion; *doble ventaja que socorre al hambriento y el que está abrumado de la abundancia.* De la certeza de esta aseveracion dará testimonio el suceso que acabo de referir. Lo primero fué cierto en favor de nuestros vecinos; mas no en el nuestro quando estuvimos en igual caso que ellos: luego es accidental. Lo segundo no se verifica, porque

que nosotros no estábamos agoviados de la abundancia , y no teníamos mas que lo necesario. El precio no era inferior , pues de la cosecha de 88 hasta Marzo de 1789 se mantuvo de treinta y cinco á quarenta reales , y en los tres meses siguientes se quadriplicó , sin que en este exceso versase otra causa que la agencia de los Mercaderes. Si estas son sus gracias , repito el juicio y dicho del Inglés sobre los Holandeses.

Consuelo bien desventurado para una Provincia ó Reyno que agotan de granos los Mercaderes , y el que queda lo ponen á un precio insoportable decirle , que *tambien lo hacen baxar en otras.* Si esto fuese respecto á las vecinas contenidas en el mismo Principado menos mal , porque se difundia el género y refundia el interés en el propio Estado , pero con la de extraño dominio es muy sensible.

Mas todo se pretende sanar con *evitar el desprecio tan fatal como la mala cosecha.* Y si no hay tal desprecio , como se ha visto , ¿qué resultará? Otro tanto daño que provecho quando fuera cierto el supuesto como lo hemos experimentado.

Concedo de grado el abatimiento del trigo , tambien que su salida es la redencion de la Agricultura , y levante muy enhorabuena hasta ponerse en punto de su natural valor , ¿pero cesará entonces? Lo tengo por paradoxa si en otra parte se estima mas : ¿Y dexará de causar una ruina las-

lastimosa si prosigue? El que lo niegue delira á mi parecer:

¡Qué profesion mas útil (concluye) que la que provee las necesidades y el alimento de los Pueblos! Verdad es; pero se puede añadir, ¿y quál mas ruinosa si á otros los despoja de él y promueve las mismas necesidades? El evitar esto y conseguir lo otro debe ser exercicio de los buenos Mercaderes para merecer la proteccion del Gobierno, á cuya vigilancia toca prescribir reglas con que se logre este beneficio combinado.

Se pretende un sacrificio de juicio en favor de los Mercaderes, y es creer que precisa y únicamente son aptos para atraer la abundancia y contener el exceso del precio; y no es permitido temer, no solo que causen ellos el retraimiento, como dueños árbitros de los trigos, que pueden ser; pero ni aun recelarlo de nadie por respeto á ellos. Si de quanto vicio se les deshuda, se les adorna de virtud, serán ciertamente acreedores á nuestros obsequios. Todavía extiende mas el riesgo de sus actos Mr. Neker, pues los hace capaces del encarecimiento y retraccion de los granos, aun estando prohibida la extraccion á fuera.

Así habla en el capítulo 11 de la 2.ª parte de la legislacion de los granos: "Una Provincia tiene sobrante y otra está en indigencia: nada es mas conforme á justicia y á los principios de sociedad, que permitir

se

»se ayuden mutuamente estas dos Provincias; la una re-
»cibiendo el socorro que necesita, y la otra cambiando
»lo superfluo que le es inútil por los bienes de que ca-
»rece. Los Agentes naturales de este cambio son los Mer-
»caderes; porque ellos hacen estudio continuo sobre la
»materia, y tienen capitales libres para con ellos y su
»actividad arreglar presto el nivel de que el Comercio es
»susceptible. Pero el Mercader tiene dos calidades, una
»de útil Agente, la otra de propietario de plata, ó de
»crédito, únicamente que quiere hacerle valer por qual-
»quier medio imaginable.

»Quando hay una gran distancia entre los precios
»del trigo de diferentes lugares del Reyno, el Mercader,
»asegurándose sobre todo de su beneficio, lo transporta
»de la Provincia abundante á la escasa; pero quando
»el nivel se estableció ya, ó quando las desproporciones
»no excitan su especulacion, y no obstante quiere todavía
»aumentar su capital, entonces compra para revender en
»otro tiempo, sea en el mismo lugar, ó sea en otro, con
»único provecho suyo.

»Si él hace las compras con moderacion mientras los
»precios son baxos, todavía es provechoso; porque si
»especula al fin de Agosto, tiempo de la mayor abun-
»dancia, para revender mejor en la Primavera, época
»ordinaria de los encarecimientos, precave una grande
»des-

»desigualdad en el precio durante el año ; pues los sos-
»tiene al principio por sus compras, y los modera al fin
»por sus ventas.

»Si compra en un año fertil con designio de guar-
»darlo hasta el siguiente, hace á la sociedad un servicio
»singular; porque precave la inferioridad muy sensible, y
»emplea sus capitales en beneficio del Reyno, conser-
»vándole el fruto mas precioso. Los Mercaderes son
»útiles siempre que transporten los trigos de un lugar
»á otro, y tambien aunque compren para revender en
»un mismo lugar ; con tal que no hagan sus compras
»sino es en las épocas y años en que los precios son baxos.

»Pero como el interés general solo la ley lo procu-
»ra contra el interés personal, los Mercaderes abando-
»nándose á una libertad total, no se contendrán en las
»especulaciones cuya utilidad acabamos de indicar; y
»quando el precio de los trigos esté en el precio ra-
»zonable que qualquiera subida perjudique la armonía
»general, ellos comprarán igualmente y los encarecerán.

»Pero se dirá: mientras la salida no se permita ¿có-
»mo podrá alzar los precios la intervencion de los Mer-
»caderes ? ¿Por ventura disminuirá ella la cantidad del
»fruto, ó aumentará la necesidad?

»No, sin duda: mientras que la exportacion no se
»permita, la cantidad de trigos esparcida en el Reyno no

K 2   »se

»se disminuirá, sea que estén en manos de los propie-
»tarios y de los arrendadores, ó sea que se pase á la
»de los Mercaderes; pero quanto mas Agentes inter-
»vengan succesivamente entre los propietarios y los consu-
»midores, mas encarecerá el precio contra estos últimos;
»porque necesariamente ha de cargar sobre él todo el
»provecho que los mismos Agentes perciben.

»La suma de estos beneficios dependerá de la uti-
»lidad de los Mediadores, de la rareza mas ó menos ge-
»neral del fruto, de la rapidez mas ó menos grande de
»la concurrencia y de la fuerza de espíritu de emulacion.
»Todas estas circunstancias son muy inciertas y vagas pa-
»ra reducirlas á compendio, pero incontestables; y yo
»me refiero en el asunto á una simple proposicion, y
»es, que en el momento en que lleguen los granos á
»un precio razonable, la intervencion de los Mercade-
»res es siempre dañosa, aunque el encarecimiento sea
»por sus beneficios.

»Todavía diré, que quantos mas especuladores se au-
»mentan en la escaséz, mas sospechosas son sus empre-
»sas; porque haciéndose dueños del fruto absolutamente
»necesario, su fuerza aumenta la carestia; y regularmen-
»te la sola inquietud que inspiran sus compras ocasiona
»la altura de precio que desean.

»Tales operaciones de parte de los Mercaderes son
»muy

„muy lastimosas; porque alzan el precio por solo su in-
„terés con riesgo de turbar el órden público , en grande
„detri mento del Pueblo , que siempre sufre, como hemos
„visto demonstrado, los encarecimientos y revoluciones por
„las de los precios."

Despues de este delicado raciocinio ¿qué puedo yo
decir? Sin embargo á pesar de mi misma expresion, y no
obstante qualquier contrario juicio; en el mio siempre será
elemento , que el público interesa en el exercicio de los
buenos Mercaderes de granos ; pero tambien que fiar á
ellos solos el surtido del trigo para el Estado , es muy
contingente.

La codicia es su idolo, y sus votos siempre serán sa-
crificios. La Agricultura participará de los inciensos : mas
la materia de las víctimas siempre será la conveniencia universal. Si el fomento del Agricultor , á que mira el
buen precio que sostienen los Mercaderes , debe preferir
á la proporcionada comodidad del Consumidor , es la ques-
tion. Por mi no delibero para afirmar que si el precio
excede al prudente y legítimo en cantidad que le grave
no es permitido, ni aun con objeto de favorecer la Agricultura , porque es contra derecho , segun la ley natural.
Locupletari nemo debet cum alterius jactura.

TRADUCCION DE ABUNDANCIA.

Quando nuestras fértiles campañas ofrezcan á la venta la riqueza de nuestras cosechas, y una estacion favorable anuncie el gozo y la abundancia; nos podríamos felicitar de estos presentes lisongeros si supiéramos aprovecharnos de ellos.

Entonces gime regularmente el Labrador en su retiro, porque prevee su ruina en medio de los bienes que él abraza con sus manos, y que no satisfarán suficientemente sus necesidades, si le falta una venta favorable.

Los ínfimos precios de los mercados vecinos le ponen alerta: se vé imposibilitado de reservar su fruto, y la venta no le alcanza á indemnizar los gastos de la cultura, satisfacer su renta, pagar los impuestos y á prevenir la sementera próxima: él se fastidia entonces de una profesion penosa que le arruina y retrae su cultura, ó cultiva mal. A esta suerte está reducido el Labrador pobre; cuyo trabajo es algunas veces mas dichoso que el mas rico porque es mejor seguido.

El cultivador mas acomodado sostiene algun tiempo esta abundancia; mas él desea cosechas menos fecundas: y si la tierra le continua sus beneficios muchos años, no mira como precioso un bien que no corresponde á sus esperanzas. Prodiga sus granos al pasto ó alimento de los

ga-

ganados, ó los dexa corromper, porque no puede soportar mas los gastos de su entretenimiento : desnatura-
liza algunas veces sus propias posesiones, y no presta sus
cuidados sino á las mejores, descuidando de las otras.
Así es que los Cultivadores son tambien consumidos
baxo el peso de la misma abundancia por no poderse
desembarazar de lo superfluo que les daña; ¿qué felicidad
entonces para ellos y para el Estado, encontrar en los
Mercaderes domiciliados los recursos que no les prestan
los vecinos! La necesidad no seguiría á la fecundidad, y
la carestía no iria en pos del ínfimo precio del grano.
Aun quando nuestra misma historia no nos anunciase que las mas grandes carestías han acaecido regularmente despues de algunos años superabundantes, la reflexion sola nos demonstraría la razon. No se provee á la
conservacion de los granos, porque la ley se opóne y condena la almacena: de donde resulta necesariamente que se
siembran menos tierras despues de una buena cosecha que
succesivamente á una mala (a) Esta alienta al Cultivador, y
le desanima la otra. La abundancia envilece los granos; y
este abatimiento es precursor ordinario de la necesidad.
Así

____

(a) *Nemo enim sanus debet velle impensam ac sumptum*
facere in culturam, si videt non posse refici. Var. de Re Rus-
ti. L. l. c. 2. Sect. 8.

Así pensó el Consejo en el año de 1709. En la declaracion de Luis XIV. de 27 de Abril de este mismo año se lee, que una larga seguida de cosechas abundantes habia hecho baxar los granos á precios tan baxos, que los Labradores se quejaban por verse embarazados de una asombrosa cantidad sobrante : así es que una carestía excesiva sucede en un momento á una abundancia onerosa, por la laxîtud que padece el Cultivador.

Como es muy ordinario dudar generalmente que el Labrador padezca atrasos en la abundancia, no es facil persuadirse que ella le perjudique: y que el baxo precio de los granos sea un mal positivo; exâminemos una heredad á veinte leguas de París.

Mr. Duhamel ha calculado (a) que una heredad de 500 arpens, cultivada regularmente, produce comunmente 500 septiers de trigo, y otros tantos de avena, y que tiene cinco mil libras de coste por sus labores, semillas y gastos de recoleccion; si el septier se vende á 12 libras, el Arrendador sacará 60 del trigo y 20 de la avena, porque la medida de esta es doble, y se vende un tercio menos que el trigo. Así no resulta al colono mas que 40 li-

(a) Cap. 2 de la cultura de las tierras. Seria facil hacer otro cálculo de los gastos de la misma heredad que confirmaria este cómputo por un gran detalle.

libras para pagar sus impuestos, arriendo y gastos domésticos que no alcanza. De aquí un Labrador poco acomodado necesariamente ha de escasear la cultura succesiva, cuyos gastos no puede satisfacer aunque haya vendido todos sus granos, y se vé reducido á menguar las labores ó abandonar las tierras mas fuertes que piden cultivo mas costoso.

Si el precio de trigo es inferior al que hemos supuesto, lo que es evidente en una seguida de buenas cosechas, el arrendador se vé en el apuro de cercenar los gastos domésticos y los ganados de labor, porque tiene mas provecho en engordar las aves con el trigo, que sostener los ajuares del arado. De este modo, aunque él siembre una buena parte, como sus tierras producen menos, siempre pierde. Si esto acaece en muchas Provincias á un tiempo, será fácil atinar la causa, por qué la abundancia engendra la necesidad por el baxo precio de los granos, y por qué se coge menos posterior á muchos años buenos. *Inopem me copia fecit.*

L

OB.

OBSERVACIONES SOBRE ABUNDANCIA.

Desde luego es menester resignarse á un sacrificio de creencia á la autoridad del Autor para asentir á ciertos supuestos que afirma como sentencias.. Uno es, que por falta de Mercaderes que almacenen los granos se sigue *necesariamente* que las siembras despues de *abundantes* cosechas son mas reducidas que las subseqüentes á las malas. Reflexionemos un momento : á la recoleccion succede tan inmediata la siembra, que muchas veces es menester interrumpir las tareas de la era, para aprovechar la oportunidad de esparcir y envolver el trigo en la tierra, y en muchos países, si todos los años no sucede esto, es anuncio ó de fatal Agosto, ó de mal Otoño ; y contando sobre abundante cosecha con que se cuenta ahora, es muy posible el caso en los mas.

En esta union de tiempo no parece posible que por falta de Mercaderes se disipe hasta el trigo existente en parva, en tanto extremo, que falte para sembrar, que es con lo que se cuenta preferentemente.

Preveo la objecion de que como no hay quien compre el trigo, fuera de lo necesario al abasto, el sobrante es invendible para el labrador, que por esto no puede entrar en los gastos del nuevo año.

Debemos presumir que antes de entrar en la recoleccion,

cion , ya deben estar las tierras preparadas (en lo general)
para recibir el fruto próximo : baxo de este supuesto ¿qué
gasto se ofrecerá para echarlo si en aquel tiempo se excusa el mayor que es el del grano , porque está sobrante y
quizá aun ocupando gente y ganado en la era? (porque
no olvidemos que se discurre sobre la evidencia de un año
copioso) : Mas fácil y menos ruinoso le sería abandonar
algo de lo superfluo que no aventurar la siembra , sin la
que sabe evidentemente que no le corresponderá la reco-
-leccion succesiva, aunque le favorezca el temporal.

Debemos tambien suponer que aun no habiendo Mercaderes de granos por profesion , hay prestadores á cobrar
en trigo que es lo mismo , y de estos nunca faltarán mas
ó menos codiciosos , ni mientras haya dexarán de resignarse á ellos los labradores miserables : mucho mas pudiendo
pagar en la hora con el trigo.

Todo esto arguye resistencia á creer que la siembra
inmediata á cosecha copiosa es mas reducida que la que se
sigue á una parca recoleccion.

De los labradores medianamente acomodados lo niego
absolutamente , y solo dudo de los infelices , que por serlo mucho , arrebatan todo el trigo casi en mies sus acreedores , que como arpias los despojan sin consideracion;
pero de esto es causa su miseria , no la abundancia mal lo-
grada por falta de acopiadores.

L 2

Re-

Repito que este raciocinio vá fundado sobre el principio de una cosecha copiosa que es el dato del Autor , pues
de otra suerte me implicaría con lo que en distintos lu-
gáres asiento de la pobreza del vulgo de labradores , que
no pueden menos de contraer empeños para poder sembrar , porque son tantos que apenas pueden cubrirlos con
los productos de las regulares , y siempre andan al juego
de *toma* y *daça* y nunca ganan.

No entro en qüestion sobre la principal proposicion
de que la *abundancia arruina* , pero es muy posible si se cá-
rece de libertad y comercio : mas como no hemos experimentado abundancia reiterada , ni menos sofocádola por
falta de libertad ni de comercio : porque uno y otro se ha
permitido y usado francamente , no estamos en el caso
que se propone : no obstante debo conceder algunos años
buenos y muchos medianos ; pero tambien es cierto , que
ni ellos ni la falta de libertad nos han causado las penurias que hemos padecido ; y supuesto que no se puede atribuir á la abundancia mal versada por ningun es-
torvo , no sería desbarro rezelarla del abuso de la misma
libertad.

De esta duda y aquella evidencia resultan problemas
dobles. Uno , qual es el efecto mas probable de la absoluta libertad , encarecer , y aun empobrecer ó socorrer;
otro , si en caso dudoso es de renunciar el provecho de

lo

lo uno por no incurrir en el daño de lo otro : expuesta es la resolucion., y yo creo ambigüos los sucesos , y tan útiles siendo moderada la libertad , como ruinosos si absoluta.

Si ella no es mas que fiadora del sobrante , llamémosla reparadora : si arrastra con todo y en todo tiempo, como es posible , será asoladora.

Y últimamente , negándose la abundancia , y mas bien la calidad de reprimida no hay contestacion , respecto que la libertad no ha permitido el estanco á quien atribuir la escaséz y carestía. Si las cosechas han sido escasas no procede la afliccion de la abundancia , ni libre ni agoviada ; y estamos por ahora esentos de la censura del capítulo. Si abundantes , sin duda la ha causado la libertad , porque no se reconoce otro actor. En esta disyuntiva solo es evidente que hemos padecido , y no nos socorrió la libertad.

El alivio dé la abundancia superflua es tan fácil como que caiga una gravedad pendiente de alguna atraccion con solo deponerla ; quiero decir , que apenas releve el Gobierno la prohibicion salió : no es así la reversion una vez que marche ; ó su reposicion equivalente si se necesita. Nadie saldrá fiador de este empeño, porque no le es arbitrario como lo otro : baxo cuyo seguro , soy de parecer que no se puede juzgar adequadamente del bien que produduce el uso del superfluo sin contar con el mal de la falta de lo preciso, quando lo segundo es efecto de lo primero como tan posible; sin que nos trahquilice la esperanza del socorro, porque puede no ser seguro, ó no ser en tiempo. *Tardiora sunt remedia quam mala.*

TRA-

TRADUCCION DE CARESTIA.

No se acierta á dar dignas alabanzas al Gobierno por su bondad y atencion con que vela incesantemente sobre la conservacion de los súbditos. Apenas presume necesidad, toma quantas precauciones son posibles para asegurar la subsistencia de las Provincias improvistas, y sobre todo la Capital. Regularmente hace venir de afuera á grandes expensas, lo que rehusa franquearles la cosecha de algunos años poco favorables. Efectivamente este el único remedio en una verdadera necesidad.

Pero estos cuidados apresurados del Ministerio hacen comunmente pensar que el mal es mayor de lo que en efecto es. La desconfianza lo aumenta, y estas atenciones no son siempre coronadas de sucesos felices. Toda operacion pública sobre los granos es delicada, dispendiosa, y regularmente dañosa. El Pueblo encaprichado en sus preocupaciones por los motivos y formalidades de las órdenes, no vé tranquilamente un transporte de granos hecho con aparato. En los tiempos de guerra le asustan menos los comboyes, porque vé la causa; pero en tiempo de paz le asombran. Se queja de que se apura la Provincia por maniobras dolosas, ó porque los granos extrangeros son caros ó de mala calidad.

En efecto, es muy posible que se encuentren muchos in-

inconvenientes en las compras por cuenta del Estado ; aun quando se hagan con la economía posible y fiel , no será tanta como la de los negociantes que no tienen otro objeto que su interés personal. De otra manera , quando el ruido se difunde de que el Estado ha comprado , ó compra granos , ningun comerciante se arriesga en hacerlos venir , porque teme con razon no seguírsele conveniencia. Dirige á otro objeto sus fondos y el público pierde el beneficio de la concurrencia, que solo podia establecer el precio menos oneroso. En estas ocurrencias , en que se obra con precipitacion y con temor , el Estado no puede saber qué límites debe guardar en sus compras.

Si son cortas no llena su objeto , y en el intervalo de una á otra corre el riesgo de sentir todos los horrores de la hambre. Si se excede , los granos se dañan , se excitan mormullos , y todo recae en pérdida del Estado. (a)

Si el Ministerio en estas ocasiones dexase obrar al Comercio con la seguridad de que se pudiera entregar qualquiera persona á él , sin contingencias , ni formalidades , se succederian las importaciones de granos á proporcion de las necesidades. Carestía abundante dice el proverbio. Es dudar de la codicia de los hombres , temer que no conduci-

(a) Véase el tomo II. del tratado de Policía. Depósito de Palacio, en donde una porcion de granos se encontró dañada.

cirán los frutos á qualquier parte donde presuman ganancia. Cosa buena es llevar prontamente granos á los que tienen hambre que los compran sin regatear. (a)

La concurrencia, esta causa la mas activa y mas extendida del comercio, hará baxar el precio insensiblemente, y el grano no cesará de abordar á los distritos necesitados sino quando ya no ofrezca mas beneficio al Comerciante; y este tiempo será el término de la abundancia mas segura, y mas prontamente restituída por el aliciente de la ganancia, que por las forzadas disposiciones del Gobierno.

Repetidas veces se ha visto que los hábiles y zelosos Magistrados han socorrido prontamente las Provincias y la Capital por medio de Mercaderes forasteros, que se han succedido sin ruido y sin aparato.

La descarga en nuestros puertos de algunos Barcos, y

la

(a) *Casiodoro, Ministro de Teodorico, Rey de Italia, cuenta que habiendo en Francia una grande carestia el año de 524, este Príncipe dió sus órdenes para enviar trigos prontamente, porque serian vendidos á alto precio; y añade que es buen negocio conducir granos á los que tienen hambre, porque no regatean; en lugar de que los saciados contienden sobre el precio.*

Ad saturatos cum mercibus ire certamen est; suo autem pretium poscit arbitrio qui victualia potest ferre jejuniis. Cass. Variarum. L... 4. Ep. 5.

la proximidad de los bastimentos extrangeros á nuestras costas disipan todo temor, y hacen baxar los granos sin violencia. Feliz efecto el de la concurrencia y de la libertad que contiene los Mercaderes en los justos términos, con superior fuerza que la ley mas severa y la policía mejor compasada. Ella jamás ha dado mejor en el blanco de sus operaciones sobre los granos, que quando ha excitado la emulacion dispensando todas las facilidades y. seguridades necesarias á los Mercaderes de todas especies, sin mezclarse en las compras ni en las ventas.

En todo tiempo ha habido antipatía entre los Mercaderes naturales y extrangeros, cuya ribalidad los divide, y embaraza un complot entre ellos. Cada uno solicita la venta á expensas de su contrario, y esta competencia es mas ventajosa al público que los acopios bien premeditados.

Un comisionado zeloso, inteligente, é integro se conduce dónde las órdenes y su buena voluntad le dirigen. Ignora los detalles, compra granos á los precios corrientes sin distincion de calidades; y será milagro que no produzca la carestía bien presto, y que no excite rumores y levantamientos muy dañosos. Violenta á los arrieros y carreteros para hacer pasar los granos donde la necesidad los pide, ¿y qué se sigue de esta operacion? Que el comisionado no teniendo otro objeto que el de hacer una compra, toma indistintamente todo lo que se le presenta: que ha cor-

corrido una Provincia con mas zelo que reflexion ; sobre
las compras y los gastos ; que ha pagado lo mediano como
lo bueno , que su precipitacion ha encarecido los portes y
los granos : que es preciso despues venderlos tambien sin
distincion , ó que pierda el Estado ; que estos granos están
á precio mas caro sin ser los mejores ni mas bien condi-
cionados ; siendo indiferentes el precio y las calidades á
aquel que no tuvo riesgo alguno de perderse. Y aun quando el Gobierno procura á un Pueblo hambriento una subsistencia necesaria , murmura y grita porque no tiene la
libertad de regatear y de elegir , y que le es preciso pasar
por las manos de un proveedor público. (a)

Al contrario el Mercader , guiado solo del espíritu de
ganar , se interesa en no comprar sino donde la mercaduria
es mas barata. Si ella alzase mucho en el País donde prin-
cipia sus compras , vá á acabarlas á otro. Regatea , elige,
y hace sus transportes oportunamente y con la economía
posible ; á que se vé precisado , porque si carga la concurrencia sufrirá una pérdida considerable.

Así muchos Mercaderes dispersos obran mas cuerda y
seguramente que un solo Comisionado, á quien su ardor ó
su mala direccion no, pueden hacer algun daño. De este
M 2   mo-

(a) *Véase el tom. 2. del trat. de la policia , sobre las carestías desde la pág. 329. hasta 420.*

modo los precios se pueden poner en el nivél sin ningun esfuerzo ; y el equilibrio de los granos se establecerá él mismo por la dispersion de compradores, que solo el atractivo del beneficio hace concurrir al bien general. La libertad bien establecida, y la posesion de los Mercaderes vigorizada, disminuirán pronta y seguramente la miseria y la carestía en los tiempos mas dificiles.

Es muy ordinario en épocas tan desgraciadas gritar contra los usureros que compran y encarecen los granos: ¿mas donde están estos enemigos del bien público? ¿ Se puede hacer algun Almacen, ó un amontonamiento de granos, sin que toda la Comarca sea sabedora? ¿Y no tiene el Público interés en descubrirlos? ¿No sabe en todo tiempo en qué granja ó en qué Almacen se pueden encontrar granos?

Si la ley no intimidase á los propietarios, si el Comercio fuese libre y mirado cómo lícito ¿qué razon habria para ocultarlos?

Mas una prueba de que hay pocos prevaricadores, esto es, que no hay muchos Mercaderes ó Conservadores de granos, y que el monopolio es un terror pánico ; es que La Mare, exâcto Compilador de la policía, este rígido observador de los Reglamentos, que declama perpetuamente contra los usureros, y celebra la severidad de las Ordenanzas, no refiere sino tres exemplares de contravenciones en

las

las penurias de los años 1662, 1693, 1699, y 1709: y detalla todas las pesquisas de granos hechas en estos años de calamidad. (a)

El mismo fué el comisionado en 1699 y en 1709, para visitar los territorios que podian proveer á la Capital, y no encontró en 1699 sino tres pretendidos usureros, por procesos verbales que refiere. A pesar de su zelo y de su exâctitud, no hizo embargar sino *veinte y cinco muyos*, ¿podria esta cantidad causar la carestía ó la hambre? Describe tambien todas las precauciones de que usó en 1709, para conducir granos á París de Champaña, Lorena, y Alsacia, y se vió que las medidas tomadas con los Mercaderes fueron mas provechosas que el rigor de las Ordenanzas; su emulacion hizo baxar á París los granos necesarios; y quando estuvieron ciertos de los pagos, aprontaron quantos la desconfianza habia retraido; la ley es viciosa ó inútil, si todas las precauciones que se toman para la execucion no procuran los socorros á cuyo efecto élla se dirige, ó si la malicia de los hombres encuentra, medios de eludirla.

Aun puede aumentarse que es dañosa y contraria á la abundancia de los frutos, si no tiene por objeto la libertad.

(a) *Tom. 2. de la Policia, desde la pág. 339. hasta 421. y en el suplemento al fin del mismo tomo.*

tad. Muchas cosas no se reparan bien y parece que se han
escapado de la vigilancia de las leyes. Las que pertenecen
á las necesidades no suelen ser muy simples. Ellas no deben dirigirse sino á relevar los obstáculos y entretener la
concurrencia. Tal será lo que sostenga la abundancia, y
prevenga las grandes carestías; y este es el medio mas seguro de aproximar á la igualdad la suerte de diferentes
Provincias, y tambien la de sus individuos.

El concurso de Mercaderes, la libertad, y la seguridad
del Comercio, son despues del cultivo el mejor remedio
contra la carestía.

OB-

OBSERVACIONES SOBRE CARESTIAS.

Se reduce este discurso al siguiente problema : Qué provision es mas conveniente en tiempo de necesidad si por el Gobierno mediante Comisionados , ó por la eficacia ó industria de Mercaderes ; y se resuelve á favor de estos : arguyendo de la mayoría de razon , la conveniencia de su establecimiento.

La provision ministerial , provincial , ó municipal es dispendiosa sobre manera , á la que los Mercaderes puedan proporcionar , y por tanto preferible esta á aquella. Exîge toda diligencia su logro , pero no siempre es fácil y accesible lo mejor ; y esta verdad solo provoca á los esfuerzos de precaver tales daños , no esperando á prevenirse en la angustia , porque no permite libertad , deliberacion , prudencia , ni aun consejo , y menos economía.

No es tan llano , á mi juicio , que el Comercio sea el único y firme atlante en estas carestías inminentes , y menos que *apenas el Gobierno compra , se desvian los comerciantes , y dirigen sus fondos á otro empleo , perdiendo el público el beneficio de la concurrencia.* Todo lo contrario parece que procedia ; pero no penetraré yo el fondo de la proposicion.

Aquí y en toda la obra se sienta como principio elemental , que los *Negociantes no tienen otro objeto que el interés.* La materia principal de este discurso se dirige

á

á probar el encarecimiento que causa en el trigo, la conducta de los Comisionados por el Gobierno ; ¿pues por qué ha de asustar á los Comerciantes y destruir en ellos lo mismo que hace su caracter y lisongea su interés? Lo mas que puede acontecerles será verse precisados á vender sus granos á los mismos precios que con todos costes salgan los comprados por los Comisionados; mas como la poca economía de estos los encarece, esta misma conducta brinda el interés de los Comerciantes; pues excederá siempre el precio de los otros al moderado á que es regular compraron ellos los suyos.

Esto como natural no es nuevo, y se vió bien acreditado en Francia el año de 1740, quando Mr. Orry empleó por cuenta del Estado cincuenta y dos millones de reales en la compra de trigo extrangero, para obligar á que los naturales pusiesen al Público los que tenian almacenados; pero ellos esperaron la necesidad, y poniéndolo á poco menos precio que el forastero impidieron su venta y lograron la de los suyos á buen valor. Esto mismo sucedió el año de 1764 con quinientas mil fanegas que se compraron en Francia para socorrer á Castilla, como se verá y acontecerá siempre en iguales circunstancias. En suma, resulta el corolario infalible, que los compradores públicos no encarecen, ó no se retraen por ellos los Comerciantes, ni con estos la concurrencia:

Si

Si el Ministerio (dice el Autor) *dexase obrar al Comercio con la seguridad de que qualquiera persona se pudiese entregar á él sin contingencia ni formalidades, se succederian las importaciones.* Toda la Nacion sabe, y aun los extrangeros, la libertad en que ha estado el Comercio y la seguridad que han tenido los Comerciantes desde el año de 1765 acá: mas los socorros no han llegado adonde la necesidad los invocaba.

¡*Feliz efecto* (exclama) *el de la concurrencia y el de la libertad que contiene á los Mercaderes en los justos términos!* Mal que les pese, la revalidad refrena su codicia ilimitada; mas en Castilla y en lo central del Reyno, aun con la libertad que el Comercio ha gozado, no se ha visto ni se verá la concurrencia, ó los buenos efectos que se atribuyen, confieso que son propios; pero si su locacion, ú otro motivo, los intercepta para el fin de carecer de este provecho, es lo mismo uno que otro.

Tamaño alarde que el precedente es el que sigue. *La libertad bien establecida y posesion de los Mercaderes disminuirán pronta y seguramente la miseria y carestia en los tiempos mas dificiles.*

Si la condicion que pide de bien establecida la libertad es en quanto absoluta y firme, ningun país, ni tiempo la ha logrado mas razonablemente que en España desde la Pragmática: tampoco ninguna menos socorros de

N

la

la libertad., aunque muchas veces los ha necesitado.

Supone que no puede hacerse un acopio de granos sin que toda la Nacion lo sepa , si es por el Estado, ó alguna Asociacion poderosa , concedo ; pero lo niego siendo por singulares Comerciantes. Uno de los principales daños de la tasa , tan verdadero cómo general , era que ocultaban los granos sin que humana diligencia pudiera descubrirlos , para que su carestía obligase á mayor precio clandestino , y en esto conforman todos los Escritores nuestros y extrangeros. ¿Qué diferencia hay en los Mercaderes para que no hagan lo mismo públicamente? Si no es con este objeto, ¿á qué tanta resistencia en poner el título de *Almacen*, como se está viendo , y me atrevo á asegurar, que una tercera parte no lo han cumplido , ni otra prevencion de quantas manda la Pragmática , ni el Auto acordado recientemente expedido en 30 de Junio de 1789? Responde á esto el mismo Autor: el Pueblo tiene interés en descubrirlos. Mayor lo tenia quando la tasa, y no podia conseguirlo.

Niega la pluralidad demasiada de los retentores del trigo , *la de los usureros y los monopolistas* con el exemplar de Mr. la Mare, comisionado en los años calamitosos de 1699 y 1709 , en que solo averiguó tres usureros , ó monopolistas; pero esto no prueba tanto la inexîstencia , quanto quizá la inexâctitud , ó la mayor astucia

de

de los criminales, y acaso la política y caridad mal entendida de los disimuladores, que se prestan para las justificaciones negativas; que jamás faltan, ni aun á los reos de mayores atentados, y por ellos dispensan del castigo y de la nota pública á los que debieran exterminarse de la sociedad humana; pero expresemos los procedimientos del Comisionado, según los insinúa nuestro Autor, y luego manifestaré las propias palabras con que el mismo *De la Mare* los publica.

Dice el Anónimo : *á pesar del zelo y exâctitud de este Magistrado no juntó sino 25 muyds de trigo* ; y luego reflexiona con esta pregunta : *¿Podria esta cantidad causar la carestia ó la necesidad ?* Y concluye ; *las medidas que tomó con los Mercaderes y la emulacion de estos hicieron baxar á París los trigos necesarios, y no el rigor de sus órdenes.* Referiré, como precursor de este suceso, el de los años de 1698 y 99, segun lo expresa el mismo *De la Mare,* en que tambien fué comisionado, y en que hay casi identidad de circunstancias.

Despues de manifestar los procedimientos iniquos de los que conservan los granos de quatro y cinco años y los vendian á precios excesivos, hasta los de perversa calidad, y de haber formado varios procesos verbales, dice: "que hizo juntar los granos que halló en los Almacenes "despues del tiempo prefixado por los Reglamentos, y puso

N 2 "to-

»todos los demás en movimiento para que se condu-
»xesen á los mercados , y dispuso se cargase para París,
»que era el principal objeto de sus diligencias : logrando
»que los habitantes de los Pueblos distantes hiciesen lo
»mismo por el temor de que fuesen visitados despues.
»Que durante quatro dias que se mantuvo en Fontene-
»blau hizo observar la ribera en alguna distancia , y se
»le aseguró haberse visto pasar quarenta embarcaciones pa-
»ra París, y que venian de Montarguis , en donde se le
»esperaba, y que aun se estaba cargando. Y en efecto , al-
»gunos dias despues hallándose en Moret , se le asegu-
»ró , que el dia de su arribo se habian visto pasar otras
»veinte embarcaciones. Que en todos los lugares proce-
»dió contra los prevaricadores ; que condenó *á un gran*
»número de ellos, y que muchos muyds de trigo fueron con-
»fiscados , y aplicados al Hospital general de París y á
»otros Hospitales y pobres de diferentes lugares , ó ven-
»didos en los mercados públicos á menos precio del cor-
»riente.”

Este caso como instado de igual urgencia que el de
1709, gobernado por un mismo Ministro, que mereció
mucho aprécio del Rey y el Reyno, por el buen desem-
peño de su comision, es regular que fuese manejado por
los mismos trámites ; y manifestándose que fueron los de
registros, extracciones, tasas, multas y otros procedimientos

tos de rigor, es de creer que la fuerza y no la libertad, (que no la hubo,) ni las reglas del Comercio lograron la provision. Y aunque el Autor arguye bien que los 25 muyds de trigo (fueron muchos mas) no podian causar ni la escaséz, ni la carestia, ni el socorro, bastaban los pocos manifestados ya en los lugares donde se hicieron los registros, como expresamente lo dice la Historia de la visita, segun el mismo *De la Mare* lo refiere en otra parte.

Pero concretémonos al año de 1709, en que se supone que las medidas que tomó este Comisionado con los Mercaderes y la emulacion entre ellos proveyeron á París.

En primer lugar publicó en 26 de Agosto de 1709 una Ordenanza, cuyo preámbulo revalida las de 28 de Octubre de 1531, 20 de Junio de 1539, 4 de Febrero de 1567, y 21 de Noviembre de 1577, que el Autor de la policía no aprueba porque coartan la libertad.

En el primer capítulo anula los contratos de compra y venta de trigo de aquella cosecha, que se hubiesen hecho precedentes á ella.

El segundo, que nadie compre ni venda granos sino es en los mercados públicos, precisándolos á llevar determinadas cantidades para que cada mercado estuviese suficientemente provisto.

El tercero, manda poner en venta pública toda cantidad

dad de grano que tengan los Labradores y Mercaderes
que haya de ser precisamente en los mercados de los mismos Pueblos, ó los mas inmediatos, y que no sea por muestras, sino todas las cantidades efectivas; y que no las puedan volver á sus casas hasta despues de haber hecho dos
dias de mercado.

El quinto, prohibe la venta de trigo en Posadas ó Me-
sones, sinó que sea precisamente en los mercados públicos,
y solo lo permite despues de haber hecho plaza dos dias,
precediendo permiso de los Comisarios de Policía.

El séptimo, impide se venda por menudo en las dos
primeras horas de cada dia de mercado, sino al Pueblo
inferior, y dos *boisseaux* (que es media fanega) y no mas.

El octavo, destina la primera hora de mercado, que
será las once de la mañana, para los del estado llano, y
prohibe compren mas de la precisa cantidad de que tengan necesidad, y á los panaderos, que entren al mercado hasta pasado medio dia, permitiéndoles tomar dos septiers solámente á cada uno, que son cinco fanegas, poco
mas ó menos.

El duodécimo, prohibe á los Labradores, Mercaderes,
y á todos los que pongan los trigos á la venta pública
el que una vez declarado el precio á que lo quieren vender, puedan subirlo baxo ningun pretexto.

El decimoquarto, prohibe á todos, excepto los pa-
na-

naderos, puedan cocer pan de qualesquier granos que sean,
para venderlo pública ó privadamente en sus casas, ú
otros lugares, ni comprar ó tener en su poder granos,
ú harinas destinados á este uso, ni en mayor cantidad que
la necesaria al surtido de sus familias; y todo esto, y
otras muchas cosas semejantes, que contienen los diez
y seis capítulos de su ordenanza, baxo la pena de multas, confiscacion y otros castigos.

Con estas precauciones dice, que prosperó el Comercio; por lo que las extendió á sus Comisionados, que él
llama Comerciantes; y hablando con ellos se explica así
en una ordenanza de 21 de Octubre.

Porque se han comprometido en hacer el Comercio
con fidelidad, «se les permite comprar todo género de
»granos en qualesquier lugares de los Estados del Rey, y
»mandarlos cargar, acarrear y conducir para París, y que
»todos les dén los auxilios de que tengan necesidad»
cuyos medios asegura, produxeron grandes cantidades para proveer aquella Capital, adonde arribó el mismo Comisionado el último dia de Octubre del propio año de 1709,
concluida su expedicion.

Sin embargo del buen éxito que persuade no quedaria tan afianzado el asunto quando en 15 de Diciembre
inmediato se le obligó á salir otra vez porque París *care-
cia de socorro en medio de una grande abundancia*, segun él
mis-

mismo dice, y al momento expidió una órden, mandando comparecer á los Mercaderes, y que al punto conduxesen á París los granos que tenian almacenados y en *monopolio*. Y consecutivamente expidió una ordenanza en 10 de Enero de 1710, emplazando á todos los Comerciantes de granos para que manifestasen todos los que tuviesen existentes, y los Almacenes donde los tenian, baxo la pena de confiscacion, y de 1500 libras de multa: de que resultó la justificacion de haber vendido muchos varias porciones á otros, que todavía lo guardaban para revender, á quienes apercibió con el castigo impuesto en muchas Ordenanzas antiguas, que lo prohiben hasta con pena de muerte; y mandó que incontinente los conduxesen á París, sin hacer Almacenes ni detencion en el camino.

Esta providencia dice, que *intimidó á los Mercaderes*; y para que tuviese eficáz y extenso cumplimiento, despachó Comisionados á Lorena y otras partes, con órdenes é instrucciones para hacer poner en venta todos los granos que se encontrasen, y por su parte expidió en 14 de Enero otra ordenanza *contra los Mercaderes de Vitrij*, para obligarles á enviar de su cuenta los granos á París. Desde luego la dirige á 28 ó 30 que nombra singularmente, para que sin demora, apelacion, ní excusa alguna carguen dentro de tercero dia, término fixo, y perentorio, y conduzcan á París todos los granos que les pertenezcan, en en qualquier lugar donde los tengan, baxo la pena de confiscacion, y las demás impuestas por las ordenanzas referidas.

El efecto de esta órden sobre tal *especie de Comercio nunca usado hasta entonces fué* asustar tanto á los *Mercáderes de París como á los de Vitrij*: Voces expresas del comisionado, con que manifiesta *su placer de que mediante el rigor logró descubrir muchas cantidades de trigo.*

A pesar de todo se vió precisado á renovar otra ordenanza en 22 del mismo Enero, en que reitera el cumplimiento de 13 de las antiguas desde 1415 hasta la de 7 de Mayo de 1709; y sobre ellas extiende 12 capítulos, todos de precision contra Labradores y Mercaderes, para que no guarden sus granos para subir los precios, y que los pongan luego en venta; y se lisonjea de que produxo tan buen efecto, que se restableció la abundancia en los mercados, y el buen órden á la policía.

No obstante confiesa inmediatamente á esta complacencia, habia tenido aviso de que la mayor parte de las personas, á quienes habia dexado algunos granos de la cosecha del año de ocho para la sementera siguiente, los guardaban todavia con mucha parte de los de la cosecha de nueve: lo que le instó á expedir otra órden en 23 de Enero para un sin fin de declaraciones imposibles de cumplir con verdad; pero dice „que vió con mucha satisfac-

O   „cion

„cion que todas contribuyeron grandemente á poner en „movimiento quantos granos habia en la Provincia ; y que „para aumentar esta abundancia despachó Emisarios á va- „rias partes , que descubriesen los Almacenes en donde „hubiese granos.“

. Estas son las *medidas* que tomó el comisionado De la Mare con los Mercaderes. Vea el Autor del Ensayo si su emulacion pudo proveer *suficientemente á París* , una vez que los dueños fueron ciertos de los pagamentos , y si con- cuerda su supuesto con este otro del expresado Ministro, que habiéndole sido fácil calcular ya lo „ que podia pagar „con caudales de su caxa y con los de los Mercaderes, „les obligó á que cada semana llevasen á París los trigos , que „habian comprado en la precedente , y de este modo fué pro- „vista suficientemente , hasta que pudieron llegar por mar „otros de Países extrangeros : con cuyo efecto y la pro- „babilidad de una feliz cosecha próxima cesó la escaséz.“

No es menester profunda meditacion para comprehender que esto es mas fuerza que libertad , precision que comer- cio , y provision agenciada por la autoridad , que atraida con el alhago al Comercio espontaneo : váyase formando idea , y si puede asentirse llanamente y sin cautela á las proposiciones que se creen indubitables porque son de he- cho aunque las afiance la autoridad.

Al fin concluye el Autor del Ensayo con la siguiente

aser-

asercion , *el concurso de Mercaderes , la libertad* , y *la seguridad del Comercio son* , *despues del cultivo* , *el mejor remedio contra las carestías.* Es constante la afirmativa como cada uno de estos tres representados guarde su lugar , accion y tiempo. Dos iguales fuerzas laterales sostienen una mole céntrica formidable ; pero si afloxa el empuge de la una, todo se precipitó. A esta idea , si la competencia falta , los Mercaderes , la libertad y el Comercio , en lugar de ser remedio son enfermedad. Entre una infinidad de Mercaderes se introduxo la hambre , (ó ellos la causaron) en el año de 89. El comercio y la libertad no solo tuvieron expedito exercicio , sino tambien vehemente impulso : no obstante se pudo decir con verdad : ¿*Ubi est triticum?* Como los hijos á las madres que refiere Jeremías. No ha dexado de haber algunos trabajos desde la abolicion de la tasa, especialmente el de Galicia los años de 67 y 68 , que pueden formar época notable. El hambre fué grande , y correspondientes sus extragos. Aragon y Cataluña tambien han padecido mucho ; pero el socorro por medio de la libertad no se vió en ninguno de estos apuros. No entro en la causa ; bástame negar el efecto.

En fin , los acopios y socorros gobernativos son dispendiosos y de malas conseqüencias. Es verdad ; pero no se pueden abandonar en la actualidad de indigencia , ni omitirse por via de precaucion , pues tenemos exemplar

de

de que es falible el socorro del Comercio , y que la libertad no es siempre fiadora de la concurrencia , ni esta garante del precio equitativo : en el hecho no hay duda, tampoco en el riesgo de poderse reiterar , porque las causas aunque accidentales son muy posibles : luego el escarmiento será prudencia , no indiscrecion , porque es máxima del derecho : *Ubi eadem est ratio , ibi eadem debet esse juris dispositio.*

TRADUCCION DE PERMISOS.

El mas grande obstáculo que encuentra esta libertad tan necesaria y tan eficáz, es el uso introducido desde el principio de este siglo, de los permisos generales ó particulares (a) concedidos ó negados para transporte de granos.

Se habia observado que en las precedentes carestías no habian tenido el suceso que prometian las precauciones mas exquisitas, y se creyó prevenir el mal descubriendo su origen, y que se conservarian los granos en las Provincias abundantes, no dexándolos extraer sino con permiso autorizado.

Esto fué sin duda lo que motivó el artículo séptimo de la declaracion de 31 de Agosto de 1699, que dice así: *No queremos desde luego sujetar á las permisiones, ni registros prevenidos en estas presentes á los negociantes de nuestro Reyno, ni á otros que quisieren hacer venir granos extrangeros ni á los que en tiempo de abundancia los lleven fuera, en virtud de permisos generales y particulares que les concedamos.*

Quanto mas se lea este artículo, se advertirá mas su

im-

(a) *Se podia haber excusado una parte de este parráfo despues de la resolucion de 17 de Septiembre de 1754, que permite el Comercio interior de granos; pero es necesario no perder de vista los motivos que la instaron.*

implicacion , pues por la primera parte , los negociantes ni otro alguno está sujeto á obtener permiso para traer trigos extrangeros ni llevarlos en tiempo de abundancia : lo que hace concebir desde luego el juicio de una entera libertad para la entrada, quando hay necesidad , y para la salida, si abundancia : no obstante el fin de este mismo artículo , esparce sobre todo el resto una obscuridad impenetrable, añadiendo : *En virtud de permisiones generales y particulares que concediéremos* ¿será posible conformar el principio de este artículo con su conclusion? ¿Es al Consejo ó á los Comisarios en las Provincias adonde debieran acudir para obtener estas gracias? ¿Y serán concedidas ó negadas para lo interior en tiempo de necesidad ó de abundancia? Porque la ley nada dice sobre este punto. Ella habla de permisos generales ó particulares , y dexa el asunto en una indecision capáz de infinitas dificultades en todos tiempos y ocurrencias ; y las varias interpretaciones de que es susceptible , expondrán siempre á inconvenientes , que nunca permitirán aprovecharse de las circunstancias útiles , ó de socorrer oportunamente á las Provincias, quando se hallen oprimidas de la miseria. Toda ley que no tiene precision ni exâctitud , es una falsa luz con que aparenta un dia engañoso. Nuestras ordenanzas antiguas no eran equívocas.

Los Bayles y Senescales se abrogaron en tiempos pasados el derecho de prohibir ó permitir la salida de los gra-

granos y otros frutos fuera de sus jurisdicciones , y de no conceder la licencia sino á ciertos particulares , y con condiciones tan ventajosas á ellos , como gravosas al Público. San Luis al regreso de la Tierra Santa , queriendo reparar los males que habia causado á su Reyno una ausencia de seis-años , publicó una ordenanza en el mes de Diciembre de 1254 , para reformar las costumbres , por la qual prescribia entre otras cosas , no se pudiera vedar el transporte de trigo y vino , ni de otras mercadurías fuera de ningun territorio , sin preceder consejo libre, de sospecha ; tampoco prohibió llevar á los Sarracenos víveres y otras cosas sin permiso , sino en tiempo en que tuviese guerra con ellos, y lo permitia en los de treguas.

Aquel Santo Rey , en otra ordenanza de 1256 para la utilidad del Reyno , renovó esta misma disposicion, creido de la necesidad y utilidad del libre Comercio de los granos y demás frutos.

Cárlos IV. , llamado el *Hermoso* , estuvo tan persuadido de esta verdad , que en su Ordenanza de 13 de Diciembre de 1324 dice formalmente : *qualquiera que quiera podrá traer de fuera del Reyno por tierra ó agua dulce , quantas veces le plazca , víveres , y mercadurías , granos , &c.*

En 1350 el Rey Don Juan dió libertad á todos los habitantes del Reyno , de conducir los granos por tierra y agua , y en todo tiempo , donde y como ellos quisieren.

La

La cosecha de 1398 fué muy mala, y Cárlos VI. prohibió la salida de los granos por declaracion de 14 de Agosto del mismo año. Pero habiendo sido informado que habia sido copiosa en Languedoc, no tardó en declarar que esta prohibicion no tuviese efecto en la citada Provincia ; pero con el temor de que los trigos no se perdiesen, y que los vasallos no tuviesen con que labrar, y que los habitantes no sufriesen algun menoscabo por no poder vender sus frutos, renovó inmediatamente la libertad antigua de poder llevar sus granos adonde les fuere conveniente.

Francisco I.° habiendo impuesto un derecho de salida sobre los granos, por Edicto de 8 de Marzo de 1539, y temiendo los inconvenientes que podian resultar de que cada uno en su Departamento queria confundir la execucion de este Edicto, se explicó así en sus letras de 20 de Junio del mismo año, como poco antes hubiésemos *querido y declarado que de un País á otro de nuestra obediencia fué y sea arbitrable á todos respectiva é indiferentemente, vender, comprar, sacar, y transportar sus granos.... en nuestro dicho Reyno sin que por los Gobernadores, sus Lugar-Tenientes, Bayles, Senescales, Guardas de Puentes, Puertos y Pasages, ni otras algunas personas fuesen ni sean embarazadas, fatigadas, ni molestadas, ni que tengan necesidad de recoger de ellos ninguna licencia, permision, ó salvo conducto; lo que hemos entendido, ha sido mal observado en algunos lugares. Y*

por-

porque es nuestra voluntad que cosa tan útil, necesaria, y provechosa á todo el público de nuestro Reyno, sea mantenida y guardada por Edicto perpetuo é irrevocable; dando órden, para que mediante el transporte y tráfico de dichos víveres, los Países sean respectivamente socorridos en sus necesidades, usando de ellos mutuamente con la amistad y comunicacion que nuestros sobredichos súbditos deben tener sin ocasion de contrariedad ó repugnancia en un mismo cuerpo político, cuyos Países y Provincias, como miembros vivos y regidos por un Xefe, deben subvenirse y ayudarse los unos á los otros: Hacemos saber, que queriendo proveer sobre esto en tal forma que no pueda dudarse ni contravenir á lo que se expresó; hemos declarado.... que es y será libre y permitido á todos nuestros súbditos de qualquier calidad que sean, levantar, traer, y llevar fuera y dentro de nuestro Reyno.... sus trigos avenas.... y qualquiera otros granos.... y víveres pertenecientes á sus Tierras, Señoríos, Beneficios, ó por compra ó de toda manera.... venderlos, revenderlos, ó usar de ellos de qualquiera otro modo.... todo como mejor les plazca, pagando los derechos sin que se les pueda embarazar ni precisar á obtener de los Gobernadores ninguna licencia de derecho, salida, ni permision: y si por temor de autoridad, ó de otro modo para redimirse de alguna vejacion, nuestros dichos súbditos tomasen las referidas licencias de dichas salidas, permision, ó salvo conducto; queremos que por este defecto sean multados y castigados con penas arbitrarias; y

P   res-

respecto á los causantes de esta molestia , sabidos que sean por Nos , se procederá contra ellos conforme sea nuestra voluntad.

Este Edicto mereció transcribirse , y no tiene necesidad de Comentarios. Se han visto las razones de necesidad que establecieron sólidamente el Comercio de granos , percibiéndose con placer el punto de union de los principios de la humanidad con los de la política , concurriendo todos al bien del Estado.

El Reglamento general formado por Cárlos IX. para la policía de los granos de 4 de Febrero de 1567 , de que acabamos de hablar , lexos de oprimir la circulacion interior declara al contrario , *que el Comercio de los granos , y su transporte de Provincia á Provincia del Reyno , sean libres á cada uno , sin que pueda embarazar , y sin que tenga necesidad de pedir licencia á los Oficiales , Gobernadores , ó Capitanes de los Lugares ; los quales tampoco podrán oponerse á la dicha libertad de ninguna forma ó manera.*

El mismo Rey , por Edicto del mes de Junio de 1571 , estableciendo los Reglamentos para los derechos de granos de fuera del Reyno : declaró formalmente en el artículo quarto ; *que no queria de ningun modo embarazar los transportes de una Provincia á otra.*

Enrique III. formó un Reglamento general el 21 de Noviembre de 1577 , poco diferente del de su predecesor Cárlos IX. , y tuvo atencion sobre todo de repetir los mismos

mos

mos términos que hemos referido poco há para el comercio interior de los granos.

En las Memorias del Duque de Sully se lee, que habiendo querido embarazar el transporte de los granos el Juez de Saumur, fué severamente reprehendido por aquel sábio Ministro.

Las Letras-patentes de 30 de Septiembre de 1631, que en tiempo de Luis XIII. prohibieron la salida de los granos fuera del Reyno, permitieron, sin embargo, *por el bien de los vasallos transportarlos de Provincia á Provincia, para socorrerse y asistirse entre sí.*

Repásense todas las Ordenanzas de nuestros Reyes, y se verá que solo prohiben la salida de los granos fuera del Reyno en caso de necesidad, sin que se halle una sola que lexos de circunscribir la circulacion interior no la facilite, y releve los obstáculos que se oponen algunas veces en las Provincias. Solo el año de 1699, en tiempo de Luis XIV, no se habló de la comunicacion interior, cuyo silencio dió lugar á la sospecha ó creencia de que las permisiones particulares eran necesarias en las Provincias. Los términos de la declaracion de 1699, son capaces de favorecer esta opinion.

Toda ley ambigua es un laberinto, en el qual el temor, el interés, y la preocupacion nos descarrian facilmente. El que solo atienda al bien particular, el que no conozca

P 2   que

que el báxo precio de los granos engendra la ociosidad , y la abundancia mal gobernada la carestía , creerá siempre, que es un gran bien tener pan á ínfimo precio : esto es lo que una bondad ciega hace pensar comunmente : este es el grito ordinario del Pueblo. (a) No mira lo por venir , y solo lo presente le hiere. El interés ageno rara vez hace fuerza ; terrible cendal el del amor propio y personal , que no dexa ver sino lo que á cada uno rodea....

Se abrieron no obstante los ojos en 1709 , tiempo de una horrorosa calamidad ; y el Rey mandó por dos Decretos consecutivos de 25 de Agosto y 21 de Septiembre de este año desgraciado , *que todo comercio y transporte de granos fuese libre y permitido á todo el mundo igualmente que el de la harina y legumbres , tanto de lugar á lugar y de mercado á mercado , como de una Provincia á otra en toda la extension del Reyno , sin necesitar de aviso ni de observar alguna de las formalidades ordinariamente prescriptas.* Estos términos son muy notables ; y deben hacer grande impresion. Declaran que el interés general prevalecía entonces sobre todas las consideraciones particulares , porque se sentia vivamente la urgente necesidad de las comunicaciones. Una ruinosa guerra habia consumido la Nacion , la hambre la aca-

(a) *Pavor pauperum egestas eorum :* Prov. Salo. L. 10. v. 15.

acababa de devorar ; y no se creyó hallar medio mas eficáz á estos males , que permitir á todos los ciudadanos repartir sus frutos , y prestarse los socorros mutuamente , tras los quales andaban ahilados ; ¿podría nunca pensarse de otro modo , ni sería posible ver con indiferencia , ó perder de vista motivos tan interesantes? ¿Cabría , ni aun oirlos, sin que penetrasen vivamente? No obstante , lexos de seguir estos exemplos , sucede regularmente , que en los mas críticos tiempos se redobla la atencion para embarazar ó suspender la exportacion interior. Ella no se permite en ciertas Provincias , sino quando no se duda ya de una abundancia superflua , y es prohibida luego que la carestía se hace sentir : esta conducta es la que produce el envilecimiento perjudicial en un Departamento , y la carestía dañosa en otro.

El Reyno se compone de diferentes Provincias que no son igualmente fecundas.

No hay año que no tenga necesidad de la recíproca comunicacion de sus frutos. La del trigo es siempre la mas necesaria y urgente. No obstante por una mala práctica es la mas dificil , lenta , y de mas precaucion. Si una Provincia se halla afligida por alguna calamidad particular , no siente de un golpe el peso de su miseria. Enferma por algun tiempo , y sus vecinos no pueden hacerla partícipe de sus riquezas sin una órden expresa. Se delibera en la Provincia inmediata ; se exâmina si hay sobrante ; en fin se permite la salida de los granos despues de muchas solicitudes , y de iguales gastos y trabajos. El mal ya progresó en la que sufre estas demoras , y es preciso conducirla los socorros á qualquier precio. El transporte se hace precipitado y siempre mas costoso que en qualquiera otro tiempo : de manera que por todos estos dispendios extraordinarios , el encarecimiento es necesariamente excesivo en esta Provincia desgraciada , al que lo hubiera sido si los granos hubiesen podido llegar libremente sin retardos ni formalidades.

Ved el triste efecto de las permisiones particulares al que les dió lugar la ambigüedad de los términos de la declaracion. Pero habiéndose tomado las leyes generales de las mismas fuentes del bien general , es ir contra el espíritu del Legislador el interpretarlas ; y el pararse en las voces es no entenderlas. La declaracion de 1699 no tuvo otro objeto que el bien de todos los vasallos , al que resiste el que no le aplica sino una porcion del Pueblo. Los acuerdos de 1709 citados antecedentemente nos han debido ya desengañar , y demostrarnos que si en tiempo de necesidad ha sido libre la comunicacion de Provincia á Provincia , será igualmente ventajosa en qualquiera otra circunstancia. Este es el único medio de prevenir la grande carestia ruinosa en la Provincia estéril , y el envilecimienmiento de precio que arruina al labrador en la abundancia. La actividad de un comercio nunca interrumpido y siempre autorizado, llevará los granos á los lugares en donde estén mas caros, como lo hace con los demás frutos. Las correspondencias interesadas de los Mercaderes precederán á las necesidades, y las remediarán oportunamente quando puedan hacerlo con seguridad y sin temor.

El trigo es la basa de todo comercio, y la única mercaduría de que todo el mundo tiene necesidad; y si la Francia produce lo suficiente para su subsistencia, no hay que temer falte en ninguna parte de su continente.

Quantos mas vendedores haya mas pronto lo hará pasar adonde sea necesario la actividad y emulacion del Comerciante, si no lo mira como mercaduría de contrabando, que no la puede transferir sin permiso. Quando un temor y vigilancia mal entendido no embarace á estos preciosos bienes esparcirse igualmente sobre todos los súbditos, ellos fluirán y refluirán de uno en otro imperceptiblemente, sin mormullos, sin alarmas y sin desórden.

No esperemos mas á estos tiempos de calamidad como 1709 para abrir los ojos sobre el interés general del Reyno. Cada Provincia no es un Estado separado, todas son los miembros de un cuerpo, y los hijos de una misma casa. No pueden subsistir sin prestarse diaria y mutuamente sus socorros.

La

La variedad de sus producciones, la abundancia, y la necesidad le hacen indispensable; las Sociedades civiles no se han fundado sino sobre nuestras necesidades; y si la de los alimentos es la mas viva y precisa, se rompen los lazos de la sociedad, y se excita la disension, embarazando que el fruto mas necesario á la vida se comunique mas facilmente que otros.

Las permisiones concedidas á algunos particulares son prohibiciones para otros; rara vez recaen en provecho de la cultura, y siempre forman el lazo mas astuto. Son diques que se oponen al nivél que se establecería por sí mismos entre las diferentes Provincias. Parece que la Francia está siempre en guerra con ella misma respecto á los granos. Cese, pues, dándoles la circulacion graciosa que pide la utilidad pública, y que esta circulacion no sea jamás interrumpida baxo de ningun pretexto.

OBSERVACIONES SOBRE PERMISOS.

Este capítulo, cuya materia es relativa á los abusos de ciertas leyes y prácticas de Francia, nos interesaría poco si no contuviese mas de lo que suena; ó el espíritu con que se alegan varias providencias de aquel Reyno, no sirviera de apoyo á muchos que quieren identificar al nuestro la posibilidad de sus efectos.

Los motivos que movieron á los Reyes y Gobierno de Francia para permitir tantas veces, y de muy antiguo la libre salida de los frutos, segun persuade el Autor, pudieron ser causados de accidentales ocurrencias temporales, que no establecen infalibilidad en el juicio, y por este rezelo (sin perjuicio de su justicia y de la credulidad que exîgen) no imponen obediencia succesiva.

Su misma reiteracion suministra una obvia reflexîon, que ó no eran perpetuos en su concepto ni motivo, ó no eran efectivos en su cumplimiento, quando habia necesidad de renovarlos por épocas ó variarlos en preceptos.

Lo imposible de convenir generalmente las circunstancias territoriales, y menos las temporales é influyentes de las estaciones se opone, y opondrá siempre á una ley universal y permanente. Así se vé que de la prohibicion por Cárlos VI. en el año de 1398 se exceptuó Languedoc, y esta relevacion parcial que el Autor celebra, porque la co-

Q

se-

secha de esta Provincia fué abundante en aquel año, prueba tambien otro tanto digna de alabanza la restriccion en las otras donde fué escasa, y que si debe prohibirse la salida en mal año, rara vez podrá ser general, porque es mas raro que la cosecha lo sea.

Ya dixe que la perspectiva eran los permisos, mas su corazon es el Comercio, y se vé que al abrigo de aquellos desciende á este en lo interior, que es el socorro libre y pronto entre Provincias de un Dominio, cuya reciprocacidad es de derecho comun, y pocos contradicen : sin embargo, en tiempo de carestía aun respectiva acontece competir entre las necesitadas y las abundantes, unas por llevar el trigo, y otras por tenerlo en fermentacion lastimosa, con que ambas aumentan su necesidad ; y acaso queda en mayor la preferida de la Providencia, porque fué mas eficáz y poderosa la industria de la indigente.

A la capa de este empeño el Comercio extiende sus velas á todo trapo, y navega prosperamente, mas no con feliz suceso general. Entonces todos los trigos son sobrantes para el que necesita, y todos precisos para quien los posee ; ignorándose qual y hasta donde alcanza la materia propia para el comercio y el sufragio ; llegando quizá á ser toda empleo de la codicia.

Soy testigo el mas impuesto de esta verdad en Aragon aun antes de la Pragmática del año de 1765. En el

de

de 1764 mantuvo á Cataloña , Valencia , y Navarra , socorrió á la Rioja , la Alcarria , y Madrid , y proveyó al exército de Andalucía. No es exâgeracion , ¿pero qué sucedió? Que el Reyno quedó en mas necesidad , que antes lo estuvieron los socorridos , y tuvo que comprar á doble precio las sobras que le extrageron ; no por exceso de la seguridad puramente en los que se proveyeron con urgencia , sino que por sed y afán de lucrar , sacaban los granos , y al frente del propio Reyno los vendian á los mismos naturales de quienes poco antes los compraban.

Dice nuestro Autor , si la *Francia* (lo mismo en la España en este caso) *produce lo suficiente para su subsistencia, no hay que temer falte en ninguna parte de su continente :* principio algo desemejante á este otro (aunque en el fin que es la seguridad de la provision son idénticos.) *Los granos nunca saldrán de un País que carece de ellos , porque el trigo es la única mercaduría de que todo el mundo tiene necesidad. Por la misma debe , pues , rezelarse su falta.* No hay ladron mas temible , porque segun adagio comun , *la necesidad carece de ley* : ella usa primero de toda la industria imaginable , y despues de toda la fuerza posible. ¿Quién puede lisonjearse de que prevalezca sobre su arte y su poder? Don Desiderio Bueno corrobora este juicio con la afirmativa siguiente.

Siendo la libertad de extraer ilimitada , quedaria ex-

pues-

puesto el Estado que la contédiese. En un año de mucha carestía en Europa saldrá todo su sobrante, y aún lo necesario, *por mas que subiese excesivamente el precio*, porque la necesidad salva todos los reparos del interés.

Esto prueba tambien que las salidas no es fácil contenerlas por ningun medio.

Que no saldrá el trigo de un País que carece de él: es una verdad per se nota si se entiende á la letra, porque mal puede salir lo que no hay; pero haciendo justicia al delicado concepto del que la propuso, entiendo quiere decir que no saldrá de donde se necesita.

No carecíamos en 89, quando empezó á salir; mas por su salida faltó despues; y no por eso cesaron, ni porque los precios llegaron á punto tan alto que jamás se han visto.

El momento del transporte del País abundante al necesitado, no es intermedio de tiempo sino conjuncion de estado: quiero decir, que antes que se advierta, ya están los dos iguales, y acaso por el sufragante por haber salido de él mas de lo superfluo, y no quedar lo conveniente á su conservacion.

Monsieur *De la Mare* que experimentó bien este riesgo en Francia, dice de evidencia » todos saben que la líbertad es la alma del comercio, y que la de los granos »debe favorecerse como la de qualquier otro género; pe-

»ro

»ro nadie ignora que hay tiempo en que esta licencia de-
»be reprimirse, porque de otra suerte bien presto caería
»en necesidad la Provincia abundante, como ha sucedido
»muchas veces.... Los Mercaderes (continua) que ordina-
»riamente se dedican á este comercio, cuyo interés es su
»único objeto, hacen compras excesivas, y en lugar de lle-
»varlas á los Lugares necesitados los almacenan; y así la
»abundancia se apura donde la habia, y la necesidad sé
»aumenta donde empezó á sentirse, y los Mercaderes sé
»hacen dueños de los granos, aumentando el precio á su
»placer.«

En suma, que produzca una Comarca el trigo suficiente, y aun sobrado, ó que lo tenga caro, nunca puede contar con su seguridad, si otra lo paga mejor, y en esto
mismo conviene virtualmente el Autor, segun la proposicion inmediata á la precedente. *Quantos mas vendedores haya mas pronto la hará pasar adonde sea necesario la actividad
y emulacion de los Comerciantes.* Y así será aunque rebose y
lo pague á buen precio, por mas que en ambos casos se
lisongee de la seguridad al poseyente.

Sin perjuicio del derecho de humanidad y confraterni-
dad entre vasallos de un propio Príncipe, á quien mantiene un suelo y rige una misma ley, entiendo que en circunstancias iguales los productores son preferidos en lo
necesario para su subsistencia y renovacion, no obstante la
re-

recomendacion mas expresiva de pacto social, de la libertad del comercio, y de qualquiera otro vínculo.

Y pues el Autor concede, como todo hombre sensato, que en caso de necesidad urgente en el País, no se debe permitir salga á otro extraño, puede instar lo mismo respectivamente de Provincia á Provincia. Es verdad que aquel caso es en competencia de extrangeros, y no rige para los de un mismo dominio, pero la necesidad segun estrecha, ciñe tambien los derechos, desechando la asociacion hasta quedar único en individuo.

Pero la dificultad es saber lo necesario al poseedor para alargar el resto á su convecino, no considerándose únicamente poseedor al propietario, sino al consumidor de un mismo exido, partido, sexmo, ú otra comarca territorial; y este es el caso para el que podian tener lugar los repuestos públicos, pero como objetos de abominacion, suspendo tratar de ellos hasta ver si puedo presentarlos con aspecto menos desagradable, y entretanto y siempre no dexaré tambien de mirar como estanco, monopolio, y accion odiosa y ruinosa, los permisos concedidos solamente á ciertos Particulares ó Sociedades, aun con los pretextos mas bien disfrazados de fomentar la Agricultura, ó auxiliar las urgencias de la Corona, porque mas bien las aumentan. En el año de 1746 ó 48 se ofrecieron diez mil doblones con este objeto, por un permiso para extraer granos

nos de Aragon ; y aunque el Ministerio no lo acepto, tomó otro sesgo equivalente que produxo al que intervino en la compra por comision ochenta mil pesos. No sé si resultaron utilidades públicas, pero sí una alza considerable en el precio y carestia general de la especie que llego á ser hambre en el año de 1750, y siguió hasta el de 1753; bien que la sequia contribuyó mucho, pero fué para solo el propio año.

Mientras haya sobrante debe ser general la libertad sin hacer patrimonio singular del derecho de las gentes contra las mismas gentes; pero yo no indultaria de la precision de pedir permiso y de constituirse en la obligacion del registro á la salida.

Esto no debe graduarse de vejacion supuesta la seguridad de concederse. Mientras hubiese legitimo sobrante que extraer; y el que mire como gravamen del Comercio esta circunscripcion no juzga bien, porque no es mas que precaucion, para que sabiendo las salidas puedan cautelarse oportunamente los apuros. Sé que hay mucho exceso por descuido y tolerancia; pero contando siempre una tercera ó quarta parte de aumento á lo registrado, y comprobando los asientos de los permisos con los de las salidas, serviria su noticia de cálculo prudente á lo menos, quando no para gobierno de evidencia. El mayor inconveniente está en la falta de noticias probables de las cosechas, sin

las que lo demás es ocioso ó vicioso ; pero sobre todo que
el uso de libertad no carezca de inspeccion.

El socorro entre Provincias es necesario : mas tambien
cierto que sería digno de gratitud quien acertase con el
remedio de que á título de socorrer á unas, ó socorrién-
dolas efectivamente, no arrebaten con mas de lo preciso
á este objeto, causando carestía en donde habia copia de
trigos, sea con objeto directo ó por resultas ; y que por
competir se descalabren entre sí con pujas ; porque si alguna vez las abundantes sacan provecho de esta lid, tambien
otras les grava quizá por el mismo crédito de su abundancia, pues hasta el mismo bien puede dañar, como muchas
veces sucede á los ricos, que la fama del candal tienta
los ladrones, y acaso con su hacienda pierden la vida;
por lo que ó por cosa semejante dixo Tácito : *Nec minus
periculum ex magna fama quam ex mala.*

TRA-

TRADUCCION DE SALIDAS.

Cada nacion tiene sus opiniones particulares , y si las preocupaciones mas opuestas á la humanidad han regido á Pueblos enteros , no nos debemos asombrar de que las pertenecientes á su conservacion sean tan dificiles de arrancar. Parece natural pensar que quanto mas se conserven los granos en un País faltarán menos. Esta idea recibida como axîoma nos ciega sobre las conseqüencias y sobre los efectos. No es , pues , la obstinada custodia de los granos la que nos alimenta : sí su produccion anual y succesiva; la conservacion es un bien real pero pasagero ; solo la cultura es el fondo inagotable de las provisiones. De este principio es de donde nos debemos dirigir para no descarriarnos. La severa policía jamás hizo crecer una espiga, ella no sabe sino conservarlos. No equivoquemos , pues , la forma con los fondos. Animar al cultivador por una justa retribucion de sus trabajos ; no espantar el guarda sino entretenerlo por la esperanza del beneficio , son los únicos medios de que nunca carezcamos de granos.

En las antiguas ordenanzas advertimos de un tiempo á otro ciertos rayos de luz que debieron habernos conducido á la buena administracion de los granos , pero ellos se han obscurecido y no han llegado á nuestro emisferio. Todo al contrario ha sucedido , pues quanto mas se ha querido

R

per-

perfeccionar su policía mas nos hemos separado del camino recto.

En vano Luis IX. Cárlos IV. Juan I. Cárlos VI. y Francisco I. de cuyos Reglamentos acabamos de hablar, anunciaron una entera libertad interior y exterior : la policía mas circunspecta y mas cobarde en tiempo de Cárlos IX. y de Enrique III. empezó á intimidar al Público, queriendo introducir mas regularidad y aparato ; verdad es que estos Monarcas no pudieron menos de confesar que la venta exterior de granos *es uno de los principales medios para atraer la plata de los Paises extrangeros en beneficio de los naturales.* (a) pero la declaracion de 1699 , que afectó no hablar nada de la exportacion que ninguna ordenanza habia omitido , sofocó del todo las simientes que debieron haber fructificado en un Reynado tan ilustrado. Si ella nos ha alarmado contra el comercio de granos , procuremos asegurarnos en él por la razon , por el exemplo , y por la experiencia de otras Naciones.

¿ Su salida no es prohibida en ningun Estado de Europa , sino en raros y extraordinarios casos. Al contrario, se facilita entre los Pueblos mas solicitos de sus intereses. Solo en Francia por un exceso de precaucion está siempre sus-

(a) *Terminos de la ordenanza de Enrique III. de 27 de Noviembre de 1577.*

suspendida, y los granos no pueden tener libre vuelo sin permisiones. El temor de la necesidad y el deseo de la abundancia los tiene en una inaccion infructuosa regularmente perjudicial. Ponemos barreras á los beneficios de la providencia, nuestros granos llegan á sernos gravosos, y nosotros quedamos en opresion. Entonces el vil precio, la dificultad de los recobros, y el vacío de las rentas públicas y particulares nos advierten que habemos guardado largo tiempo los bienes de que no supimos usar.

Sobre estos indicios tan señalados y mucho tiempo advertidos, es quando se determina permitir la extraccion. En este instante cada uno se felicita como un cautivo libre de las cadenas; se apresura la venta, se cree no tener bastante prontitud, y se dan muy baratos. La permision es señal de la abundancia y del ínfimo precio. El extrangero se aprovecha de la desestimacion, y el propietario se cree muy feliz de desembarazarse de una mercaduría abatida. Entretanto el cultivador descaecido interrumpió sus trabajos ó abandonó sus tierras. No túvo medios para laborearlas competentemente: las cultivó mal ó las dexó valdías, y convirtió sus afanes á otros frutos, cuya venta era libre y mas provechosa. De esta suerte sin ningun accidente físico, es preciso temer quando menos una escaséz despues de unas abundantes cosechas, concordándose aquí la experiencia con la razon. Las carestías son siempre precedi-

das

das de algunos años copiosos, y las permisiones generales han tenido siempre mal suceso. La razon es evidente, porque el precio de los granos es el que anima ó destruye al cultivador.

Si se envilecen tiene un interés sensible en no apetecer cosechas buenas, y si no se venden oportunamente no puede costear los granos de la nueva cultura. En fin á proporcion de la esperanza de los recursos presentes aumenta ó disminuye sus trabajos. Si él ha decaido con la esperanza de la permision, ha perdido sus fuerzas y sus recursos: el mal progreso y esta permision despues, no es mas que un tópico peligroso que palía la enfermedad sin curarla.

Efectivamente, es muy dificil, que siguiendo nuestra ordenanza, se pueda aplicar medicina conveniente. Intimidados siempre por una práctica rezelosa, y por la declaracion de 1699, hija del temor y de la carestía, conservamos todas sus impresiones. Si se pudiese saber exâctamente el producto de cada cosecha, y lo que restó de las antecedentes, seria fácil prescribir con certeza el tiempo y cantidades de las exportaciones; pero no se hace sino por cálculos aventurados, y el temor de no carecer de granos no permite la resolucion de las salidas generales, sino despues de estar bien asegurados, por los avisos de las Provincias de una abundancia superflua. Y aun así no es bien afianzada sino quando el vil precio no dexó que dudar , y el grito general anuncia la necesidad mejor que la providencia que se espera con impaciencia.

Es muy tarde quando se accede al remedio , y la llaga entonces ya es casi incurable. Una parte de los labradores ha descuidado en la cultura : el precio y no la cantidad es el que arregla sus trabajos , y hace extender mas ó menos los sulcos. El cebo de la ganancia es la que planta las viñas ó prepara los barbechos. Es muy natural que un propietario dirija sus miras ácia el fruto , cuya venta sea mas segura , mas libre , y mas lucrativa. La de los trigos le es siempre mas contingente y onerosa : asi su cultura se degrada insensiblemente , y expone á muchos riesgos antes que ella pueda restablecerse. No hay que esperar mejores efectos de las permisiones particulares concedidas á ciertos Departamentos. Si las cantidades no son limitadas, ellas pueden apurar una Provincia antes que se perciba. Un enjambre de compradores puede esparcirse en un momento , arrastrar y levantar todos los granos , y hacer que nazca la necesidad en el seno de la abundancia : porque los Mercaderes no se pueden separar del lugar donde les es permitido comprar , y ellos se apresuran en aprovecharse de una permision momentanea.

Si las cantidades son fixas , todos los vendedores á porfia pretenden la preferencia de la venta. De aquí el baxo pre-

precio arrebatará necesariamente al cultivador el fruto de sus trabajos, que hubiera recogido habiéndole sido posible desembarazarse oportunamente de lo superfluo.

Los mismos inconvenientes se encuentran en los pasaportes ó gracias concedidas á particulares, y son sin duda causa de monopolio. El vendedor no encontrando mas que una sola salida recibe del comprador la ley como árbitro que es del precio, recayendo en su provecho todo el beneficio por falta de concurrentes : ¿y qué de admirar es que se exciten por esto rumores repetidos? No se puede ver tranquilamente enriquecerse un privilegiado con nuestros despojos. Así todas las medidas por qualquier parte que se tomen conspiran á debilitar la cultura de los granos, y las ventajas que nos ofrece la bondad de nuestro suelo.

Aunque el concepto general persuade que nuestras tierras son fecundas, y que hay un provecho cierto en vender granos al extrangero : sin embargo, no hay resolucion para establecer la libertad de este comercio : se duda aun en los tiempos mas favorables; asusta solo el pensarlo, y no se habla palabra de este punto, quando se ha de qüestionar sobre granos. Para desvanecer nuestro temor, si es posible, tentemos el dar una idea de las producciones de nuestras tierras de labor.

OB-

OBSERVACIONES SOBRE SALIDAS.

Aunque el concepto y el sentido de las salidas debe ser diferente del de la libertad , porque ambos procede sean respectivos , es tal el prurito y conato de los que propenden á la última , que no desahogan su espíritu si con ella no lo arrastran todo ; pero el Autor distingue sabiamente estos dos objetos en dos diferentes artículos : verdad es, que casi el único de ambos y de todos los restantes es la libertad del comercio.

En el presente supone las *salidas* garantes de la pronta y útil venta de granos. Se gradua de preocupacion obstinada reprimir la extraccion de los granos con objeto á no carecer de ellos ; y se espera el logro de su posesion, mas de la proteccion de la agricultura , originada de las salidas , que de la prohibicion de extraerlos ; y por conclusion se prefiere al cultivador sobre el consumidor.

Ningun capítulo requiere tanta crítica como este , ni otro punto sobre granos contiene tanta contradiccion. Algunos rebozan la libertad de la salida de los granos , pero otros la defienden á cara descubierta. El Autor del trigo considerado como género comerciable , no tiene reparo en solicitarla *sin restriccion alguna , perpetua é independiente de buenas ó de malas cosechas.*

Es verdad , pero tambien se ataca con furor á quien la

la aconseja condicionada. Yo veo que los modernos, no solo economistas sino estadistas hábiles que tratan con prudencia el punto de la extraccion, la resisten como persuadida, *absoluta*, y *perpetua* por los contrarios.

Mr. Neker dice en el capitulo 12 de la primera parte de la *Legislacion de granos*, de que ya he hecho mencion, lo siguiente.

„En fin, quando fuese posible que todos los Soberanos de Europa consintiesen de comun acuerdo en la libre extraccion de granos, sería un tratado de Comercio temerario, del que no se podria fiar; porque en el tiempo de carestía, los Gobiernos moderados jamás podrian hacerle executar, y los Soberanos mas despóticos no lograrian su efecto sino con hostilidades contra su mismo Pueblo. En suma, es imposible reciprocarse supuesto que todos los Países de Europa prohiben la extraccion ó la modifican."

No hay que tachar á este Autor de rigorista en favor de la retencion, como le increpan los laxôs en el de las salidas, porque no es su sistema de absoluta prohibicion, sino respectiva y precaucionada, con objeto á que siempre haya algun remanente sobre lo preciso; y no se opone sino á los que preconizan las salidas, como causa única ó la mas poderosa del fomento de la agricultura, haciendo servir á su opinion toda clase de pruebas. Con relacion á

es-

este juicio dice en el capitulo 28 de la primera parte de la citada obra, "de qualquier modo que sea es preciso "proveer por todos los medios posibles al exceso de lo "superfluo, y á la baxeza de los precios que es su conse- "qüencia; porque no proporcionándose inmediatamente á "esta variacion la suma de los impuestos y el valor de las "maniobras, los propietarios experimentan perjuicio en sus "frutos; y si esta circunstancia grava momentaneamente la "agricultura, puede succeder á la abundancia una escaséz; "y causar movimientos extraordinarios en los precios. Pero "estas dos proposiciones parecerán contradictorias á los "que no dan en sus discusiones, sino dos sistemas absolu- "tos y opuestos diametralmente. Todo acomoda al que se "pretende dominante, á cuya prueba se sacrifican los de- "fectos del contrario; mas querer justificar que la libertad "constante de extraer los granos es el preferido, porque "la prohibicion perpetua tiene inconvenientes, es persua- "dir que el blanco es el mas agradable de todos los colo- "res, porque el negro es mas triste."

Llevando siempre la idea de la moderacion, dice en el capítulo 2.º de la quarta parte: "De todas las leyes "que han ocupado hasta ahora nuestra meditacion, la "mas funesta sin contradiccion sería la que permi- "tiese la libre salida de los granos en todos los "tiempos."

S   Y

Y por no dexar duda á que no opina por la prohibicion total , expresa mas adelante.

· "Pero al mismo tiempo yo juzgo que esta prohibicion
"no debe ser absoluta ; antes sí quiero decir , que la mis-
"ma ley debe indicar el momento de la extraccion : pues
"ya he manifestado que se cometeria una imprudencia las-
"timosa , en el empeño de no dexar sacar nunca los gra-
"nos , porque será renunciar el provecho de la abundan-
"cia , negando el cambio del fruto superfluo y perecedero,
"por otros bienes menos pasageros , ó por las riquezas
"permanentes , quales son el oro y la plata. Seria en fin
"dar lugar á un abandono extraordinario del precio por
"una copiosa acumulacion de sobrante ; y como este abati-
"miento no dexaría de producir al fin la libertad de ex-
"traccion , sucedería á él un rápido encarecimiento , cuyas
"convulsiones trastornarian la felicidad pública , y destrui-
"rian la armonía general con desagrado succesivo de todas
"las diferentes clases de la sociedad."

No solo en esta obra sino tambien en la tercera parte
de la coleccion de todas las suyas , en pro y en contra manifiesta su espíritu de moderacion en estos términos.
"Todas las qüestiones relativas á la salida de los gra-
"nos han sido ya tan controvertidas , que tengo por excu-
"sado detenerme en esta materia ; y solamente expondré
"que la experiencia me ha confirmado en la idea de que

"no

»no se debe dar en ningun extremo, ni someter este co-
»mercio á una ley fixa y general. Es preciso autorizar y
»proteger la mas grande libertad en lo interior ; pero la
»exportacion no debe permitirse en todo tiempo y sin lí-
»mites. No ha de perderse de vista que este es el solo co-
»mercio, cuyos desvíos influyen sobre la subsistencia del
»Pueblo, y sobre la tranquilidad pública. Así, al mismo
»tiempo que el Gobierno debe permitir y favorecer la ex-
»traccion en el de abundancia, no debe temer contenerla
»ó suspenderla quando vé que puede dañar.«

Este juicio sólido y circunspecto atento á atajar un
daño en su principio, sin dar lugar al progreso ó evitarlo
enteramente, es tachado de algunos, especialmente del
Autor de las *notas críticas políticas y secretas* de las obras
en pro y contra de este Ministro con casi improperio,
pues le niega hasta la mas *ligera nocion de este objeto*, como
ya se dixo en la advertencia preliminar. ¿Y en qué funda
el cargo? En un pasage del Duque de Sully, reducido á
que habiendo el Merino, ó Corregidor de Saumura dete-
nido unos barcos de trigo, y aprobádolo Enrique IV. escribió á este Monarca aquel su Privado, diciéndole que
»si continuaba dando iguales órdenes en su Reyno, presto
»se volvería á ver sumergido en el estado de pobreza y
»miseria de que él le habia sacado.«

Mr. Thomás asegura que el tal Juez fué conminado

con

con un castigo exemplar si otra vez embarazaba la salida de los granos, y en este caso funda el sistema de libertad establecido por Sully.

Ignoramos las circunstancias de la salida, las de la detencion, las del Reyno entonces, y otras muchas que pueden hacer perjudicial la detencion, sin necesidad de atribuir su yerro á delito contra la libertad. Sabemos que este Ministro perspicáz y zeloso propendia ácia ella; pero como no dexaban de ser falibles muchos de sus juicios en lo general, ó no ser hombre, podia ser uno de ellos el de este caso. Lo cierto es que desde su tiempo hasta el presente, la Francia como los mas de los Reynos, ha tenido que variar muchísimas veces esta legislacion, tomando los puntos exdiámetro; y no muy antiguas, pues las últimas han sido en los años de 77, y 87, ¿y qué sabemos quanto durará la moderna que aun no ha cumplido seis años? Prueba ó recelo de que los efectos de la de entonces relativa á la salida general, y constante de los granos han fallado en gran parte.

Preceda desde luego esta discusion preventiva para recibir mi juicio sobre la salida, no de absoluta prohibicion, sino respectiva en tiempo, y no mas, porque en cantidades y territorios la miró muy aventurada en sus resultas y siempre de incierto tino á excepcion de los casos que indicaré despues.

Ya

Ya se ha dicho algo sobre la dificultad de concordarse la *necesidad* paciente y el *interés* dominante. Ambos efectos progresan á proporcion que las extracciones sean copiosas, y aumento, que quizá aun no permitiéndose; y si la diferencia de suerte entre el dueño del trigo, y del que lo ha menester puede causar opresion por el arbitrio del propietario, ¿qué será si con el exceso de salida se reduce la materia, cuya mengua aumenta á un tiempo la hambre y la codicia? El mismo Neker combina ambas resultas con las siguientes expresiones.

»Las relaciones entre la necesidad del vendedor y la »del comprador, hacen una de las principales circunstan-»cias, que deben arreglar el precio de toda especie de »mercaduría. Estas dos necesidades son muy desiguales en »punto á granos. Pero la diferencia de poder entre los »vendedores y consumidores, se aumenta considerablemen-»te quanto los negociantes adquieren, y se hacen señores »del fruto de los propietarios ó sus arrendadores. La fuer-»za del propietario del trigo contra el que lo necesita pa-»ra vivir es tan grande, que con dificultad se puede for-»mar idea justa del abuso de que es capáz la libertad inte-»rior en el Reyno, aun estando prohibida la extraccion.«

Esto no obstante, como la materia es tan complicada por infinidad de casualidades, y tambien de principios desemejantes, muchas veces puede convenir conceder las extractracciones en unas Provincias y no en otras, pues cómo se verá mas adelante, aunque algunas estén en necesidad y otras en abundancia, no es posible socorrerse cómodamente por las distancias, y les es mas útil á las indigentes valerse de los extrangeros: entonces es menester, á unas dar libertad activa y á otras pasiva; pero no á todas.

Basta de discurso abstracto; voy al concreto de la materia precisa segun se propone en el *Ensayo.*

La agricultura, efecto y causa simultaneamente del objeto de este discurso, debe ser promovida por todas vias imaginables, tanto protectivas y ante actas, quanto pasivas por la libertad de las salidas, sin las que la amenaza una apoplexia política.

Si un manantial que conviene beneficiar no tiene expulsion competente, la gravedad de las mismas aguas represadas, la harán retroceder y dispersarse.

El caso está en si ellas han de ser agentes ó agenciadas.

Debo advertir que no se confundan los actos, porque no se equivoque el juicio. No es el mismo beneficio el de la pronta venta en desahogo y alivio del agricultor, que el de la salida del trigo fuera del Pais; porque puede dañar tanto esto como beneficiar aquello, y lograrse lo primero sin necesidad precisa de lo segundo. La diferencia está en que lo uno es por necesidad de medio para vivificar y re-

no-

novar la agricultura , y lo otro de simple conveniencia en fomento de la misma.

Puede decirse , que en el concepto de muchos , la falta de extracción es la única causa de carestía , ó que sola ella lo es de la abundancia según esta cláusula de la Enciclopedia : *La exportacion no lleva nunca sino lo superfluo, que no existiria sin ella ; y esta es la que mantiene siempre la abundancia y las rentas del Reyno.* Niego que la extracción lleve solo lo superfluo , y sigamos adelante.

Entre los extremos de *escaséz* y *de abundancia* está la medianía de lo suficiente. Porque lo superfluo cese si no se extrae ; no se sigue que faltará lo preciso; y en suma; no redundará la provision , ni la agricultura prosperará; pero ni una ni otra padecerán precisa y positivamente.

El Autor del trigo , considerado como género comerciable , dice : »hallábase la Francia enteramente exhausta »quando Enrique IV. subió al trono ; pero durante la Ad- »ministracion del Duque de Sully , no solo se restableció, »sino que llegó á verse opulenta. La máxima mas eficáz »que siguió este Ministro fué fomentar la extracción del »trigo : luego nuestro mayor interés consiste en volver á »poner en práctica este principio vivificador.« ¡Precioso dato que á tan poca costa y plazo breve vincula la prosperidad de un Estado!

Hablando Don Desiderio Bueno de que España pre-

ce-

cedió á Inglaterra en su célebre Acta de navegacion con la Pragmática expedida por los Reyes Católicos en Medina del Campo á 21 de Julio de 1494, para que no se fletasen Navíos extrangeros aun á falta de nacionales, dice: »si no tenemos frutos *porque no se permite la extraccion.* »¿con qué hemos de comerciar? Si se permite la extraccion se empezará la fábrica por el cimiento y será »sólida.»

Aun asegura mas en las siguientes expresiones : »España tiene proporciones que ninguna nacion de Europa logra para fomentar su Marina, alentar su Comercio; y lo »que es mas aumentando con la agricultura la poblacion, »y desterrando para siempre la hambre, únicamente con »permitir la extraccion de granos.»

»Volviendo á la Inglaterra, dice en otra parte : »El »año de 1660 es la época del engrandecimiento de la Gran »Bretaña : en este año publicó la famosa Acta de navega- »cion, *y lo que es mas importante, en ella permitió por la »primera vez la extraccion del trigo.»*

Ya está fixado el principio y causa de la prosperidad de Inglaterra, veamos como lo detalla : »Los Ingleses (con- tinúa) »que por los efectos que tuvo la limitada extraccion »de granos desde el año de 1660 al de 1663, y por la »mayor extension que dieron este año á la extraccion su- »biendo los límites de la tasa, esperaron los progresos mas

rá-

»rápidos en lo succesivo , vieron en el año de 89 (son 26
»años de intervalo) que los efectos no correspondian á
»sus esperanzas.«

La razon de esta metamorfosis ya la bruxulea , y es:
»porque animados con las ganancias , duplicando esfuerzos
»y gastos en el cultivo , forzaron la tierra á que los cor-
»respondiese con mas abundantes cosechas ; y como el
»coste se habia aumentado , y éste debia recaer sobre el
»precio de los granos , vieron al concurrir con ellos en
»los mercados extrangeros , que para venderlos era menes-
»ter baxar el precio de su intrínsico valor.«

El efecto era natural por lo pronto , pero no su continuacion ; y de qualquier suerte es prueba contra *produ-
centem* , pues no dexa de admirar que en tres años y aun
menos , la simple permision produxese un efecto tan copioso , que empeñó á doblar los grados de potencia ; y en
veinte y seis de fomento continuo de la agricultura , sobre
la subsistencia permanente de la extraccion , no solo no
aumentó la ganancia , sino que menguó y causó perjuicio
efectivo , respecto á los tres años anteriores.

Refiriendo las miras de Inglaterra ácia el aumento de
la Marina , combina en una misma época , que fué la
de 1660 , la famosa acta de navegacion , y el principio de
la extraccion de granos , no solo libre desde entónces , sino tambien premiada despues , y gravada la introducion.

T   Des-

Desde luego se vé que uno y otro proyecto en conjuncion ó muchos juntos, habian de fomentar el progreso, y quizá cada uno de por sí, no prosperaria ninguno.

Este mismo Escritor, cón tan bello fin como el título de que se caracteriza, despues de encarecer bien el precioso efecto de las resoluciones inglesas de los años de 1660, 1663, y 1689 para el premio concluye: *pero con todo, sin las demás providencias que han tomado dirigidas al mismo fin, hubiera tenido un efecto limitado.*

. Don Nicolás de Arriquibar, concediendo á las extracciones una virtud meramente auxiliar, y dudando de la copia y utilidades que se atribuyen á las de Inglaterra en recrecimiento de la agricultura; y mas de que en nosotros puedan causar semejantes, dice: »Solo concibo prac-»ticables nuestras extracciones de granos en años de abun-»dancia respectiva; para que este recurso sostenga nuestra »agricultura sin decadencia; pues de la otra mira para la »extraccion que han ambicionado los Ingleses, hablando »con sinceridad, no fio enteramente.«

Ya me acusa el Autor del desvío: verdad es, que como Don Desiderio sigue su doctrina, no me separo del principal, mientras que trato con su cliente, cuyas conferencias renovaré luego.

. La salida de lo sobrante recogido por economía mercantil, es la cigüeña que limpia la tierra de todo mal insecsecto. La promovida por ganancias que ofrece la necesidad de algun Reyno vecino, y aun Provincia lindante, es una langosta devoradora que lo arrasa todo. No hay prudencia comerciante donde hay premio excesivo que convida. No contiene la moderada ganancia en el País productor, si se ofrece superior en el necesitado. Siempre es barato el trigo para que salga, si se paga mas caro en donde se necesita. En una palabra, es platonismo creer, que la justicia, la prudencia, ni otra virtud que la fortaleza, ó la prevencion, contendrá la salida del trigo adonde mas valga. Siempre ha sido así, yo lo he evidenciado ocularmente en Aragon en los años de 50, 64, y 70; y en Castilla el último de 89, ampliaré la prueba.

Desde el año de 1780 al de 85, valió el trigo de veinte á treinta reales la fanega regularmente. Se han hecho algunas extracciones con utilidad, y nada se ha sentido. Menguaron las cosechas, es verdad, pero no encarecieron extraordinariamente, pues desde que se recogió la de 88, hasta Febrero de 1789, no pasó de treinta y ocho reales lo mas. Entonces empezó la salida para Francia, arrebatándolo todo en la Rioja y Burgos. Reemplazó Campos y otras Provincias interiores, y en tres meses llegó hasta ciento y treinta reales, y aun aseguran que ciento y cincuenta la fanega. Esta carestía no la causó la escaséz de cosecha, sino la abundante extraccion.

Aun

Aun en fines de Mayo estaban por vender todos los diezmos de la Mitra de Sigüenza, porque su mala calidad dificultaba el despacho; volvieron la proa allá los comerciantes, habiendo apurado lo demás; y al primer embite ofrecieron á treinta y á treinta y tres reales, y antes de un mes pagaban los peores á setenta y cinco y ochenta. Gracias á la prudencia y caridad de aquel Ilustrísimo, que no queriendo deshacerse de los suyos, hizo á la Diócesi un gran bien conteniendo los precios, y dando lo que necesitaban los Pueblos quatro reales mas barato de lo que corria.

No era precisa ni conveniente la extracción del trigo si el baxo precio es indicante de su valor y de su necesidad, pues ya queda justificada su estimacion; cuya evidencia, no solo contradice la absoluta proposicion de que la *extraccion nunca lleva mas de lo superfluo*, sino que corrige la terminante *de mantener siempre la abundancia*, y corroborará la prueba de que la salida excesiva arruina, y la de que no asegura la posesion del trigo, su buen precio, ni aun el excesivo; como persuade nuestro Autor en el capítulo precedente.

Que *las carestías sean siempre precedidas de buenos años*, no es infalible, pero probable la alternativa de buenos y malos, con interpolacion de algunos medianos; y tambien es evidente que muchas son procedidas de copiosas extractracciones. Y reproduciendo el concepto de que en la abundancia no se negará la salida á lo sobrante por solo no caer en indigencia , dudo que este abuso inexîstente cause el desprecio padre de la penuria ; y es mas creible que proceda de efectiva escaséz causada de malos años , y quando esto no , mas bien de improporcionada extraccion en los buenos.

No me atrevo á hablar en general , pero sí en particular de lo que he visto. El año de 1750 en Aragon fué muy malo , pero le precedió una salida furiosa en 48 y 49. El año de 1765 padeció mucho , porque en 64 quedó exhausto por haber socorrido á tantos como he manifestado en el capítulo de permisos. El año de 1770 tambien sufrió lo mismo , despues que en 69 le extraxeron considerablemente.

El Gobernador de Mequinenza (paso y como registro preciso para desembocar por el Ebro en el Mediterraneo) avisó en Abril de 69 al Intendente , Vizconde de Valloria , que solamente en los doce primeros dias del mes de Marzo , habian pasado ochenta y quatro mil fanegas por cuenta de diferentes particulares ; y por el Subasentista de conduccion de municiones de guerra , diez y ocho mil: con la advertencia ácia éste que embargaba quantos barcos habia con pretexto de baxar bombas desde el Bocal á Tortosa , para que se le executaba con estrechas órdenes de

su

su principal y de la Corté , y él los empleaba en extraer granos. Estos exemplares persuaden que si despues de la abundancia se experimenta escaséz , tal vez no es por el abuso de aquella , sino por exceso de salidas , á las que es mas comun seguir los apuros que á la abundancia.

El Autor cree que la carestía procede de la abundancia malversada por falta de Mercaderes , mejor que por la demasía de extraccion ; y Don Desiderio Bueno , de quien poco há traté sequaz del mismo sistema , quiere probarlo en ambas partes con exemplar de la carestía de Castilla en el año de 1764 , despues de la abundancia de 1763. El caso es moderno y á nuestra vista , y por lo mismo poderosa la conclusion. Persuadiendo el obstáculo de la tasa (en que yo tambien convengo,) dice: *El suceso de este año* (de 1764) *ha dado un exemplo de esta verdad bien funesto á los Castellanos viejos. Despues de una cosecha abundante , han padecido escaséz y hambre ; y aun para que no fuese este mal mayor , se han visto precisados á recurrir al trigo extrangero , y han comprado á setenta reales la fanega que vendieron á veinte y ocho.*

Si efectivamente la cosecha de 63 fué abundante , vendieron bien á este precio , pues se verá que el de veinte y cinco reales no es ínfimo en una regular : de que infiero *que la escaséz y hambre* no fué por el desprecio del trigo , sino quizá por exhorbitante extraccion.

Es

Es regular que el determinar los veinte y ocho reales sea porque era la tasa que regia entonces ; pero esto mismo inclina á creer que vendieron los granos á superior estimacion , segun el juicio universal de que por mas reencargos de su cumplimiento rara vez dexa de romperse quando ya la estimacion roza los límites ; y de aquí toman mérito para encarecer la necesidad de abolirse legalmente., supuesto que por fuerza ó por tolerancia se quebranta. Y en fin el exemplar alegado puede convencer que la tasa impidió tomar al trigo el precio que la necesidad le proporcionaba no obstante la abundancia , pero nunca que la copia mal versada , ni la falta de Mercaderes perjudicó si es cierto que se vendió á veinte y ocho reales.

Lo que no tiene duda es que todo el sobrante de 63 salió quando nada quedó para suplir el fallo de 64 : rezelo probable de que el exceso de las salidas en los años buenos causa la carestía en los inmediatos succesivos , mas que el poco valor del trigo. Esto mismo hemos visto confirmado en la Primavera de 89 , sin anteceder desestimacion , no habiendo tasa , y abundando de Mercaderes. La conclusion no creo se pueda negar sin variar los supuestos y conseqüencias de Don Desiderio ; y si se alteran no rige el argumento ni el exemplar.

Don Nicolás de Arriquibar refiere este mismo suceso en la carta once , tomo primero de sus recreaciones , con

al-

alguna diferencia , y confirma en parte mi juicio. Dice que la cosecha de 63 fué buena , y que la de 64 no se sabe fuese mala sino por *aprehension* , y que á lo sumo quedó en *opiniones* ; pero que á precaucion dispuso el Gobierno se traxesen de Francia mas de quinientas mil fanegas de trigo , que fué preciso vender en Bayona y otros Puertos con grande quiebra de la Real Hacienda ; porque apenas empezó á venir se abrieron las paneras del País , y no faltó á veinte y ocho reales que era la tasa. Esto prueba todo lo siguiente.

1.º Que no se disipó el sobrante , que es el concepto de Don Desiderio , sino que se almacenó : 2.º Que no se malogró , pues se vendió hasta setenta reales , á que llegó segun Arriquivar en *las mas pingües paneras de Castilla después de la regular cosecha de 63* : 3.º Que no se sigue precisamente un año malo á uno bueno por abandono del trigo en este , sino por retraccion : 4.º Que en el de 64 no hubo carestía verdadera que pudiera remediar la custodia del remanente , porque efectivamente habia trigo , pues se manifestó á la vista del extrangero : 5.º Que la conservacion no sirvió de socorro sino de opresion , lo que síempre sucederá , ó podrá, faltando trigos extrangeros : 6.º Que los Mercaderes (que no eran otros los guardadores) pueden causar la hambre en medio de la abundancia , pues para tan exhorbitante subida, dice Don Nicolás , *no hubo fun-*

da-

damento alguno : 7.º Que si la tasa no contiene , como efectivamente es , respecto de que en su época ascendió tanto el trigo , tambien hace ver este exemplar con otros que no se observa en tales lances , y por lo mismo tampoco arruina la agricultura , tanto como se declama , y que el exemplar de 64 no fué tan *funesto á los Castellanos viejos* como encarece Don Desiderio : 8.º Que si bien tenemos en el Gobierno superior un escudo poderoso para contener la codicia de los monopolistas haciendo venir trigo extrangero , no puede ser muchas veces , pues se dexa ver el quebranto que en esta sufrió , teniendo que volverlos á vender en los mismos Puertos de su compra y en otros : quedando expuesto el Reyno , si constando á los retractores el despacho del trigo ribal , vuelven á encarecer el suyo , seguros de que no tienen contrario con quien competir ; y quando esto no sea factible ó comun , es evidente que aun atacados de los granos forasteros , no baxarán sino lo preciso para lograr la preferencia que siempre tendrán , con solo la presuncion de la mejor calidad que los extraños. Finalmente prueba , que la variedad no solo de juicios , sino de referencia de sucesos de nuestro tiempo y á nuestra vista nos debe contener de entregarnos facilmente á su creencia , y mas en resolver sin un exámen prolijo y controvertido si es posible , en que con el choque se aclare mas la materia. Vuelvo á la principal.

V

Si

Si un enjambre de compradores puede esparcirse en un mo-
mento, (segun dice el Anónimo) *asolar una Provincia, é in-*
troducir la necesidad en el seno de la abundancia; ¿dónde están las cauciones de que *los Mercaderes no llevarán el trigo*
preciso sino superfluo; *que no lo sacarán sino quándo esté á ba-*
xo precio; y otras bellas condiciones de este jaez? Dirán
que esto solo se entiende quándo no hay libertad sino
permisos no mas, generales ó particulares. ¿Pero quién
negará que la circunstancia de concretarse los permisos á
tiempo y lugar, (que es quando dicen se experimentan estos perjuicios) no es equivalente á la de favorecer la estacion á un País, y negar sus influencias á otros; en cuyo
caso los efectos serán semejantes á los que se anuncian de
los permisos?

Sea lo que fuere del juicio del Autor y de las aseve-
raciones precedentes, y de otras muchas, como la de que
los Mercaderes no comprarán sino en años abundantes para
vender en los escasos; *que si donde principian los acopios se*
encarece el trigo, irán á concluirlos á otra parte; *que la pose-*
sion de los Mercaderes disminuirá pronta y seguramente la mi-
seria y carestía; *que si un Reyno produce lo suficiente para su*
subsistencia, no hay temor que falte en ninguna parte de su
continente; *&c.* No ebstante esto, se vé que todos los Gobiernos, aun siguiendo en lo principal las mismas ideas de
estos Escritores, cautelan en sus tiempos las extracciones

sin

sin afianzar la retencion en el precio proporcionado ; en la conducta de los Mercaderes ; en su concurrencia ; en su competencia ; y menos en su prudencia ; ni otra buena calidad que les decora mas que caracteriza. Véase lo que hace la mayor parte de Europa, y lo que muchos aconsejan y dan por principio de buen gobierno.

Mr. Neker determina muchos Estados en esta especificacion : " No salen trigos de Italia sino con permisos que "se suspenden ó renuevan cada cosecha. En Suiza y Saboya subsiste la prohibicion absoluta muchos años há. La "mayor parte de los Estados de Alemania inmediatos á "nosotros siguen este exemplo. En la Flandes Austriaca "no se permite sino con intervalos. En Inglaterra se sus"pende en llegando á un cierto precio. En Levante se "permite ó se prohibe segun las circunstancias. En Berbe"ría se limitan las cantidades. En España y en Portugal "padecen necesidades continuas. Y en Sicilia , País pura"mente agrícola, no se dexan salir sino despues de asegu"rada la provision del País. La mas moderna habilitacion que se há hecho en Europa, creo es la de Francia en Julio de 1787 , y la última prohibicion en el mismo Reyno en 1777.

Mr. Noel Chomel en su Diccionario Económico se explica así : *Es justo embarazar la salida de los granos quando se puede temer necesidad* (no dice quando hay , sino quando

se

se rezelan, y autorizar la venta á los extrangeros quando el *Estado* (atencion) *es suficientemente provisto*, *es un bien real*: corroborando su dictamen con multitud de Escritores modernos, y sobre todos el Autor de los excelentes *Elementos del Comercio*. Y si efectivamente no hay superfluo, nadie dudará que qualquiera cantidad, que se extraiga será con daño del cuerpo del Estado, como del Físico las evacuaciones erradas por suposicion de redundancia ó vicio, careciendo de uno y otro.

§. Por esto se debe estar siempre á la vista de la extraccion, pues aunque quieran decir que no se propone tan absoluta y general que no se prescriba límite, es bastante remoto; y acaso quando se advierta y se quiera proveer, no podrá remediarse; cuyo intermedio es capáz de dar lugar á que se introduzca y cunda la hambre, pues menos es la de una compra á otra en que el Autor teme puede difundirse la miseria en el seno de la abundancia.

— En el concepto de que el Autor en favor, y yo en contra de las salidas, no hablamos absolutamente (pero sí muchos) se infiere que ellas son útiles, pero de lo sobrante no mas; que no pueden ser causantes de la materia extraible, sino garantes; que si bien es cierto favorecen al cultivador, tambien que la empobrecen, y mas al consumidor si son desmedidas, entre cuyos representados no debe haber preferencia, sino de tiempo y acto, con antela-

cion

ción ácia el primero. De estos mismos supuestos resulta tambien que las salidas no son poderosas para
producir sobrantes, pues los hubieran dado estando en
actitud como lo han estado, concluyendo que como concurrentes y no eficientes, y de virtud mere pasiva para
evacuar, y no dar lugar al estanco debe precederles
otro agente activo. En fin, que aun supuesto que haya
sobrantes, debemos precaver se apuren, y siempre contar
con lo que hemos menester antes de extraerlos; y porque
este capítulo contiene la mayor y mas esencial virtud de
la economía de los granos, séame permitido traducir un
trozo del 13 de la primera parte de la Legislacion de Mr.
Neker, que descubre admirablemente lo que yo no
puedo extraer de la obscuridad de mi concepto, sobre
muchos puntos de esta complicada é indifinida importancia:
dice así.

»Quando mas se insiste sobre la modificacion que cau-
»só la salida de granos ocasionada por el edicto de 1764,
»mas se conoce visiblemente los superiores inconvenientes
»de la libertad, pues se demuestra que la extraccion de
»una pequeña cantidad de granos basta para producir una
»revolucion prodigiosa en el precio (subieron cerca de
»cien por ciento.)

»La experiencia demuestra á este respecto lo que la
»reflexion indica, y voy á demostrar con algunas razones,
»que

»que en el comercio de granos una pequeña causa produ=
»ce un efecto asombroso.

»Es muy importante probar que jamás puede formarse
»idea precisa del mal que resultará de una exportacion
»aunque moderada, quando no se toman grandes precau-
»nciones para dirigirla.

»Si todos los habitantes de un Reyno comprasen al
»principio de la cosecha los dos septieres de trigo que
»son necesarios á la subsistencia de todo un año, (regula
»en dos septieres anuales el gasto de un consumidor) se
»sabria con certidumbre la cantidad que restaria todavía
»necesaria, y se podia adquirir de los Paises extrangeros;
»y si sus leyes prohibitivas embarazasen la compra, todo
»individuo que no hubiera podido prevenirse con los dos
»septieres, se expatriaria para ir á buscar su alimento en
»otra parte.

»Fixemos este vacio en quatrocientos mil septieres
»para tener un objeto de comparacion. Ved doscientos mil
»habitantes que en esta hipótesi están precisados á salir
»de su País : este seria un mal sin duda, cuya medida se
»conoceria manifiestamente.

»Supongamos tambien que estos mismos moradores en
»lugar de proveerse por entero de su subsistencia á la en-
»trada del año, comprasen el pan cada semana ó cada dia:
»no solamente el vacio sería conocido muy tarde, sino
»que

»que su daño crecería de un modo terribilísimo.

»Efectivamente , en la Nacion en donde se reparte la »masa total de las subsistencias al principio del año , el »vacío de quatrocientos mil septieres no ha podido repre- »sentar sino el alimento de doscientos mil hombres ; pero »en un País en donde se hiciese cada treinta dias , no se »percibiría la falta de los quatrocientos mil septieres , sino »al empezar el último mes : entonces estos quatrocientos »mil septieres serian el alimento necesario de dos millo- »nes y quatrocientos mil hombres , hasta el fin del año.

»Si las provisiones no se hiciesen sino cada semana; »al principio de la postrera , este mismo vacío de quatro- »cientos mil septieres , privaría la subsistencia á diez millo- »nes y quatrocientas mil personas.

»Y para poner la hipótesi al extremo , una Nacion »compuesta de veinte y quatro millones de almas , podian »morir de hambre por la carencia de quatrocientos mil »septieres si ella hacía su provision cada tres dias , porque »á los tres con que finase el año ya no tendrian trigo. »Véase que quatrocientos mil septieres componen el ali- »mento de veinte y quatro millones de hombres durante »este intervalo.

»Esto es suficiente á convencer que no basta sea mo- »derada una extraccion para mirarse con indiferencia , por- »que no nos pone al abrigo de graves inconvenientes ; y »se

»se conocerá facilmente que quanto mas numerosa es una
»nacion, mas parte hace de su todo la gente de trabajo
»que por indigencia ó por costumbre se proveen escasa-
»mente en tiempo de pan y de trigo, y mas daños cau-
»sa su exportacion; no solamente porque su vacío se ad-
»vierte tarde, sino tambien porque á medida que se vá
»acabando el año, la misma cantidad de trigo representa
»el alimento de mayor número de consumidores.

»Yo bien sé que una verdadera falta casi nunca existe,
»aunque haya visto cortar las mieses antes de sazon; pero
»es preciso considerar que el sobrante restante comunmen-
»te en un País á la entrada de una nueva cosecha es de
»necesidad absoluta, porque no se puede empezar á gas-
»tar el nuevo fruto sensiblemente sin experimentar gran-
»des desgracias.

»Si no hubiese en un País sino la cantidad de trigo
»igual á las necesidades, se exponia á perecer una gran
»parte de habitantes, porque esta igualdad general entre
»todas las subsistencias, y todas las indigencias de un Rey-
»no, nunca existe en todos los lugares y en todos los mo-
»mentos; y quando la circulacion de este fruto fuese tan
»rápida como bien dirigida, bastaría para que un hombre
»tuviese mas de lo que necesitase, pero dexando á otro en
»necesidad.

»En fin, la consideracion mas importante es que no
»hay

»hay asomo de igualdad entre el deseo de cambiar el tri-
»go por dinero , y entre la necesidad de subrogar al dine-
»ro el trigo.

»Así , si no existiese en los propietarios de granos
»bastante porcion de sobrante , la parte de Pueblo que vi-
»ve de su trabajo se vería en estado continuo de opresion
»y aflicción de espíritu. Este precioso superfluo excita á
»los propietarios á vender por el temor de que les pre-
»cedan otros , mitiga su poder y debilita su imperio natu-
»ral sobre los compradores : este es el fundamento de la
»igualdad que debe reynar entre los contratantes , tan des-
»iguales en sus necesidades , y quizá se presentan en un
»propio tiempo en un mismo mercado , los unos para vi-
»vir aquel dia ; los otros tal vez para mantener su luxo,
»ó sus comodidades.

»La importancia infinita de este resultante es una idea
»sobre la qual se puede explayar bastante , pues descubre
»los principales inconvenientes de la libertad ilimitada del
»comercio de los granos , y la necesidad de circunscribirla.

»Permítaseme analizar todavía esta proposicion por un
»exemplo sensible.

»Personalícense cien mil hombres en un espacio cerra-
»do , para cuya subsistencia diaria son precisos cien mil
»panes , que todos los dias conducen ciertos Mercaderes.

»Entretanto que esta provision se hace exâctamente,

X   »el

»el precio natural no varía ; pero dese que una ó dos ve-
»ces falte uno ó dos panes no mas , defecto que priva el
»alimento á dos ú mas personas : el temor de no ser uno
»de estos desgraciados excita tal afán de comprar , en tér-
»minos que los Mercaderes vienen á doblar ó triplicar el
»precio justo y ordinario.

»Mas , si los cien mil hombres no tienen medio fácil
»para comprar estos cien mil panes al tiempo de llevár-
»seles , turbados por su inquietud juzgan con error ; re-
»gularmente su imaginacion no les manifiesta sino ochenta
»y nueve mil , quando serán ciento. Entonces los vende-
»dores procuran entretener este temor con destreza , ocul-
»tando estos panes para disminuir la apariencia , y así lo-
»gran ellos venderlos mucho mas caros: En fin , el precio
»no se pondrá razonable , sino quando los Mercaderes ha-
»yan visto repetidas veces que les quedan muchos panes
»por vender , y que su empeño mismo habrá restituido á
»los compradores la tranquilidad que ellos habian perdido.

»Ved la idea sucinta del comercio de los granos. Lo
»que yo acabo de demostrar con circunstancias precisas,
»se verifica en una grande sociedad aunque por modo
»muy confuso ; pero se percibe por este exemplo que la
»salida de una pequeña cantidad de granos (igual si se
»quiere á la centésima parte del consumo total) bastará
»para turbar el precio de los granos , sin ser precisa falta
»efec-

„efectiva. El motivo se encuentra en la suma importancia
„de este sobrante de que acabo de hablar, y en las ideas
„vagas é inciertas que se forman los habitantes de un País
„vasto y poblado.‟

„Estas diferentes observaciones hacen conocer, por qué
„el precio de los granos está expuesto á las variaciones de
„que otros frutos no son susceptibles.

Todo el objeto de esta importancia se vé cifrado en
aquel gran problema propuesto á los siete sábios de Grecia. Qüal cása ó familia en el mundo sería mas próspera
y feliz.; y resolvió *Pitaco* que la en que la frugalidad no
daba lugar á lo superfluo, ni por sus providencias carecía
de lo necesario. *Pitacus domum optimam dixit, in qua neque
requiruntur supervaqua, neque desiderantur necessaria.*

TRA-

TRADUCCION DE CÁLCULOS.

Mr. Vauban, cuyos cálculos (a) carecen de la sospecha de inexâctos, ha computado despues de los mejores Geógrafos, que la Francia contiene treinta mil leguas quadradas; cada legua quatro mil seiscientos ochenta y ocho arpentes, ochenta y dos pértigas y media, cada arpens diez pértigas quadradas, y la pértiga veinte pies de longitud, que hacen quatrocientos pies quadrados. Esta es la medida mas ordinaria para las tierras laborables, las viñas y prados. Yo seguiré estos computos, porque no sé que haya otros mas exâctos, y no incluiré á la Lorena que forma un gran crecimiento de poblacion y de productos (b) para que llene los vacíos si hay alguno.

En el parágrafo 3.º del mismo capítulo divide los quatro mil seiscientos ochenta y ocho arpens de cada legua en esta forma.

(a) *Véase el proyecto de Diezmo Real cap. 7. en donde se encuentra el mapa individual de diferentes medidas, y de la extension de cada Provincia.*

(b) *Lorena produce muchos más trigos de los que consume.*

Por

Por los caminos, las aguas y lagunas,
    sotos, plazas y edificios.......... 345. *Arpens.*
Las tierras valdías y comunes....... 236.
Los bosques..................... 600.
Las viñas...................... 300.
Los prados..................... 500.
Y las tierras laborables............. 2707.

4688.

De los 2707 arpens de tierras de labor, los dos tercios se siembran cada año, y el otro tercio queda en barbecho roto. En las dos partes de producto hay mitad de buenos granos y mitad menudos: así solo se emplean anualmente en los selectos ó candiales novecientos arpens, para cuya siembra son menester seiscientos septiers á razon de dos tercios de septier, ú ocho pequeñas fanegas por arpens. Cada calidad de tierra una con otra se supone que produce tres y medio por uno; deducidas ó remplazadas las simientes. Así cada legua dará dos mil y cien septiers al año lo menos, (a) á que se debe aumentar un quar-

(a) *Esta regulacion es muy débil, porque los terrenos menos fecundos dan quatro por uno. Y en mas de una Provincia de Francia dan diez, doce, y quince.*

quarto siquiera por las cebadas y centenos resultantes de los novecientos arpens, sembrados de granos menudos. Por conseqüencia se puede regular que cada legua rinde dos mil seiscientos veinte y cinco septiers de granos propios al alimento de los racionales.

Cada consumidor grande ó chico de qualquier sexô que sea gasta tres septiers de granos al año; y á este respecto cada legua puede alimentar ochocientas setenta y cinco personas: y porque se pierden bastantes granos por los insectos y los animales, reducirémos el número á ochocientos cincuenta: siguiéndose que la Francia en la extension de las treinta mil leguas quadradas, puede mantener veinte y cinco millones y medio de habitantes de ambos sexôs, número ciertamente superior al que en el dia contiene.

Mr. Vauban computó, segun las memorias dadas por los Intendentes al principio de este siglo, que hay en el Reyno diez y nueve millones noventa y quatro mil ciento quarenta y seis personas; pero sospecha error en la enumeracion, y se cree comunmente excesiva, pero resulta de este cálculo no muy abultado que la Francia produce muchos mas granos que los que puede consumir.

Si se quisiese proceder por cómputos posibles, sería fácil demostrar que nuestro terreno bien cultivado puede sostener un Pueblo muy numeroso. Este cálculo no será

in-

inútil , pues servirá á probar que la Francia es capáz de un número prodigioso de producciones para la subsistencia de una vecindad copiosísima ; y no admirará que algunos terrenos hayan podido alimentar una multitud casi innumerable de individuos en tiempos pasados.

La Francia contiene treinta mil leguas quadradas, como acabamos de decir. Dexemos la mitad para caminos , aguas, edificios , bosques , prados , viñas , &c. y suponiendo que la otra mitad se siembre de granos de toda especie , serán quince mil leguas las que proveerán de alimento á los hombres y animales. Dedúzcase de ellas un tercio para que alternen en reposo , y restarán diez mil en produccion cada año. De estas debe baxarse la quarta parte para averías y otros granos de alimento de animales , resultando siete mil quinientas leguas no mas , para proveer de granos para pan.

No hago mencion de varias viandas y otros alimentos propios al hombre , que ahorran considerablemente el uso del pan en cierta porcion de gentes ; y arreglaré mi cálculo como si todos usasen precisamente de este alimento, cuyo juicio conviene á la Francia , en donde el mas ordinario es el pan. Cada legua quadrada se compone de quatro mil seiscientos ochenta y ocho arpens , y para la siembra de cada uno son precisos dos tercios de septiers: lo que hace tres mil ciento veinte y cinco septiers por legua,

gua , que á razon de cinco por uno producirán quince mil seiscientos veinte y cinco. Dedúzcanse tres mil ciento veinte y cinco para la sementera próxima , y restan doce mil quinientos septiers para el abasto. Dividiendo cada legua á tres septiers por cabeza , dará pan para quatro mil ciento sesenta y seis personas ; y por conseqüencia siete mil quinientas leguas , que no son sino la quarta parte del Reyno , puestas en labor y cultivadas ordinariamente podrán alimentar sin escaséz á treinta y un millon doscientos quarenta y cinco habitantes.

Aunque no se mire esta demostracion sino como un bosquejo imperfecto , la idea no es vaga ni forzada , y siempre nos hace evidente quanto puede aumentar este Reyno en hombres y producciones ; qué mejora puede darse á la agricultura ; y lo deudores que somos á un célebre académico que solicita perfeccionarla.

Como carecemos de enumeraciones ciertas de todas especies , ignoramos la de los habitadores , y las cantidades de tierras empleadas en diferentes usos , y procedemos siempre á ciegas sin mas guia que las medidas geográficas. (a)

Mien-

(a) *Estas medidas serán exâctas y ciertas quando tengamos las cartas de Francia que trabajan M. M. Casini por órden de S. M. obra digna de nuestro Monarca , y de los que la han emprendido.*

Mientras esperamos que nos iluminen otras antorchas, ensayémonos en arrojar algunos rayos de luz sobre las posibilidades actuales, y sin dar á nuestras producciones toda la extension de que son capaces, aventuremos un cálculo sobre el producto comun de diez años. Es fácil engañarse, pero no dudemos para entrar en estas sendas obscuras, si podemos trillar el camino á otros calculadores mas hábiles. Un error depuesto hace brillar la verdad.

Supónese ordinariamente que en diez años tenemos una cosecha muy mala, dos medianas, cinco ordinarias, y dos abundantes. Esta combinacion la tiene acreditada con poca diferencia la experiencia : de que resultará, siguiendo la hipótesis de Mr. Vauban, que es la mas probable, que cada legua quadrada produce anualmente deducidas simientes dos mil seiscientos veinte y cinco septiers de granos propios para pan.

El Reyno consta de treinta mil leguas, que rinden setenta y ocho millones setecientos cincuenta mil septiers, ó por abreviar seis millones quinientos sesenta y dos mil quinientos muyos deducidas las simientes. Sobre este pie un año muy malo no producirá sino:

Las simientes. . . . . 0.0000000. *Muyos.*

A ⅛ solamente. . . . . 2.1875500.

Una mediana á mitad. . . . . 3.2816250.

Una á ⅔ . . . . 4.3750000.

Quatro cosechas ordinarias á seis mi-

. llones quinientos sesenta y dos mil

- quinientos muyos. . . . . 26.2500000.

Dos abundantes con ¼ solamente. . . . . . 16.4060250.

Total de los diez años. . . . . 52.5000000. *Muyos.*

Este total dá por el año comun de diez cinco millones doscientos cincuenta mil muyos de granos, cuya estimacion es ciertamente baxa respecto á que el año ordinario calculado á quatro por uno de producto, asciende á seis millones quinientos sesenta y dos mil quinientos muyos. Con esta moderacion no puede objetarse ningun accidente, y menos habiendo supuesto quatro malas cosechas en diez, y en ellas una sin nada de produccion, lo que es muy raro.

Sin embargo, estas cantidades bastan á satisfacer nuestras necesidades, y aun resta que vender á los extrangeros. Véase aquí la prueba.

No se tiene por probable que haya en Francia pasados de diez y ocho millones de habitantes, y aun se cree excesivo este cómputo. Dense tres septiers por cabeza, y re-

sul-

sultará el consumo anual de cincuenta y quatro millones
de septiers, ó quatro millones y quinientos mil muyos que
nosotros cogemos en año comun, y aun sobran setecientos
cincuenta mil muyos.

Se negará seguramente que tengamos tal exceso fundando la objecion en que no pasa mucho tiempo que no
padezcamos carestía, y que algunos años necesitamos de
trigos extrangeros.

A esto se responde, 1.º que esta resulta de setecientos
cincuenta mil muyos no hace mas que el consumo de dos
meses para el Reyno, y es muy probable que exista realmente. Y si no existiese será sin duda porque el vil precio inutiliza los medios de que rindan al labrador sus tierras con tanta fecundidad como pueden, porque él disipa
sus granos quando está sobrecargado de ellos, cuyo desprecio hace un vacío positivo despues de una abundante
cosecha.

2.º Que las mermas son regularmente mas copiosas
quanto mas larga es la custodia, y que una gran parte de
granos perece por los insectos y otros animales quando no
se venden á tiempo.

3.º Compramos pocos granos extrangeros en Francia;
y treinta mil muyos ó cerca de ellos que se han introducido en el Reyno en los tiempos mas escasos, nos han preservado de la hambre : no nos han faltado ; y no hemos

Y 2   de-

debido en verdad esta fortuna á la severidad de los reglamentos, sino á la bondad del terreno. No seríamos ciertamente sujetos á la necesidad, si no nos sublevasen muchas precauciones, y si al contrario nos hubiésemos familiarizado con un comercio libre.

La prueba es evidente por el cálculo de la produccion de un año, y por el supuesto de la regulacion de diez, en la que se encuentra uno vacío absolutamente fuera de las simientes; tres malos ó medianos, quatro muy ordinarios, y dos solamente de una abundancia regular. Se vé pues por el total que todo el Reyno puede surtirse en estos diez años sin necesidad de recurrir al extrangero, y que todavía restan anualmente setecientos cincuenta mil muyos.

Quedará bien convencido que tenemos suficientes granos, y que aun sobran si se repara que en los tiempos mas escasos apenas nos hemos valido de trigos forasteros.

Por el estado de exportacion de Inglaterra (a) consta que en los años de 1748, 49, y 50, nos han suministrado quarenta y dos mil muyos, que corresponde á catorce mil por año. Puede decirse que respecto al consumo general es una gota de agua en un estanque. Se verá por el

tra-

(a) *Véanse las señales sobre los adelantamientos de Francia y de Inglaterra, pág. 82.*

tratado de La Mare que en las necesidades de 1662, 1693, y 1699, solo se compraron en Países extraños treinta mil á quarenta mil muyos de trigo, de que una parte se inutilizó, y hubo de venderse á precio muy inferior, ó se encontró dañado en los depósitos de Palacio ó de Loxembour.

Léase el suplemento que trata de la carestía de 1709, y se encontrará que sin ningun socorro se proveyó París de los granos que surtieron las Provincias. En este año el mas calamitoso que la Francia ha visto en mucho tiempo, y que estaba en guerra con toda Europa, nadie le proveyó de granos: padeció mucho á la verdad, pero el Reyno se sostuvo verosimilmente con solas sus producciones: prueba evidente de que no necesitamos de sufragios extrangeros. No echemos en olvido lo que hemos referido arriba; y es que en estos tiempos desgraciados permitió el Rey por dos Decretos consecutivos el libre transporte de granos y demás frutos en todo el Reyno: libertad que fué sin duda la salud de los Pueblos, é hizo manifestar todo lo que la fuerza y la desconfianza habian podido retraer.

El mismo La Mare dice que los Mercaderes de Champaña, de Lorena, y de Alsacia, concurrieron en copia quando fueron ciertos de sus pagos: de donde se infiere que hay menos que temer á la usura que á la desconfianza; que la avaricia será menos brava de lo que tememos quan-

quando se le oponga la concurrencia ; y que una entera libertad atraerá mas granos á Francia que ninguna ordenanza. Es la violencia la que embaraza manifestarse las producciones ; y ella altera siempre la venta y la cultura.

Si al contrario nosotros la animamos se hará patente, que es muy posible podamos vender á fuera cada año setecientos cincuenta mil muyos de trigo, sin que nos amenace riesgo alguno.

Redúzcase esta cantidad á trescientos mil muyos, cuyo precio á ciento veinte libras cada uno, solamente forma la suma de treinta y seis millones. (a) Supóngase que de esta suma no refluirá al cultivador sino dos tercios, y el restante al Mercader : sea como fuere, siempre son veinte y quatro millones de aumento, que se reparte en las campañas. Este es el calor mas activo y el beneficio mejor que podemos arrojar en nuestras tierras, cuyo rédito se extenderá infinitamente sobre todas las especies, porque siempre es la cultura en la que se funda nuestra primera riqueza, y la que vivifica todas las órdenes y partes del Estado.

(a) *Este precio es muy baxo, pero hace sentir mejor que nos podemos enriquecer mas facilmente que otras Naciones por la salida de los granos.*

O B.

OBSERVACIONES SORBE CÁLCULOS.

Considerando yo quanto ilustran los cálculos, quise hacer algunos comparativos con los del Autor referentes á nuestra España, pero confieso que desistí temeroso de no poder acercarme á la probabilidad por mi poca práctica, por la falta de elementos para calcular, por la inexâctitud en los supuestos, y sobre todo por la inconexîon de principios.

Si es por nuestra geografia solar se halla enorme desproporcion; sin duda por los diferentes usos territoriales. Zabala regula la fanega de tierra en seiscientos sesenta y seis estadales, y Don Miguel Alvarez de Osorio en quatrocientos: nada menos que treinta y cinco por ciento de diferencia. A mí me ha sucedido en un mismo partido advertir un veinte y cinco entre dos Agrimensores convecinos, que concurrieron judicialmente á un apeo ó medicion de término.

¿Pues qué diremos del vecindario? Ahora podemos proceder con alguna certeza, pero los que antes han calculado sobre su entidad, han desatinado. Los mas conformes han supuesto seis millones de individuos, y ahora sabemos excede de diez, cuya diferencia no la ha causado el aumento posible en tan poco tiempo. No falta quien á últimos del siglo pasado lo computaba en catorce; siendo

cons-

constante que jamás ha estado el Reyno mas pobre de gente.

Bruxulear el gasto de administracion y labor es imposible. Yo puedo asegurar, que habiendo tomado noticias de distintos labradores de una misma Villa de las del Partido del Pan, de la Provincia de Zamora, me las dieron tan arbitrarias y confusas, aun habiendo precedido un interrogatorio á que debian concretarse, que me hizo abandonar la idea, porque sobre formarlas cada uno de distinto modo, distaban enormemente en sumas: tanto que producian una resultancia muy disforme en gastos y en provechos. Si los convecinos de un Pueblo desbarran tan considerablemente; ¿quánto será en todo un Reyno?

¿Quién podrá tampoco inquirir los productos? La tierra es diferente: el cultivo no es uniforme, ni en órden, ni en tiempo, ni en beneficios, ni en otras muchas cosas que influyen poderosamente para mas ó menos próduccion.

Es tal la variedad de graduaciones, respecto á las clases y cantidades de tierra que consideran los calculadores propia para sembrar granos, y la diferencia de fruto que esto arroja, que entre lo mas y lo menos media un tercio de la mayor suma. Aun en las regulaciones comunismas y de las cosas mas necesarias y universales no convienen.

Hasta en el pan que gasta un individuo desienten algunos en la mitad españoles y extrangeros, y muchos en mas.

mas. El Autor de esta obra dá á cada consumidor , uno con otro , tres septiers , que son cerça de nueve fanegas. Mr. Neker dos septiers (poco mas de cinco fanegas.) Por lo que hace á España , fixan unos tres fanegas ; y otros, como Don Miguel Alvarez de Osorio , ocho ; y el Doctor Moncada , ocho y tres celemines. Don Martin de Loynaz, en el proyecto de única del año de 1749 , considera una libra de pan no mas al dia á cada consumidor , y regula sesenta y ocho libras de pan por fanega de trigo , á cuyo respecto , aun no tocan á diez onzas por boca , segun el cómputo de Zabala y de los de su opinion.

Sobre esta incertidumbre de pareceres , y la evidente falta de cartas geográficas , relaciones de cosechas , y otros documentos que suministren nociones , la mejor sindere- sis está mas expuesta al error que próxima al acierto ; pues aunque lo consiga será por adivinacion y no por juicio. Yo digo por mí , que mas quiero callar que detallar arbitraria- mente.

Confieso que los cálculos no han de ser demostracio- nes ; pero no ignoro que los supuestos deben tener proba- bilidad para que el concepto sea racional , y sé tambien que el calcular no es soltar el vuelo por ideas arbitrarias: es ciencia ó debe serlo en la que han hecho los Ingleses muchos progresos ; pero los mismos principios sobre que han procedido , acreditan que no es infundado mi temor.

Z   Don

. Don Nicolás de Arriquibar dá la razón en el prólogo esplanatorio de sus recreaciones. "No se ha descuidado el "Gobierno (Inglés) en promoverla y incitándola con los "materiales necesarios de listas impresas sobre vecindarios "exâctos, sobre el número anual de nacidos, casados, y "muertos; sobre el de los frutos y efectos que entran y "salen anualmente, sobre el de sus casas, valor de sus tier- "ras, y en fin quanto puede mover al público para estas "especulaciones." Y en la carta quarta hablando de nues- tro estado dice : "Tan atrasados en la geografía como en "las demás ciencias de curiosidad y de decoro, aun no sa- "bemos (á lo ménos por documento público) las leguas "quadradas que contiene la superficie de nuestra Penín- "sula::: Siglos há que no hemos visto mas planes ó mapas "de nuestras propias tierras, que las que los extrangeros "nos han querido formar y presentar, en que por lo co- "mun no hacen mas que copiar unos de otros, y las he- "mos recibido tan sin exâmen y con tanta indiferencia co- "mo si fueran piezas de Inútil diversion."

No comprehendo purificada á la Francia de una gran parte de estos defectos, y menos á las operaciones del Au- tor de las equivocaciones que ellos inducen. Muy fácil me fuera su demostracion, pero no quiero fatigarme en ella, ni hacer mas gravosa la lectura con especies no esen- ciales, quando puedo á menos trabajo producir pruebas

mas

mas eficáces. Los cómputos se alteran fácil é inocentemente por las noticias sobre que se hacen, sin otra culpa en el calculador que la del error del guarismo, expuesto á equivocaciones inculpables. Las de juicio sí que merecen poco disimulo, porque suelen tener su raíz en el empeño de sostener lo que fomenta y lisonjea la pasion. Los vicios de esta clase son cardinales, y no carece de ellos en mi sentir el del Autor.

Ya senté en la advertencia proeminal, y repetiré en el capítulo de *Comercio* y en alguna otra parte, que baxo varios títulos y especies que parecen eterogeneas, el espíritu constante es la libertad. Véase acreditado aun en la calculacion.

Finaliza este artículo con algunos sucesos de la carestía en Francia del año de 1709, y asegura que la *libertad fué sin duda la salud de los Pueblos, y que ella hizo manifestar todo lo que la fuerza y la desconfianza habian podido retraer.* Para prueba alega la comision y relacion De la Mare, y en este exemplo afianza *que una entera libertad atraerá mas granos á la Francia que ninguna ordenanza.*

Téngase presente que todas estas gracias que atribuye á la libertad fueron efectos de la fuerza, como se ha visto en el capítulo de *carestías*; y lo cierto es que el retraimiento no tanto fué efecto de la desconfianza quanto de la codicia. Véase lo que el mismo De la Mare dice

Z 2

del

del trigo de la cosecha del año de ocho, que dió para la siembra succesiva, y en el de diez aun lo tenian guardado, y el que en el de noventa y nueve hallo podrido procedente de noventa y quatro, que no quisieron vender entonces á cincuenta y siete libras el septier (ochenta reales fanega.) Para que se diga si la avaricia se amansa con la libertad ó con el rigor; y si la seguridad de los pagamentos moderará el exceso, quando por algun accidente pueda hacerse valer mas el trigo.

Si merece atencion lo que dexo expuesto en los precedentes capítulos, especialmente en los de Reglamentos, Almacenes, Mercaderes, y Carestías, no podrá negarse que los hechos en ellos referidos (que en toda prueba hacen la mayor eficacia) deben recibirse con suma cautela: nunca los excluiré por falsos, pero los rezelaré sospechosos, para que los incautos no sacrifiquen tanto su buena fé en homenage á la autoridad del Escritor, que se pueda decir alegóricamente que van *ante faciem subsequentis*. Consúltese toda la historia De la Mare, y ella misma argüirá contra quien la alega. Esto pone alerta para rezelar algo de tema contra la precaucion, y de sistema en favor de la libertad. Qualquiera de las dos qualidades mengua considerablemente el concepto.

Las resultas de los cálculos serán segun los supuestos. Mr. Thomas supone una riqueza inmensa, producida en Fran-

Francia por la libertad del Comercio y extraccion de granos, durante los Reynados de Enrique IV., Luis XIII. y primeros años de Luis XIV. hasta el ingreso de Colvert al Ministerio en el de 1661. Nada menos la cifra que en mas de tres mil millones por año; que él mismo dice corresponde á un mil doscientos millones de estos tiempos.

La causa de que procedía esta suma es el precio de veinte y cinco libras tornesas á que supone valía el septier de trigo en todos aquellos tiempos. Por el estado general que forma el Autor del Ensayo y se verá mas adelante, resulta que en las once épocas en que subdivide las tres generales que contienen sesenta y ocho años, el precio comun mas caro fué el de diez y ocho libras; y si se deduce el que corresponde por los once comunes, saldrá á menos de doce libras por septier, que aun no es la mitad del valor que se quiere persuadir tuvo el trigo en estos Reynados; y por estos encarecimientos se dá á la libertad un ascendiente que no le corresponde.

No solo se le favorece por su eficacia, mas tambien abatiendo otro tanto los efectos de la restriccion. Este mismo Autor dice que Colvert, queriendo favorecer las manufacturas hizo que se prohibiese la extraccion de trigos en 1661, y que presto sintió la agricultura su quiebra por este cambio, *pues los precios comunes de estos años fueron siete, ocho, nueve, y diez libras,* y por el mismo es-

ta-

tado general se, vé que corresponde catorce libras el septier.

Si la prohibición inspirada por Colvert causó la decadencia de la agricultura era regular fuese esta mayor quanto mas tiempo siguiese aquella, pero no fué así; y si es cierto tambien que el baxo precio del trigo es regla para conocer la decadencia de la cultura, él irá descendiendo á proporcion que ella decline. Así lo quiere persuadir Mr. Thomas, y en prueba del abatimiento de la labranza en los años inmediatos siguientes al de 1661, que fué el del ingreso de Colvert al Ministerio, dice: *que el précio comun en aquellos años fué siete, ocho, nueve, y diez libras.* Véase el estado con atencion, y se justificará que no fué tanto. ¡Quánta diferencia hay de los cálculos que se hacen para inquirir sinceramente la verdad, de los que se forman con intento de difundir una opinion! Un calculador interesado esfuerza mucho los cómputos y operaciones. No hay criminal en cuya defensa no se halle alguna accion con la que se pueda paliar su causa, si con empeño se le quiere disculpar; solo el enemigo comun será condenado sin defensa. Al contrario, no habrá inocencia esenta de borron, si con obstinada porfia se le quieren hallar defectos. No quiera yo ser tampoco de tales, ácia las opiniones de estos Eroes, de las que cada uno juzgará segun le pareciere. Bástame decir que, como aquí no se

tra-

trata precisamente de la economía en el uso del pan sino de la administracion del trigo , no conducen tanto los cálculos quanto las reglas metódicas que fixen y arreglen su gobierno relativo al aumento de produccion , segura provision , y su cómodo precio ; para lo que adequa mas el juicio que el cómputo , y la experiencia que la ciencia : reflexion que tambien me induxo á omitir los cálculos.

No critico el trabajo laudable de nuestros calculadores , antes , si he de decir verdad , confesaré que lo envidio. Mi único objeto es vindicarme para en caso que se eche menos en esta Obra una operacion de que me retrae , sobre la falta de nociones , tambien la de mi salud que no me permite trabajo improbo de meditacion.

TRADUCCION DE EXEMPLOS.

Cerca de sesenta años ha que un Autor Francés (a) persuadia, que quantos mas granos vendiésemos fuera del Reyno, serían mas aseguradas nuestras cosechas. Muchas Memorias manuscritas é impresas han sentado el mismo supuesto, pero han hecho poca mella; y al contrario se cree tan arriesgada la empresa de dexar salir los granos, que solo la proposicion puede conmover altamente los espíritus.

Los filos de la razon se embotan á fuerza de chocar contra la preocupacion; ¿pero debemos cesar de combatirlos quando versa el interés público expuesto siempre que nos separemos de las ideas acreditadas de los Magistrados mas zelosos y perspicaces?

Se lee en la Memoria de Mr. Ferrand, Intendente de Borgoña, en 1698, que "uno de los mas grandes incon"venientes que sufren los Pueblos del Condado, es el poco "va-

(a) *Véase la descripcion de la Francia impresa en Roan, año de 1695 y 1707, y en Bruselas en 1712; y se encuentran muchos tratados sobre la Real Hacienda, y uno sobre la cultura y policia de los granos. Pedro de Pesant, Señor de Boix, Guillibert, Abogado general de Rohan, es su Autor: seria de desear que hubiese tenido mas órden y menos acrimonia este libro que tiene buenos principios.*

„valor que tienen los granos por falta de venta y de con-
„sumo. Los Suizos y los Genoveses son los únicos que
„pueden hacer este comercio, pero no les es lícito sin per-
„miso de la Corte ; precision que oprime á los vendedo-
„res y á los compradores con tanto mas perjuicio quánto
„carece de razon.„ *Tom. I. pág.* 286. *edicion en fólio desde*
las Memorias de M. M. los Intendentes por el Conde de Bou-
lainviliers.

Mr. de la Houssaye, Intendente de Alsacia, escribió
en 1698 que „el comercio de trigo, copioso en otras oca-
„siones con la Suissa, se ha reducido á una muy corta
„cantidad. Si la paz restablece la antigua libertad, será
„ciertamente una ventaja singular para la Provincia, por-
„que la falta de venta y de consumo suficiente han puesto
„los granos á precio ínfimo.„ *Ibid. pág.* 323.

Mr. de Bordonayé, Intendente de Roan, decia en 1697,
„antiguamente cargaban muchos extrangeros con progreso
„del Comercio : los Pueblos de Haure y de Honfleur, in-
„teresaban mucho, y sobre todo el País de Cales ó Caux,
„que producen con exceso de los que ha menester. Pero
„todo el Comercio se vá á perder por el abatimiento de
„los Pueblos, por falta de consumo, y por el desprecio
„del trigo : tal que el labrador no se reintegra de sus
„gastos. *Ibid. pág.* 13. *tom. II.*

„El comercio de trigo de Borbones (expresa Mr. el

„In-

»Intendente de Moulins en 1698) es muy considerable
»quando los granos tienen despacho , pero suele ser á
»tan inferior el precio que no resarce los gastos y el tra-
»bajo.« *Ibid. pág.* 238.

Estas son las sábias reflexiones que precedieron á la
penuria de 1699 , y no hay duda en que fueron apoya-
das por nuestros Magistrados , que han regido las Provincias con la mayor inteligencia y atencion , y conocido bien
el vicio de nuestra policía de granos. En nuestros dias se
han visto bien manifiestas por las Memorias de un Magistrado tan ilustre por su nombre como por sus luces , las
sólidas razones de las ventajas que resultarian de la libertad de este comercio.

No es cierto que solo en Francia se ha conocido esta
utilidad. Todos los Autores económicos Ingleses befan
nuestra administracion de granos : su exemplo quizá será
mas convincente que sus discursos.

La Inglaterra experimentó cómo la Francia las funestas desigualdades de los precios de los granos que debilitan la agricultura , y hacen perecer á multitud de miserables. Ella columbró la causa ; y en 1660 empezó á permitir la salida de los granos quando el quarter no valía
mas que veinte y quatro schelines. Tres años despues,
en 1663 , no dudó de ampliarla hasta que no excediese de
quarenta y ocho schelines , y cargó al mismo tiempo un de-

recho de cinco schelines sobre el trigo extrangero. En 1670 alzó este derecho hasta diez y seis schelines (*catorce reales y diez y siete maravedís y algo mas de dos quintos.*) En fin no contentos de haber esforzado la libertad de la extraccion hasta que llegase á quarenta y ocho schelines el precio del quarter, y haber multiplicado los derechos al trigo extrangero, acordaron en 1689 una gratificacion de 5 schelines por medida, pagados sobre la marcha, por cada quarter que se embarcase para Países extrangeros, no valiendo mas que quarenta y ocho schelines.

Esta graduacion demostró presto los rápidos progresos de su agricultura, y los buenos efectos de una policía bien raciocinada. Ellos no permitieron la salida sino quando el trigo estaba á menos de veinte y quatro schelines; se atrevieron despues de tres años á doblar el efecto de esta permision, no prohibiendo la extraccion, sino quando excediese de quarenta y ocho schelines, doble precio que el primero. Mas osados todavía arrojaron de entre ellos el trigo forastero, imponiéndole el derecho de diez y seis schelines, que es el tercio del precio comun, y lo que debe parecer mas extraordinario es que den á los Mercaderes dinero, pagándoles cinco schelines por medida que vayan á vender de sus cosechas en los mercados extrangeros.

Despues del año de 1689 que prescribieron este mé-

todo no se ha visto la Inglaterra afligida de ninguna hambre ni de ninguna carestía notable. Al contrario , ha experimentado que los granos antes de esta época los tenian
mas caros que despues que han proscripto el extrangero.
y arrojado el suyo fuera.

El precio comun durante quarenta y tres años anteriores al de 1689 , era de dos libras , diez sueldos y once
dineros esterlines por quarter , y despues de 1689 ha baxado mas de una quinta parte , lo que es evidente por les
cálculos auténticos que referirémos aquí.

La Inglaterra que compraba regularmente granos al
extrangero antes de esta sábia legislacion , no ha cesado
de venderlos despues que ha puesto tan fuertes derechos
á los forasteros , y recompensando ó mas bien estimulando
la salida de los de su suelo. He aquí su cálculo reducido
al septier de París , y en moneda de Francia , (y yo lo re-
duzco á fanegas de Castilla y reales de vellon.)

Quando el septier que pesa cerca de doscientas quaren-
ta libras (es dos fanegas y $\frac{1974}{2881}$ partes de otra) se vende
en Inglaterra de veinte y siete á quarenta y cinco libras,
paga el Estado al Mercader que lo exporta cincuenta y
quatro sueldos de gratificacion por cada uno. Si vale menos de veinte y siete libras no se dá premio , y si mas
que las quarenta y cinco se suspende la salida.

Desde el año de 1725 hasta el de 1745 ha excedido
es-

esta gratificacion de dos millones (*libras tornesas*) en cada un año comun (*siete millones quinientos veinte y nueve mil quatrocientos once reales y veinte maravedís de vellon.*)

Pero aun admira mas oir , que por el estado de las exportaciones presentado á la Cámara de los Comunes en 1751 , resulta salieron de Inglaterra desde el año 1746 hasta el de 50 , *cinco millones doscientos noventa mil quarteres de granos* de todas clases , que hacen cerca de *diez millones ochocientos cincuenta mil septiers de París* ; (creo son *nueve millones ochocientos cincuenta y dos mil quatrocientos diez y nueve y un corto quebrado* , que hacen *veinte y seis millones quatrocientos cincuenta y cinco mil quinientas ocho fanegas de Castilla.*) Que estos granos han producido *siete millones quatrocientas cinco mil novecientas libras esterlinas* , que son tornesas *ciento setenta millones trescientos treinta y cinco mil* , (quizá deberán ser *ciento setenta y siete millones setecientos quarenta y un mil seiscientos* , que hacen reales vellon *seiscientos sesenta y nueve millones ciento quarenta y quatro mil ochocientos quarenta y tres y dos maravedís*) , y corresponden por año treinta y quatro millones sesenta y siete mil libras de Francia , con que la Inglaterra se ha enriquecido á expensas de las Naciones que han tenido necesidad de estos granos , y la Francia ha pagado por su parte diez millones quatrocientas sesenta y cinco mil libras tornesas (*treinta y nueve millones trescientos noventa y siete mil seiscientos quaren-*

ca y *siete reales* y *dos maravedís*). por los que sacó de Inglaterra en los años de 1748, 49 y 50, ¡qué amplia materia de reflexiones! Nosotros pagamos los granos bien caros
á nuestros vecinos, quando la libertad del comercio una
vez establecida en Francia nos procuraria con sus sobrantes
una grande ventaja.

La vigilancia de los negociantes de Holanda en aprovecharse de las circunstancias, y la abierta proteccion con-
cedida al Comercio, no solamente les ha puesto al abrigo
de las miserias de la hambre, sino que atendiendo siempre
á las necesidades de las Naciones, han encontrado el medio de enriquecerse en los mismos años desgraciados, en
los que empobrecen los otros. No tiene policía particular
para este comercio; temen tan poco la escasez, que no
ponen derechos sino á la entrada, y ninguno á la salida.
Tampoco excitan la introduccion, y al contrario favorecen
la exportacion, máxima muy opuesta á la nuestra.

Se cuenta que Danzik vende al extrangero ochocientos
mil toneles de granos, procedentes de Polonia. La libertad y la seguridad de su comercio hacen abordar tan prodigiosa cantidad; y esta República no toma precaucion alguna, ni para traerlos ni para sacarlos, porque hay derechos á la entrada y á la salida; estos son moderados á la
verdad, pero siempre son los mismos.

Como es muy ordinario dudar mucho de los hechos
mas

mas ciertos quando no quadran, ó se les hace ver la debilidad de las pruebas, graduándolas de equívocas, vamos á individualizar el precio que han tenido los granos en Inglaterra desde el año de 1646 hasta el de 1755, y por no dexar nada que oponer á esta materia, citarémos los libros de donde han sido extraidos, por si se quisieren comprobar.

El precio de los trigos desde 1646 hasta 1706 se encuentra en el *Chronicon pretiosum*, compuesto por Mr. Fleetwood, Obispo de Ely, impreso en Londres en folio, año de 1737, con los Sermones de este Prelado tan ilustrado en materias económicas como morales.

El de los años siguientes hasta el de 1740, consta por un acto del Parlamento que autorizó la Tabla publicada por Mr. Guillermo Wbarden; cuyos idénticos precios se ven ya referidos en el libro del *Ensayo sobre las monedas*, impreso en 4.º en París, año de 1746.

Los desde 1741 hasta 1754 son sacados de *London Magasine*, que se imprime en Londres todos los meses, donde se encuentra el precio de los granos de diferentes mercados de Inglaterra, y se han juntado los de doce meses de cada año para componer uno comun. Debe advertirse que se han elegido los mas altos de diferentes mercados, para que no se pueda imputar con verdad que se forman los cálculos mas favorables á la exportacion. Bueno es probar los razonamientos por los bechos , quando no duele el trabajo de combinarlos , ó hay riesgo de persuadir de un modo vago , aunque regularmente exquisito ó pomposo.

Precio de los granos en Inglaterra desde el año de 1646 hasta el de 1689, que contienen quarenta y tres años antes de la gratificacion acordada por el Parlamento para la exportacion de granos.

Año de mil seiscientos quarenta y seis. . . . 2. 8. s. o d.
Año de mil seiscientos quarenta y siete. . . . 3. 13. 8.
Año de mil seiscientos quarenta y ocho. . . . 4. 5. 0
Año de mil seiscientos quarenta y nueve. . . 4. 0. 0.
Año de mil seiscientos cincuenta. . . . . . . 3. 16. 8.
Año de mil seiscientos cincuenta y uno. . . . 3. 13. 4.
Año de mil seiscientos cincuenta y dos. . . . 2. 9. 6.
Año de mil seiscientos cincuenta y tres. . . . 1. 15. 6.
Año de mil seiscientos cincuenta y quatro. . 1. 6. 0.
Año de mil seiscientos cincuenta y cinco. . . 1. 13. 4.
Año de mil seiscientos cincuenta y seis. . . . 2. 3. 0.
Año de mil seiscientos cincuenta y siete. . . 2. 6. 8.
Año de mil seiscientos cincuenta y ocho. . . 3. 5. 0.
Año de mil seiscientos cincuenta y nueve. . 3. 6. 0.
Año de mil seiscientos sesenta. . . . . 2. 16. 6.

Año

Año de mil seiscientos sesenta y uno. . . . . . 3. 10. 0.

Año de mil seiscientos sesenta y dos. . . . . 3. 14. 0.

Año de mil seiscientos sesenta y tres. . . . . . 2. 17. 0.

Año de mil seiscientos sesenta y quatro. . . . 2. 0. 6.

Año de mil seiscientos sesenta y cinco. . . . . 2. 9. 4.

Año de mil seiscientos sesenta y seis. . . . . . 1. 16. 0.

Año de mil seiscientos sesenta y siete. . . . . 1. 16. 0.

Año de mil seiscientos sesenta y ocho. . . . . 2. 0. 0.

Año de mil seiscientos sesenta y nueve. . . . 2. 4. 4.

Año de mil seiscientos setenta. . . . . 2. 1. 8.

Año de mil seiscientos setenta y uno. . . . . 2. 2. 0.

Año de mil seiscientos setenta y dos. . . . . . 2. 1. 0.

Año de mil seiscientos setenta y tres. . . . . 2. 6. 8.

Año de mil seiscientos setenta y quatro. . . . 3. 8. 8.

Año de mil seiscientos setenta y cinco. . . . . 3. 4. 8.

Año de mil seiscientos setenta y seis. . . . . 1. 18. 0.

Año de mil seiscientos setenta y siete. . . . . 2. 2. 0.

Año de mil seiscientos setenta y ocho. . . . . 2. 19. 0.

Año de mil seiscientos setenta y nueve. . . . 3. 0. 0.

Año de mil seiscientos ochenta. . . . . 2. 5. 0.

Año de mil seiscientos ochenta y uno. . . . . 2. 6. 8.

Año de mil seiscientos ochenta y dos. . . . . 2. 4. 0.

Año de mil seiscientos ochenta y tres. . . . . 2. 0. 0.

Año de mil seiscientos ochenta y quatro. . . 2. 4. 0.

Año de mil seiscientos ochenta y cinco. . . . 2. 6. 8.

Año

Año de mil seiscientos ochenta y seis. . . . . . 1. 14. 0.

Año de mil seiscientos ochenta y siete. . . . 1. 5. 2.

Año de mil seiscientos ochenta y ocho. . . . 2. 6. 0.

109. 0. 6.

Estas ciento y nueve libras y seis dineros, divididos entre quarenta y tres, corresponden á dos libras diez sueldos y ocho dineros esterlines, por el precio ordinario de la medida de trigo de Inglaterra, durante los quarenta y tres años que han precedido á la gratificacion. Vamos á referir los de otros quarenta y tres años posteriormente inmediatos á la gratificacion; para comparar igual periódo de tiempo, en que es muy probable hayan acontecido iguales revoluciones.

*Precio del trigo en Inglaterra en los quarenta y tres años des-
de 1689 en que comenzó la gratificacion.*

Año de mil seiscientos ochenta y nueve. . . . 1.l. 10.s. 0.d.

Año de mil seiscientos noventa... . . . . 1. 14. 8.

Año de mil seiscientos noventa y uno. . . . . . 1. 14. 0.

Año de mil seiscientos noventa y dos. . . . . 2. 6. 8.

Año de mil seiscientos noventa y tres. . . . . 3. 7. 8.

Año de mil seiscientos noventa y quatro. . . 3. 4. 0.

Año

Año de mil seiscientos noventa y cinco. . . . 2. 13. 0.

Año de mil seiscientos noventa y seis. . . . . 3. 11. 0.

Año de mil seiscientos noventa y siete. . . . . 3. 0. 0.

Año de mil seiscientos noventa y ocho. . . . 3. 8. 4.

Año de mil seiscientos noventa y nueve. . . . 3. 4. 0.

Año de mil setecientos. . . . . 2. 0. 0.

Año de mil setecientos uno. . . . . 1. 17. 8.

Año de mil setecientos dos. . . . . 1. 9. 6.

Año de mil setecientos tres. . . . . 1. 16. 0.

Año de mil setecientos quatro. . . . . 2. 6. 6.

Año de mil setecientos cinco. 1. 10. 0

Año de mil setecientos seis. . . . . 1. 6. 0.

Año de mil setecientos siete. . . . . 1. 8. 6.

Año de mil setecientos ocho. . . . . 2. 1. 6.

Año de mil setecientos nueve. . . . . 3. 18. 6.

Año de mil setecientos diez. . . . . 3. 18. 0.

Año de mil setecientos once. . . . . 2. 14. 0.

Año de mil setecientos doce. . . . . 2. 6. 4.

Año de mil setecientos trece. . . . . 2. 11. 0.

Año de mil setecientos catorce. . . . . 2. 10. 4.

Año de mil setecientos quince. . . . . 2. 3. 0.

Año de mil setecientos diez y seis. . . . . . 2. 8. 0.

Año de mil setecientos diez y siete. . . . . . 2. 5. 8.

Año de mil setecientos diez y ocho. . . . . . 1. 18. 10.

Año de mil setecientos diez y nueve. . . . . 1. 15. 0.

Bb 2   Año

98. 7. 0.

El precio comun de los quarenta y tres años despues de 1689 que principió la gratificacion, es de dos libras cinco sueldos y ocho dineros, y ascendiendo á dos libras diez sueldos y ocho dineros el precedente á 1689, es constante la diminucion de cinco sueldos por medida, despues que los Ingleses han premiado la salida de sus granos; y por conseqüencia desde que arrojaron los extrangeros y han vendido los suyos á estos. No hay que oponer á esta prueba, porque es convincente sobre todos los razonamientos poco reflexivos, á quienes la costumbre y el te-

temor han pretendido acreditar entre nosotros.

No hemos comparado sino los quarenta y tres años anteriores á la gratificación, con igual número primeros de su práctica, para que no se pueda objetar eleccion de tiempos, ó que se ha acumulado mas ó menos para forzar el cálculo en favor de la extraccion. El temperamento de las estaciones ha sido probablemente el mismo ; y la política ha sufrido las mismas alteraciones en Inglaterra, en la serie de los quarenta y tres años anteriores á 1689, que durante los quarenta y tres succesivos. Con todo el precio del trigo ha sido menos despues que antes de la gratificacion por un mismo espacio de tiempo ; y es difícil hallar razon para no conceder que esta diminucion de précio se debió á la mejora de cultura impulsada por la gratificacion. Todavia se persuadiría mejor esto mismo si se pára la atencion en los precios que vamos á manifestar desde el año de 1732 hasta el de 1755 , en donde se encuentra una rebaxa aun mas notable.

Precio de los trigos en Inglaterra desde el año de 1732 hasta fin del año de 1754.

Año de mil setecientos treinta y dos. . . . . . 1. l. 6. s. 8. d.
Año de mil setecientos treinta y tres. . . . . . 1. 8. 4.
Año de mil setecientos treinta y quatro. . . . 1. 18. 10.

Año

Año de mil setecientos treinta y cinco. . . . 2. 3. 0.
Año de mil setecientos treinta y seis. . . . . . 2. 0. 4.
Año de mil setecientos treinta y siete. . . . . 1. 18. 0.
Año de mil setecientos treinta y ocho. . . . . 1. 15. 6.
Año de mil setecientos treinta y nueve. . . . 1. 18. 6.
Año de mil setecientos quarenta. . . . . 2. 7. 0.
Año de mil setecientos quarenta y uno. . . . 2. 4. 11.
Año de mil setecientos quarenta y dos. . . . 1. 12. 0.
Año de mil setecientos quarenta y tres. . . . 1. 5. 4.
Año de mil setecientos quarenta y quatro. . . 1. 11. 6.
Año de mil setecientos quarenta y cinco. . . . 1. 5. 9.
Año de mil setecientos quarenta y seis. . . . 1. 18. 6.
Año de mil setecientos quarenta y siete. . . 1. 18. 6.
Año de mil setecientos quarenta y ocho. . . . 1. 16. 3.
Año de mil setecientos quarenta y nueve. . . 1. 15. 8.
Año de mil setecientos cincuenta. . . . . 1. 12. 6.
Año de mil setecientos cincuenta y uno. . . . 1. 16. 5.
Año de mil setecientos cincuenta y dos. . . . 1. 17. 9.
Año de mil setecientos cincuenta y tres. . . . 1. 17. 2.
Año de mil setecientos cincuenta y quatro. . 1. 12. 0.

41. 0. 5.

Estas quarenta y una libras y cinco dineros, partidas
por veinte y tres que es el número de años de que se
com-

compone esta suma , dan por año comun una libra quince sueldos y ocho dineros. El precio común de los quarenta y tres años precedentes , es de dos libras cinco sueldos y ocho dineros. El de los veinte y tres años siguientes no es mas que una libra quince sueldos y ocho dineros: resulta pues que la exportacion es ventajosa lexos de ser perjudicial , pues que el precio de los granos disminuye á proporcion que los Ingleses venden mas á los forasteros.

Se objetará desde luego que esto procede de las roturaciones y aumento de cultura: verdad es , pero fortifica nuestra opinion ; porque ¿quál es la causa que impulsa en Inglaterra el rompimiento de la tierra sino la perfeccion de la Agricultura? Esto es porque los granos son objeto del Comercio ; porque el cultivador no rezela á la abundancia ; porque está seguro de vender á su arbitrio ; y esto sucederá sobre qualquiera fruto que no sufra opresion , cuya venta será ventajosa.

¿Por qué se ha aumentado en Francia el plantío de las viñas con daño y represion de la labranza , hasta el punto de vernos obligados á suspender esta plantacion? No es por otro sino porque el viñatero es mas dueño de su fruto que el labrador. Por esto aunque el vino esté cargado de fuertes derechos y sea esento el trigo , se prefiere la cultura de aquel á la de éste , que es siempre en

Fran-

Francia un fruto equívoco, porque su posesion es gravosa, supuesto que el propietario no tiene segura su venta, pendiente del consentimiento de una ley arbitraria, y siempre incierta. Dese libertad al labrador, y estas dos mercadurías serán puestas en nivél. El grano tomará ascendiente como fruto el mas necesario; las tierras incultas se harán fructiferas, y mejorará la Agricultura. El exemplo de Inglaterra es una prueba bien sensible.

No dexará de oponerse que la Francia no es semejante á la Inglaterra, y que la salida de granos, que es conveniente á este Reyno, difundirá la hambre en el de Francia: Convendria especificar en qué está la diferencia, y demostrarla sencillamente sin alegar pruebas vagas por razones sólidas. La Inglaterra padecía hambres quando pensaba como la Francia piensa ahora, y antes de ocurrirle que el único medio contra la necesidad y carestía es alentar la Agricultura.

Si entre estos dos Reynos media alguna diferencia es á favor de la Francia. Nuestros paisanos trabajan mas barato que los Ingleses, nuestra tierra generalmente es mejor que la suya, mas docil á la cultura y menos necesitada de beneficios. Así toda la ventaja está de nuestra parte para tener los granos á precios mas cómodos, para no carecer de ellos, y para poder venderlos fuera. Pero no pensamos como la Inglaterra en los medios de alentar la cultura, y

re-

reprimimos el comercio de los granos. He aquí las verdaderas diferencias que existirán mientras que no tomemos las medidas desde este principio ; porque es así que no debemos á la severidad de las leyes nuestras producciones sino solo á la cultura ; que para aumentar los granos en cantidad es preciso estimular el trabajo ; y que la facilidad y copia de la venta de este fruto es el primer medio de mejorar la labor. La experiencia confirma este principio.

Pero se dirá todavía, esto es verdad en Inglaterra, pero lo contrario sucede á nosotros, porque siempre que se han dexado salir los granos de Francia, hemos tenido necesidad de restaurarlos en doble precio.

Esto ha sucedido algunas veces, y acontecerá siempre que se espere á la última extremidad, para permitir la extraccion. Esta es una conseqüencia necesaria de nuestra policía y de nuestros razonamientos. Ya hemos dicho que no se permite la venta á forasteros, sino quando el trigo está á precio vil ; entonces le vendemos con pérdida del labrador. Primer defecto ; porque le hemos puesto en precision de debilitar su cultura y sus faenas, que se rebaxan quando él pierde. Vendemos los granos precipitadamente, porque es limitado el tiempo de la extraccion. Segundo defecto; porque puede salir de un golpe una grande cantidad. Así resultan á un tiempo mismo dobles vacíos, el uno por la menor produccion de granos, y el otro por la salida arre-

ba-

batas. Así viene un instante crítico en que faltan de repente, y es preciso haberlos de comprar á precios bien caros.

Estos inconvenientes serán positivos mientras que subsista el sistema alternativo de prohibir y permitir; y de conceder unos y negar otros. Este contraste pone á todo el mundo en incertidumbre, y no permite á nadie tomar partido. Es preciso una regla general é invariable para todo el Reyno. El es un mismo cuerpo, cuyos movimientos deben dirigirse á una accion uniforme, sin que se embaracen ó se dañen succesivamente. Dexad en todo tiempo el comercio libre, y el trigo se venderá oportunamente y sin quiebra. Vuestros labradores no se verán precisados de afloxar en sus trabajos; no plantarán mas viñas en lugar de sembrar granos, como hasta ahora lo han hecho. No habrá que temer mas ninguna abundancia nociva ni salida excesiva. Si las carestías no acontecen sino despues de buenas cosechas, y posteriormente á la concesion de algunos permisos, no inquiramos la causa sino en la administracion incierta de los granos; en la tardanza con que se conceden las extracciones; y en nuestras ordenanzas siempre complicadas.

Combinemos atentamente la policía actual con la precedente, y no discreparemos en el juicio de que nuestra propia conducta ocasiona los inconvenientes con que se nos arguye. Es tan precisa una regla fixa para la salida;

co-

como que la libertad sea entera , y que si alguna vez deba limitarse , sea solo por el precio ó por los derechos de extraccion ; que no se obligue á solicitar ni obtener ninguna licencia vaga ni contingente , regularmente diferida y siempre mal arreglada. Entonces sucederán las cosas en Francia como en Inglaterra , y no habrá la pretendida diferencia que se pretexta. Ya fastidia repetir á cada paso lo que se ha dicho tantas veces : si buscamos los medios de establecer una extraccion y un comercio independientes de riesgos...

La Inglaterra no ha experimentado carestia alguna desde el año de 1689 ; y el precio de su trigo ha baxado quantas mas cantidades ha extraido.

OB-

OBSERVACIONES SOBRE EXEMPLOS.

Parece ciertamente capricho resistir la fuerza de un argumento poderoso por su razon ; y si es eficaz por la demostracion , ya es tema ó estupidéz ; pero si convence con la evidencia de exemplos es obstinacion su negativa. La persuasion de la utilidad del Comercio de granos en España se halla ya en el tercer grado , porque se prueba con el buen suceso en otras Naciones , y sobre todas con la Inglesa , modelo de las demás. Sin embargo , es materia digna de séria inspeccion.

Deben exâminarse con lente los supuestos de este Escritor antes de deducir y admitir las conseqüencias. No creo , pues , legítima la que se desliza de que si es cierto que quantos mas trigos salgan mas se cogerán , tambien la de que deben fomentarse las extracciones como causa motriz.

Me conduciré gradualmente precediendo el exâmen de la demostracion al de las *sábias reflexiones* , que dice antecedieron en Francia á la carestía del año de 1699. Estas fueron las representaciones de los Intendentes de Borgoña , Alsacia , y Roan , en los años de 97 y 98 , que todas tres convienen en que la *falta de venta , consumo y salida de trigo hàbia envilecido tanto su precio , que arruinaba la Agricultura, porque el labrador no podia sacar para mantenerla.*

Es

Es preciso recordar que el Autor fortifica todos sus discursos sobre esta escaséz, y las de 1694, 1699, y 1709; persuadiendo la libertad con la comision de Mr. De la Mare, como dexo demostrado en los capítulos de *Mercaderes y Carestías*, y en otros que se verán.

- ' Dice, pues, este Magistrado en el libro V. título XIV. capítulo XVI. de la Policia general, que »despues »de las cosechas abundantes de ocho años consecutivos, se es- »parció un ruido al fin de la Primavera del año de 1692, »de que los panes de las Provincias mas fértiles habian si- »do consumidos por la niebla, que el accidente fué cierto »pero no universal, y quedaba la esperanza de una mitad »lo menos de cosecha regular, y los granos existentes de »las precedentes podian suplir la provision. Sin embargo, »que como los *Mercaderes mal intencionados y siempre am- »biciosos de ganar* no han menester sino un ligero pretexto »de carestía, se aprovecharon bien de éste para poner en »práctica todos sus ordinarios y perversos medios de en- »carecer los granos. Que suscitaron correrías en las Pro- »vincias; esparcieron falsos ruidos; cogieron los trigos en »monopolio; cerraron los Almacenes; y reduxeron todo »el Comercio á un cierto número, haciéndose dueños de »todo el fruto. Que los otros Mercaderes, especialmente »los forasteros, fueron sorprehendidos por los domiciliados; »que se encontraron de golpe desproveidos los Puertos y »los

"los Mercados, y los granos subieron de dia en dia."

En las carestias de los años de 1698 y 99 se explica así : "La niebla destruyó los trigos de muchas Provincias en "el año de 1698 , y las continuas lluvias del mes de Julio "y Agosto hicieron nacer el trigo sobre las eras. Habia to-"davía granos viejos para suplir suficientemente este de-"fecto ; pero como estaban en poder de gentes poco afec-"tas al bien público, y siempre adictas al provecho parti-"cular, cuidaron mucho como acostúmbran de comprar en "la abundancia ; y esparciendo luego la voz de carestía, la "exâgeraron bien por su interés."

Esta es en compendio pero literal la relacion que publicó el mismo comisionado.

Que el trigo tuvo buen precio, se infiere de haber probado con el mismo Mr. De la Mare en el capitulo de *carestías*, que en 98 encontró algunas partidas almacena-das de 94 , que no se quiso vender entonces á ochenta reales fanega ; y se confirma igualmente en asegurar, que los repuestos de 97 , existentes todavía en 98 , podian cu-brir el fallo de éste ; pero que como *estaban en manos fuer-tes* los escasearon. Resulta en suma que no hubo falta de trigo ni de venta, sino sobra de codicia, con la que tanto implica el desprecio y desestimacion, como conviene el buen valor con la afliccion y carestía ; y concluyo que ó los Intendentes se equivocan en el juicio, ó De la Mare en en su relacion, y si es lo último, queda nulo quanto con ella se apoya en el Ensayo. Estas son semipruebas : voy á las expresas y plenarias, especialmente de Inglaterra y Holanda.

El exemplo grande que presenta de la primera acredita el efecto, mas no la seguridad. Un suceso favorable no puede servir de regla infalible. Porque Hernan Cortés quemase las naves para quitar todo recurso de retirada, y no dexar otro que el de morir ó vencer, no han imitado su conducta otros Conquistadores esforzados y gloriosos. El éxito de semejantes alardes se puede tener por fenomeno. El genio entusiástico, y mas ácia lo que parece héroismo; la situacion del País, la constitucion y sistema del Gobierno ; y tal vez un accidente, producen ventaja en un tiempo y País, y en otro una catástrofe.

La insulacion de Inglaterra le proporciona el comercio, mas que á otra Nacion su diversa positura. Las ventajas de Tiró (á quien tambien se pone por exemplar) en la negociacion y riquezas sobre todos los demás Pueblos, las establece y cifra Ezequiel como se dixo en que estaba en el corazon del mar. *Repleta es & glorificata nimis in corde máris*; y esta misma autoridad prueba que la proporcion de su semejante Inglaterra, no es general.

Mr. Noel Chomel refiriendo en su *Diccionario Económico* la opinion del Autor de los *Elementos del Comercio*, y

con-

contraidamente sobre la conducta de Inglaterra en punto
de extraccion de granos y premio de su salida, sin perjudicar *las necesidades de la Nacion*, y alegando á mayor abundamiento varios tratados, como el *de las señales sobre los
adelantamientos de Francia y la gran Bretaña*; *los elementos
del Comercio*; *el Negociante Inglés*; distintos *Diarios Económicos* de los años de 1753 y 54; y otros, concluye asi,
»mas en todas estas especulaciones se debe atender princi-
»palmente á las diferencias considerables que median en-
»tre Inglaterra y Francia: sobre todo en materia de gra-
»nos; y relativamente al genio de las naciones.« Y si estos
sábios Franceses creen no adapta á su Reyno el exemplar
de Inglaterra, nuestros prácticos Escritores hallan que menos al nuestro. Don Nicolás Arrequibar, en la primera
carta del tomo primero de sus recreaciones políticas, dice:
»En Inglaterra apenas dista la tierra mas lexana del mar
»veinte leguas, y la Francia tiene sus graneros próximos
»al mar, ó aproximados por medio de rios ó canales na-
»vegables; pero los nuestros están de los Puertos treinta,
»cincuenta, y sesenta leguas de malos caminos.«

En punto á gobierno somos tambien muy desemejantes. Tiene leyes agrarias, que si se tratase de establecerlas
aquí, se tendria por violencia exêcrable. La aplicacion de
los naturales á la Agricultura es sin par.

Un cúmulo de diligencias hacen la principal industria
que

que fomenta el Comercio y la Agricultura en Inglaterra, para que rinda residuos que extraer ; y esta es la distincion que hice al principio para no conceder , que aunque fuese cierto que quanto mas salga mas habrá ; no procede ni basta excitar únicamente la extraccion para que haya que sacar , sino tambien y antes otros resortes mas poderosos y dificiles que las salidas.

El mismo Autor de la Policía que nos propone la historia de extraccion Inglesa , pregunta en otra parte ¿si se halla por ventura la Francia en estado de seguir su exemplo? Y sobre afirmar que no, asegura que si lo hiciese lo perdería todo , y que es menester ir por grados : luego algo ha de anteceder á la extraccion y libre comercio.

En corroboracion de que no se pueda tomar desde luego á la letra el exemplar en punto á granos , dice sobre la misma materia el Abate Galiani en el Diálogo tercero: "La Inglaterra es la máquina mas complicada en política "que hay al presente en Europa , y puede ser que ha ha-"bido jamás en el mundo. Este País , á un mismo tiempo "de labranza , de industria , guerrero y comerciante , está "por la naturaleza , sin embargo de su extension , lleno de "Puertos de mar::: Su Gobierno es el mas mixto y mas ar-"tificiosamente compuesto que se ha visto jamás : en fin, "costumbres , caracter , suelo , clima , producciones , rela-"ciones , política , fuerza , debilidad , resortes ; todo es par-

"ti-

»ticular en este País , diferente del resto del mundo , y
»casi único en su género.«

Sobre todo esto debe no olvidarse , que en concepto
general de los políticos , aunque la Inglaterra puso los puntos directos á la Agricultura por medio del Comercio y
extraccion de granos : las miras han sido el fomento de la
marina , para cuyos progresos tiene otras ventajas por naturaleza , y por principios sistemáticos sobre otros Reynos
y Gobiernos , que hacen diferenciar tambien las relaciones
del comercio de los granos. El papel del *trigo considerado
como género comerciable* arguyendo con el exemplo de Inglaterra en esta parte declama : » ¿habrá , por ventura,
»preocupaciones , por mas arraigadas que estén , que no
»enmudezcan á vista de una experiencia felíz y continua-
»da por espacio de mas de un siglo?«

Tampoco es de contraer ni de imitar el Gobierno de
Holanda , porque su situacion y circunstancias son diferentes. El citado Abate Galiani , en el mismo Diálogo dice sobre esta república y materia , »que es un País rodeado
»todo de mar , y cortado con infinitos rios y canales : de
»manera que apenas hay Pueblo que para sus transportes
»tenga que hacer mas de dos leguas por tierra. « ¿Y si esto no dice con Francia , cómo dirá con España que no hay
rio navegable ni canal perfeccionado?

Lo mismo dice en substancia , aunque con mas extension,

sion., Mr. Necker en el cap. 6.° de la 2.ª parte en estos términos. "Regularmente se cita á Holanda, porque guar"daba proporcion de su latitud, es la comarca de Euro"pa mas rica y mas poblada, y donde el tráfico de granos "tiene mas libertad. Pero, conviniendo en estas circuns"tancias, veo sin embargo un muy pequeño País, rodeado "del mar, y cortado de canales que hace la circulacion "muy fácil; un País que solo contiene un millon de ha"bitantes, y en donde el baxo interés de la plata atrae los "granos de Polonia y del Norte como gages; y para Depó"sito ó Almacenes; yo veo, en fin, un Estado en donde "el espíritu de comercio y de interés, difundido general"mente, ha introducido en su conducta el arte de defen"sa con el de ataque; fuerza que se aumenta todavía por "una disposicion general á la economia, que hace muy co"munes las provisiones en granos y las reservas en dinero; "yo veo últimamente un caracter nacional, frio, grave, y "circunspecto; que no recibe ni comunica sino impresio"nes lentas y mesuradas.

"Yo, pues, concebiré facilmente que en el centro de "semejantes circunstancias, la libertad del comercio de gra"nos no tiene ningun inconveniente."

En todo rigor no debiera admitirse á Holanda para exemplar del comercio de granos, porque no lo hace ni lo puede hacer en propiedad. Carece de ellos, y mal pue

de

de beneficiarlos mercantilmente. Su exercicio es de simple
tráfico ó traginería , llevando los agenos de un País á otro,
como nuestros arrieros , á diferentes mercados.

Este comercio no es ni de exportacion ni de importacion legítima , y acaso de reexportacion imperfecta solamente ; pero sea uno ó sea otro. Cuesto hacer ver que no
es tan probable entre nosotros como se pondera el exemplo de estas dos Naciones.

Por los capítulos de *Salidas* y de *Comercio* se infiere
bastante ; pero ahora me concretaré á si urge ó no el
exemplar de Inglaterra. Debo advertir , que mi sistema se
refiere al Comercio activo exterior , que es lo que únicamente se debe decir tál ; pues el *interior* es puramente tráfico , cuya utilidad es siempre respectiva y nunca universal del Estado , y solo produce la pasiva en quanto precabe la ruina como se ha visto ya.

No entro en la inculcada qüestion de si hay trigo que
comerciar con los extrangeros : esto es , sobrante en toda
la Península en un año comun , porque en los extraordinarios de suma abundancia ó suma escaséz , faltará ó sobra-
rá alternativamente , contingencias que no deben regir para
el Comercio en quanto causa , sino medio en las respectivas coyunturas para proveernos y para evacuar lo superfluo , y aunque parezca que yo mismo asiento al Comercio
porque concedo los dos únicos actos que debe tener , y los

tiem-

tiempos en que no mas ha de executarlos , repito lo que ya tengo dicho , que esto es accidental , y que sin otra proporcion mas positiva , siempre será precario , perecedero, y errante , sin domicilio ni apoyo , por el qual nos pueda afianzar sufragio probable en las mas comunes ocurrencias, y menos el que se pueda contar como ramo de comercio, para aumentar y fortalecer el Estado.

Digo , pues , que si no tuviéramos materia propia es ocioso contender sobre las propiedades de un sugeto imaginario ó inepto , y en tal caso antes será procurar su existencia que disputar sobre sus funciones , que es lo que hicieron los Ingleses. A los extrangeros no hay que creerlos en este punto , á unos por falta de conocimiento , y á otros por sobra de deseo de oprobrio ácia nosotros , pues quando concedan redundancia á la benignidad de nuestro suelo , es para tildar al Gobierno , y así de otras ideas poco decorosas segun el humor cón que escriben y el objeto que se proponen. Nuestros mismos Escritores , no conforman tampoco en este punto.

Quien ha dicho algo sobre esto mas moderadamente es Don Felipe Marescalchí , en el suplemento del *tratado de granos y modo de molerlos* de Mr. Beguillet , que traduxo en el año de 86. Afirma que España tiene falta y sobra de granos segun son las Provincias , pero que es mas aquella que esta ; y así regula la introducion de los extrangeros

un

un año con otro, en un millon y doscientas - mil fanegas de exceso á los que salen, de que se infiere falta evidente. Dexo este problema, y voy al principal inconveniente para el Comercio con los extrangeros.

Este es la situacion de nuestras Provincias centrales, y mas abundantes de trigo, que como se dirá y verá en el capítulo del *Comercio*, no pueden extraerlos por la distancia de las costas; y por lo mismo que este es el obstáculo magno, hace tambien la superior diferencia entre España é Inglaterra, para que el buen suceso de ésta no sirva de exemplo á nosotros.

El citado Don Felipe Marescalchi afianza tanto la certeza de esta dificultad que dice, con mucha verdad, no pueden algunas Provincias interiores de España, no solo extraer el trigo sobrante á Paises forasteros, pero ni aun socorrer á algunas Provincias del Reyno por razon de la distancia, y que siempre les es mas conveniente á las tales proveerse de los extraños.

La apología mayor de la utilidad de la salida de los granos, para cuyo empeño se nos propone por exemplar á Inglaterra, es la gratificacion con que este Reyno la estimula. Desde luego podia yo recusar el modelo por la misma opinion del que lo presenta; pues su Autor confiesa, segun se ha visto, que no está la Francia en disposicion de imitarle : esto á mas de no conformar tampoco en algu-

gunas otras circunstancias ; por lo que, no solo niega poder convenirle á los Franceses la práctica de los Ingleses,
sino que aconseja sigan rumbo opuesto ; y no dexa duda
que comparacion de tantas excepciones , mas es desemejanza que exemplo.

Nosotros creo que distamos todavía con exceso , y así
lo confiesan nuestros políticos , como Don Desiderio Bueno , Don Nicolás de Arriquibar , Don Miguel de Zabala,
y algunos mas. Ya he dicho en otra parte que con solo
habernos precedido nos imposibilita tal vez : como un General á otro que ocupó antes un puesto importante. Tan
cierto es esto , que considerando Zabala que de Andalucía
se pueden llevar granos á Portugal , dice : "No serán mu-
"chos , porque los Comerciantes extrangeros que están en
"la posesion de aquel trato , dexarán poco lugar á las ga-
"nancias de los que se lleven de Andalucía."

Esto basta para discurrir y creer que el suceso de la
gratificacion y la conducta de Inglaterra en esta parte,
merece digno lugar en sus fastos , y que promueve nuestra envidia política mejor que su imitacion.

Ya se vió en el tratado de *salidas* , que por mas virtud
activa que les concede en Inglaterra Don Desiderio Bueno , confiesa tambien , que *sin las demás providencias que
han tomado dirigidas al mismo fin , hubiera tenido un efecto limitado* : luego no es lo mas importante la extraccion.

No

No nos separemos de este Autor , que como piedra angular nos persuade por una parte el sistema Inglés , y por otra manifiesta la diferencia de principios sobre que versamos. Impugnando al de *el trigo considerado como géne-ro comerciable* que encarece la utilidad de una libertad cumplida , dice respecto á España : *La libertad absoluta , como la propone el Autor , la observarémos quando se compare el sistema inglés con nuestra actual situacion.* Aplico desde luego el argumento para lo general del Comercio , y voy á individualizar algunas particularidades , que él mismo propone ventajosas á aquella Nacion sobre la nuestra , contraidas al Comercio.

Celebra la combinacion oportuna de la extraccion de granos , y celebérrima acta de navegacion , ambas en una época ; y él mismo dice : ,,Arreglaron al mismo tiempo los ,,arrendamientos de las tierras , de suerte que el colono ,,adquiriese en ellas una especie de propiedad que le ani-,,mase á mejorarlas. Y porque los hombres aman mas las ,,cosas que pueden llamar mas suyas , para infundir la pre-,,dileccion del cuidado de las tierras , permitieron que ca-,,da uno las cerrase:: baxaron los intereses del dinero , pa-,,ra que en ninguna cosa se pudiese emplear con mas uti-,,lidad que en empresa de Agricultura : las ciencias , exâ-,,minando la naturaleza del ayre y del terreno , y aprove-,,chando los descubrimientos de la mecánica , diéron un

,,co-

»conocimiento de nuevas experiencias para mejorar la tier-
»ra , y de máquinas ventajosas para todos los usos de la
»Agricultura.«

Refiere otras particularidades tambien de exceso sobre
nosotros , como que un carro de allá lleva mas que doble
peso de los de aqui con igual número de caballerías : la
comodidad de caminos reales hechos de fábrica , con otras
proporciones , y remata : *Para comparar con el sistema inglés el estado actual de nuestra política , bastaria decir que era
el revés de la medalla.*

¿Y qué propone de nuestra parte para que la estam-
pemos por el amberso? Desde luego » la abolicion de la
»tasa , el comercio de granos y su libre extraccion ; (aun-
»que no en tanto grado como los Ingleses) el arreglo de
»los arrendamientos de tierras , y la permision de cerrar-
»las. Y para lo succesivo los nuevos inventos de máquinas
»para la Agricultura que dé la Matemática ; los abonos
»poco conocidos en España que facilite la Fisica ; los mo-
»delos de instrumentos y máquinas que mande hacer el
»Rey.« Véase si los Ingleses hicieron por lo pronto mas
de lo que se nos propone hagamos nosotros en lo succesivo.

En el año de 1764 aseguró á la Nacion Don Desiderio que con *sola permision de extraer los granos se fomenta-
ría la Marina , se alentaría el Comercio , se aumentaría la*

Ee   *Agri-*

Agricultura y la Poblacion, y *se desterraria para siempre la hambre*. Al siguiente de 65 se derogó la tasa, se estableció el Comercio sin trabas, y no se puso ya inconveniente á la libre salida; pero no hemos visto los efectos á proporcion.»

Resuelva ahora el mundo imparcial si convienen nuestras circunstancias territoriales, económicas, y gobernativas con las de los Ingleses; ó si aunque convengan podemos fiar en ellas; y si su exemplar se contrae á nuestra positura, para esperar iguales efectos nosotros que ellos.

Los Ingleses han fomentado la Agricultura extraordinariamente: no menos la Marina, ya con la acta de navegacion, ya con la pesquería, ya con el carbon de piedra, y otros estímulos que sostiene y aumentan. Su situacion favorece la salida fácil y poco gravosa, y mas por los buenos caminos. Ellos no solo hicieron efectiva su buena disposicion, sino que relevaron los inconvenientes que se oponian á su logro; forzaron la naturaleza, alambicaron la política, y comprimieron quanto fué permitido el derecho respectivo, para que prescindiendo todos por entonces solo concurriesen al general. Sobre este terraplen dieron riendas al comercio. Pregunto, ¿tenemos nosotros estás disposiciones, unas de naturaleza y otras de arte y de política? No creo que ningun lisongero lo afirme.

Dirán como verdaderamente dicen: *España tiene propor-*

porciones que no logra ninguna Nacion de Europa, para fomentar la Marina, el Comercio, y la Agricultura. No lo negaré, pero no basta la disposicion sin acto. Ninguno la tiene mejor para ser buen ciudadano, que un avaro poderoso: y con su buena disposicion es el repúblico mas pobre y miserable. No sufraga que las posibilidades sean practicables, si no se ponen en práctica. El Autor de la *Policía* dice en esta misma obra hablando de la Agricultura: *Atendemos solo á los frutos, y no reparamos al árbol que los produce*, y yo añado: ni al cultivo con que se le beneficia.

Este me persuado ha sido la causa de la mayor parte de la prosperidad de los Ingleses, pues habiendo concurrido en conjuncion, como ya he dicho, el fomento de la extraccion y el de la Agricultura directamente, ¿por qué no ha de creerse á ella autora de la posibilidad de la salida, mejor que á este causa de la otra? Sobre muchos que opinan como yo, dice una carta del Año Literario correspondiente al de 55, sobre el *estado del Comercio en Inglaterra*: "Muchos Países hay en donde las tierras dan "mas trigo que las de Inglaterra, pero ellas están sujetas "á las revoluciones de malos años, que disminuyen con"siderablemente los frutos de su fertilidad, cuya incons"tancia es dificil experimente la Gran Bretaña. Su regula"ridad es debida á la perfeccion de la Agricultura que "los Ingleses fomentan mejor que ningun otro Pueblo del

"mun-

»»mundo.«« Si se quiere que este arreglo dependa de la libertad de las salidas , es invertir el órden de la naturaleza,
y precisar á que la madre haya de proceder de la hija.

Creo haber demostrado bastante , no solo que distamos
de los Ingleses para seguir el exemplo de la gratificacion,
sino tambien que ella no rige para probar la utilidad de
la extraccion , ni que esta ha sido el mayor impulso para
el ascendiente del Comercio de los granos.

No encareceré bien la circunspeccion con que debemos proceder en adoptar máximas , cuyo uso repugnan
infinidad de causas y casualidades en ciertos Paises , aunque hayan sido y sean admirables en otros.

Nuestro Autor se arrebata en encomios á favor de la
libertad del comercio de granos , alegando en su obsequio
que en Danzik se venden anualmente ochocientos mil toneles de granos conducidos de Polonia. Esta proposicion
suspende por sola la cantidad que suena imaginariamente,
sin exâminar lo que comprehende un tonel ; pero mas admirará despues de investigada su cabida.

No puedo asegurar si los de que habla son medida de
Polonia. La comun mayor ó superior de este Reyno es
Last ó Lastre como en Amsterdam ; pero inquirido con al-
gun cuidado quantas Provincias en Europa usan de tone-
les , encuentro que el mas reducido corresponde á medio
Last de Holanda ; y comprehendiendo este cincuenta y una

fa-

fanegas nuestras, resultan por su mitad cerca de veinte y
un millones de fanegas, las que se venden en Danzik
anualmente de solo Polonia. En Danzik se usa tambien de
Last ó Lastre, y si se hace la cuenta por él subirá mas la
suma, porque todavía excede al de Holanda.

Quiero ceder de esta resulta quanto la prudencia y arbitrio permite, y supongo que el Autor habla de toneles
de trigo por los de Francia que son mas chicos, pues por
una nota que él mismo pone al capítulo de *Derechos* de
esta obra, viene á tener cada uno seis septieres, que por
los ochocientos mil toneles de Danzik hacen quatro millones quinientos mil septieres, mas de trece millones de fanegas nuestras, y el *del trigo considerado como género comerciable*, conviniendo en la misma extraccion de las ochocientas mil toneladas de Polonia para Danzik, las regula en
siete millones y trescientos cincuenta mil septieres, que
componen veinte millones de fanegas castellanas.

Pero venerando su veracidad me parece imposible de
qualquier modo que sea. Fúndolo en que la Gazeta de
Madrid N.º 17. del año pasado de 1790 en capítulo del
mismo Danzik de 4 de Febrero, dice, que la cantidad de
granos que llegaron á aquella Ciudad durante todo el año
antecedente de 89 se reguló en veinte y un mil ochocientas diez y ocho toneladas. No creo que se anunciase esta
noticia por ser reducida la cantidad de conforme hubiese
si-

sido otros años , porque era regular indicarlo de algun modo , antes si me parece que el ser excesiva motivase la notoriedad , y lo persuaden las expresiones , que *juntas con las*
porciones que habia en los Almacenes , proporcionaron extraer
para varios Países veinte y cinco mil ciento treinta y nueve.
La voz *proporcionaron* es manifiesta de ventaja , y de que
es superabundante la cantidad de veinte y un mil ochocientas diez y ocho toneladas por año : Mas dexándola en el
estado de comun y regular ; y aun permitiendo se aumente hasta la de qualquier otro año el mas copioso ; con todo , ha de haber una diferencia casi asombrosa. Aunque á
las toneladas se le den la fuerza de carguio marítimo , que
es el de dos toneles , cada una harán quarenta y tres mil
seiscientos treinta y seis toneles ; y hasta ochocientos mil
restan todavía setecientos cincuenta y seis mil trescientos
sesenta y quatro.

La veneración al Autor en no suponerle error aritmé-
tico , me ha obligado á multitud de operaciones de varios
modos sobre diferentes medidas , para venir á la mas ajus-
tada correspondencia ; y por fin adopté el Last de Amsterdam , que es la mas general de Europa y menos expuesta , porque se compara por cabida cúbica y no por peso,
en que suele haber diez ó doce por ciento de diferencia,
que en partida de gran monta como esta , causa error grave en los cálculos.

Si

Si en otra parte prefiero el peso á la medida , adviértase que ahora trato de la cantidad que se conoce y comprueba mejor por medida que por peso ; y en otras partes hablaré de calidad y valor , y no hay duda que estas dos condiciones se regulan y aprecian mas bien por peso que por medida.

No abono de enteramente exàcta mi operacion (menos en lo de Danzik que toda es del Autor) ya sea por peso ó por medida , en que siempre hay quebrado , y segun sea su entidad y uso forma mas ó menos diferencia.

El traductor de Mr. de Beguillet , en el Suplemento del tratado de los granos , expone la materia con mas fundamento y demostracion que yo , y aunque discordamos no es cosa notable que altere la esencia de mi razon : mucho menos procediendo por cálculos que no exîgen deduciones infalibles sino juicios prudentes y probables , y los hechos sobre este punto se refieren únicamente á poner en duda la absoluta proposicion de que entren en Danzik anualmente ochocientos mil toneles de trigo , cosecha de Polonia.

Debilita la proposicion y corrobora mi juicio el de Mr. Patullo , que no extiende el fondo del Comercio de granos de toda la Europa , Costas de Berbería , y Colonias de América á mas de diez millones de septieres (algo mas de veinte y cinco de fanegas) ; y Don Nicolás de Arriquivar, en la carta tercera del primer tomo de Recreaciones Politicas, reduce este cómputo, y en el citado tratado *del trigo comerciable* se lee que seria exâgeracion fixarlo en diez millones de septieres : ¿cómo, pues, será probable que un Reyno no mas ponga caśi todo el capital ó la mayor parte (hecha la cuenta por lo mas baxo) en solo un mercado? Y no es extraño considerar que quizá los Ingléses y los Holandeses especialmente, extraerán tambien de Polonia muchas cantidades para conducir en derechura sin tocar en Danzik á diferentes Paises necesitados, resultando de qualquiera de los dos juicios, que ó ha de ser mayor la masa comerciable, ó menos el ingreso en Danzik, ó muy considerable la cosecha y venta en Polonia, y siempre, que no se puede proceder por tales aseveraciónes.

He visto una disertacion literaria del año de 1755, en que consta el mismo aserto de los *ochocientos mil toneles de trigo que se trafican en Danzik por año*, pero no dice que procedan únicamente de Polonia, aunque se dexa conocer que la noticia es tomada del Autor, así porque se contiene en un elogio que se escribió de su *Ensayo*, como porque incide en el mismo año que se publicó.

El haber visto en varios escritos, no solo extrangeros sino tambien españoles, y algunos de ellos no arbitrarios de individuos singulares, sino de cuerpos compelidos por autoridad superior, para manifestar su parecer en materia

tan

tan importante, que juzgan de la potencia del comercio
por este supuesto de Danzik como indubitable, me ha
movido á dilatarme en él para desengaño de que á pesar
de la gravedad y buen juicio, merecen inspeccion las pruebas de un sistema si es favorito, activamente respecto á
quien lo persuade ; y mucho mas pasivamente si á quien
se propone propende ácia la misma idea.

— Aun los hechos positivos ya que no tengan duda en
el suceso, pueden muy bien ofrecerla en las causas de que
se les hace dependientes, y en los efectos que se les atribuyen.

— El Autor cierra este capítulo provocándonos á que sigamos el exemplo de Inglaterra, que desde el *año de* 1689
*que acordó la gratificacion, asegura no ha sido afligida de la
hambre ; y al contrario ha tenido los granos mas baratos que
antes :* á cuyos datos ; Mr Neker en el VII. de la tercera
parte, despues de hacer una prolija enumeracion de las
diferencias de esta Nacion respecto á otras, dice : ,,Sin em-
,,bargo la inquietud y la necesidad han precisado mu-
,,chas veces á aquel Gobierno á suspender hasta la misma
,,libertad ; y se cuentan doce años de prohibicion desde la
,,época de la ley de los permisos hasta nuestros dias.,, Y
en quanto á los motivos que han podido influir para la diferencia de precios de los trigos en aquel Reyno antes y
despues de la gratificacion, se explica así en una nota del

mis-

mismo capítulo : «Yo bien sé que se presentan tablas, en «las que resulta que el precio de los granos en Inglaterra «ha sido menos caro en los años posteriores á los premios «que en los precedentes ; pero esta misma disparidad ha «experimentado Francia en las propias épocas, aunque sub-«sistian las prohibiciones mientras se alentaba la extrac-«cion en Inglaterra : así es visto que la moderacion de los «precios en los dos Reynos, rigiendo leyes contrarias, de-«be necesariamente atribuirse á circunstancias generales. «Lo que no tiene duda es que despues de establecida la «gratificacion en Inglaterra, los precios de los granos han «aumentado cerca de veinte por ciento sobre los de Fran-«cia en año mediano.«

No solo este Autor sino tambien el *del trigo considera-do como género comerciable*, con otros, dudan del tino de esta providencia, y hasta de la verdad de sus efectos.

En fin, los exemplos en general no pueden adop-tarse precisamente por solo la evidencia del buen su-ceso : tal vez lo que facilitó el de Inglaterra, dificultará el nuestro por las revoluciones temporales. No obstante, son estímulos ; y en el supuesto de que el Comercio es conveniente, sirvan de fanal para reconocer el término á que podemos llegar por otro equivalente rumbo, ya que no pueda ser el directo. No es impotencia absoluta la que objeto por diferencia de constitucion real, únicamente, si-

no

no tambien moral. Yo esperaría semejantes efectos en nuestra Península que en aquella Isla , si tuviera su situacion y conducta ó proporcion á lo menos. Concurramos con los posibles auxîlios á la Agricultura como ellos , y acerquémonos quanto podamos á sus efectos. El intervalo de casi dos siglos que ha empezaron nerviosamente la empresa, puede hacer cambiar hasta los principios.de un sistema bien fundado : circunstancia que nos dificulta el logro , y su imitacion concreta ; pero como los tiempos varian las constituciones , su misma vicisitud dá nuevos recursos. Por eso es axîoma legal mas cierto que los exemplos. *Distingue tempora & concordábis jura.*

TRA.

TRADUCCION DE DERECHOS.

Si el exemplo de nuestros vecinos no convence ; si alguna cosa puede todavía asustarnos , renovemos la atencion. El Consejo tiene en su mano la llave de nuestras cosechas; regularmente se ha servido de un expediente mas seguro y mas útil que el de las prohibiciones ó permisos , para facilitar ó embarazar la extraccion de los granos del Reyno.

El muid de trigo paga segun la tarifa veinte y dos libras de derechos á la salida , y á proporcion los otros granos. Quando ha interesado venderlos al extrangero , se han moderado estos derechos , y tambien se han suprimido algunas veces ; quando ha encarecido el trigo y ha habido necesidad de contener su salida , se han aumentado estos derechos hasta triplicarlos alguna vez , como en 1725. Este método no está sujeto á inconvenientes , antes bien ha producido bellos efectos ; porque es el precio solo el que estanca ó extrae el trigo. Si está á mas baxo precio entre nosotros que entre los vecinos , él saldrá , porque el mercader logra beneficio : si está mas caro en Francia que fuera , permanecerá sin que sea necesaria ninguna prohibicion, porque se pierde en extraerlo : el trigo extrangero al contrario , será atraido á Francia por el alto precio. Esta es una balanza continua que el precio solo gobierna para fixarla de una parte ó de otra. Agravar el precio por el

so-

sobrecargo de derechos de salida , es hacerla declinar ácia nosotros , y retener los granos sin ninguna prohibicion: aligerarla por la diminucion ó supresion de los mismos derechos , es reponerla ácia lado contrario , y arrojar nuestros granos fuera sin permisiones.

Parecería , pues , que velando sobre el precio de los granos del País y sobre el del extrangero , tendríamos un termómetro siempre seguro para apresurar ó retardar la salida á nuestro placer , y para atraerlos ó alejarlos segun las circunstancias. No sería menester otra policía que la de subir ó baxar oportunamente los derechos , sin prohibicion ó permiso para la entrada ó para la salida. La combinacion de los precios extrangeros con los nuestros será siempre la brújula que nos guiará. Revocar , pues , todas las ordenanzas , dar libertad á todo el mundo , no prohibir la salida de los granos , y no conceder ningun pasaporte de permision : mientras que nuestras fronteras y nuestros puertos sean bien guardados , nuestros granos no podrán salir furtivamente.

En un tiempo de abundancia los granos serán á ínfimo precio ; si se retienen inoportunamente se pierden. Si se dexan salir con libertad irán á buscar superior precio donde la urgencia los llame. Nuestros labradores no adolecerán mas , ni necesitarán que se les resucite por impulsos tardíos , y por permisiones muy deseadas. Si la abun-

dan-

dancia continúa ¿no se podrán suprimir los derechos de salida? El trigo será vendido á mejor precio y con ventaja ; el cultivador se sostendrá sin esfuerzo y sin trabajo ; y su ardor interesado por el trabajo nos preservará de carestías excesivas. En tiempo de necesidad los trigos son mas caros entre nosotros que entre nuestros vecinos : así es ociosa la prohibicion de sacarlos. El precio solo la fixará en el suelo productor, y aun hará venir los extraños. Si resta alguna sospecha ó algun temor todavía, levantar los derechos de salida y se contendrán mas seguramente que con prohibiciones formidables.

Si la necesidad insta, una gratificacion asignada por medida á pagar de contado en el lugar de la entrega, atraerá los granos extrangeros con mas prontitud y menos gastos, que por las compras hechas por la economía y cuenta del Estado. Una multitud de Mercaderes conducidos por la recompensa correrá á proveeros, y el precio baxará por sí mismo á efecto de la concurrencia, que multiplica los ingresos con superior eficacia que un comisionado, que intimida y desvía los forasteros. Este es quizá el medio menos costoso para libertarse de los inconvenientes de la necesidad, de la mala calidad de los granos, y de las hablillas bien ó mal fundadas del público, siempre ciego quando no tiene eleccion de mercaduría ni de precio. Es muy ordinario oir quejas de los Pueblos, cuya provision afianza el Gobierno. La multitud jamás premedita con razon, ni piensa quando tiene hambre en otra cosa sino en que se le socorra gratuitamente. Sus sátiras y sus insultos recaen siempre sobre el que le provee en su indigencia : no se le presenta otro ; y este es el objeto de su aversion.

Si se quisiesen evitar estas contiendas y no mezclarse en compras ni ventas de granos, una pública gratificacion pagada sin retardo á todo Mercader que los conduxese, apaciguaría las sospechas, el temor, y la hambre. La multitud ya tranquila bendeciria la mano de quien recibia el socorro, y reconocería en estos sufragios facilmente al Monarca amante de su Pueblo, que vela en su conservacion, y que tantas veces ha manifestado por sus vasallos vivos sentimientos de sincero afecto, y me atrevo á decir que de ternura, raros en un particular, únicos en un Rey: qualidades bienhechoras que apellidaron á Tito las delicias y el amor del género humano.

Finalmente aunque no se considere la gratificacion sino como un remedio violento en una extrema necesidad, no puede negarse que debe obrar con mas seguridad y menos gastos que las compras hechas por el Estado ; y es de esperar que con una cultura mas animada y nuestra tierra mas fecunda sin necesitar de socorros extrangeros, nos proveerá abundantemente para poder con seguridad vender los sobrantes á forasteros. Pero este buen efecto no puede de esperarse sino en la libertad absoluta de la extraccion; porque si solo se pone en movimiento la circulacion interior, es limitar el comercio de este Reyno : téndremos pocos Mercaderes y menos Almacenes ; y el interés público pide tantos quantos sean posibles.

No admire renueve con freqüencia unas mismas ideas: ellas son sencillas y breves ; y si no se estampan bien se borrarán presto : es menester repetirlas para que hagan una impresion decidida, y por eso volvemos á hablar todavía de los Mercaderes.

OBSERVACIONES SOBRE DERECHOS.

Describe la utilidad de los derechos para proporcionar la salida de los granos, graduando aquellos segun el precio de estos: si es subido, alzar tambien los derechos para contenerlos: si baxo, reducirlos ó relevarlos para facilitar la extraccion del sobrante, indicado por el poco! valor del fruto; y si hay falta efectiva, publicar un premio, y será positivo el socorro. Teniendo atentos los ojos á esta balanza, y guardados los Puertos y Costas, todo rezelo será aprehension ó terror vano. Esta es toda la economía del presente capítulo, y el comercio su objeto.

Es cierto que la exâccion de derechos, mas ó menos subidos sobre los granos, para tenerlos á proporcion de su necesidad, relevarlos en una abundancia nociva, y quizá cerrar la salida de todo punto conforme sea la escaséz, es una balanza económica para poner en fiel la subsistencia: es una compuerta ó rastrillo que se levanta ó baxa segun convenga; pero no carece de riesgo.

No es bastante seguridad la presuncion del resguardo, con que se tranquiliza el Autor, y manifiesta en las expresiones siguientes: *Mientras las Fronteras y Puertos sean bien guardados no podrán salir furtivamente los granos.* Esto es hacer supuesto de la dificultad, y no es poca como veremos en el capítulo siguiente.

Gg

No

No basta que el trigo sea *voluminoso* para no temer fraude. Mas lo es la lana y se escapa, y hemos visto que es menester poner pena de muerte para contenerla en algunas partes.

En tiempo de abundancia, (asegura) *que los granos van siempre varatos*: Es falible. Plinio afirmó de la ley agraria de Licinio, que no solo produxo suma abundancia, sino que no era creible la baxeza de los precios de las vituallas: sobre cuyas palabras dice Don Miguel Caxa de Leruela: "No fué indiscreta la expresion, sino muy considerada, "pues quanto quiera que la copia es causa de la baxeza "de los precios, no se sigue por que puede haberla y ser "caros, (y la razon que dá es) si recaen los granos en "manos ricas."

Con mas claridad lo expresan nuestros Escritores, pues hablando de la impuesta en 1502, dicen: "Se puso para "contener los precios que los granos habian tomado *en los* "*años de abundancia* é iban tomando mayor en el Reynado "siguiente, porque habia comercio y salida de ellos, faci- "litando esta salida el comerciante." Todos los proëmios de las Pragmáticas de granos las causan, en que siendo abundantes las cosechas se venden los trigos á precios excesivos. Así lo dice *Mexia* en el tratado de *Pragmatice taxe panis*. Ya hemos visto lo que Zabala dice de la dificultad de contener la salida para Portugal, y Don Desiderio

Bue-

Bueno lo imposible, si en ella hay utilidad, aunque en el País logren buen precio. No solo en España ha habido alteraciones de precios de granos, sin mediar escaséz real, y aun antes de derramarse por Europa las riquezas de las Indias, pues tambien á otros Reynos ha comprehendido igual desgracia: acreditando la universalidad, que no depende de los Países sino de los hombres. Los reglamentos de Francia de 4 de Febrero de 1567, en tiempo de Cárlos IX. y de 27 de Noviembre de 1577 en el de Enrique III. dicen: »Lo que mas contribuyó para aumentar »las necesidades de las Provincias, no fué tanto la corte»ndad de cosecha, quanto la codicia de ciertos particulares, »que no siendo de profesion Mercaderes de trigo, se in«ngirieron á hacer el comercio con el único objeto de apro»vecharse de la necesidad pública, concurriendo todos por »un interés comun entre ellos á hacer agavillaciones ocul»ntas, que produciendo la carestía de los granos, se les »dió lugar de venderlos á mucho mas alto precio del que »ellos lo habian comprado.« Es visto que no basta el resguardo para contener la salida.

Si se les dexa salir irán á buscar superior precio donde la necesidad los llama: otro dato del Autor. Si están en desestimacion, será útil hasta ponerlos en el valor que corresponda: pero si salen habiéndolos de menester, causarán notable daño, sin que equivalga el derecho, aun quando

es-

este adeudo se tenga por interés general, creyendo tal él del Fisco, inferior en sumo grado al perjuicio que al Estado trae la falta del trigo.

En tiempo de necesidad los trigos son mas caros entre nosotros que entre nuestros vecinos. Este es axioma, si los vecinos no están en igual necesidad. *Así es ociosa la prohibicion de sacarlos.* No es tan cierto como lo antecedente, porque acabamos de ver lo contrario, y no podemos lisonjearnos de felices mientras otros sean desgraciados. Ya digo en otra parte, que si este supuesto se verificase era excusada la prohibicion, porque regularmente no se promulga hasta que el alto precio indica escaséz. *Si son varatos irán á buscar mayor precio adonde los necesitan.* Es constante, y por lo mismo expuesto á caer pronto en indigencia.

Es muy arriesgada la oportunidad de subir los derechos ú ofrecer gratificacion, pues quando se advierta la necesidad de uno ú otro, ó ambas cosas por inmediatas entre sí, tal vez serán infructuosas las dos. Hasta el mes de Marzo de 1789 no se advirtió motivo de temor; y el instante de notarse fué el de experimentarse generalmente el daño causado de la extraccion. Se recurrió á la prohibicion, mas ya tarde: se apeló á la gratificacion para llamar el trigo; pero ó no equivalió, porque en otra parte se dió mayor; ó tardó mas de lo que era preciso para causar el efecto, que antes lo tuvo la cosecha; y aun con es-

te

te auxílio; (bien que no copioso) fué tan remiso el remedio que apenas se experimentó alivio ¡qué hubiera sido en el invierno siempre enemigo del pobre, y distante del Estío!

El dictámen de Mr. Necker sobre derechos á la salida del trigo, es el siguiente.

"El Pueblo acostumbrado á mirar el trigo como un "bien de la naturaleza, semejante al ayre que respira, es"tá siempre dispuesto para acusar á los hombres hasta del "defecto de las estaciones, y por lo mismo no es conve"niente osbcurecer su imaginacion por el establecimiento de "ningun impuesto sobre el fruto necesario á su subsisten"cia. Qualquiera que fuese en los granos á su salida, sobre "que nunca la evitaría en los tiempos de carestías genera"les, creeria el Pueblo facilmente que por enriquecer el "Fisco se favorecía este comercio, sin ser posible desvane"cer tal motivo de sus ideas, por ser relativas al trigo y "al pan, único objeto que ocupa su pensamiento.

"De otra manera todo permiso obtenido pagando cier"tos derechos, participaría necesariamente de los inconve"nientes generales de la libre extraccion, ó de los de la "prohibicion.

"Un impuesto si es débil no contendrá la salida del "trigo que conviene conservar : si es considerable la em"barazará en la ocasion que convenga sacar granos fuera.

"En

„En fin el establecimiento de un impuesto no puede
„ponerlos al abrigo de los inconvenientes , sin separarles
„de la prohibicion y de la libertad constante.„

Concretando la resolucion al título no mas , resulta
que el punto de contener ó franquear la extraccion por la
subida ó baxa de derechos , es muy crítico y expuesto ; y
mas el de gratificacion , cuyo efecto no está como los medios y acto en nuestra mano , y el periodo entre uno y
otro por poco que sea , es capáz del mas funesto catástrofe. El tiempo es la sazon en todo , y la medicina que
en el oportuno sana , en el intempestivo mata : *Temporibus*
medicina valet. Data tempore prossunt , data non apto tempore
vina nocent.

TRA-

TRADUCCION DEL COMERCIO.

El que forme sus designios al comercio de los granos, no puede hacer una especulacion sin tener una entera libertad de disponer de la mercaduría á su alvedrío y en qualquier tiempo ; porque todo hombre sensato que calcula no puede comprar granos y conservarlos estando sujeto á muchos acidentes, si no cuenta posible sacar todos los gastos y además el beneficio : ¿cómo podrá lisonjearse si teme ser defraudado en la venta, y que no será dueño de enviarlos fuera en ocasion que convenga á sus intereses? Ni la persuasion ni la fuerza pueden formar Mercaderes ni Almacenes ; cuya obra es única del aliciente del beneficio. Sin esta esperanza sus efectos serán débiles y temporales, y nosotros tendremos pocos Almacenes y Mercaderes. Semejantes á arena suelta que un torbellino levanta en el campo, y que una ráfaga de viento abate allí mismo : ellos caerán bien presto si la libertad y la esperanza no los sostiene.

Si se les dexase en tanta extension de quanta ellos son susceptibles, harían seguramente en Francia los mismos progresos que en Inglaterra, en Holanda, y en el Norte; y se formarían Almacenes y Mercaderes en todas las Provincias en que se les presentase alguna perspectiva de ven-

ta-

taja : sigamos sus operaciones en las diferentes circunstancias.

Quando el trigo se dé á precio cómodo desemba-
razarán al labrador del que no podrá conservar , y alma-
cenarán el superfluo ; pero hágase alto que no pueden encargarse de este negocio sino con la esperanza de benefi-
ciarle , no miremos el motivo , atendamos solo el efecto;
¡tal es la suerte de la humanidad , que no tiene otro estímulo que el interés personal ! Pocos granos se comprarán
en la abundancia , si la nueva policía no asegura que en
ningun tiempo serán los comerciantes incomodados para
la venta entre nosotros ó entre los extrangeros : deben es-
pecularse estos dos puntos de vista para empeñarlos á que
entren en el comercio de los granos.

Si el trigo vá caro en Francia , mejor querrán vendér-
noslo los Mercaderes que llevarlo fuera , porque tienen
menos gastos y menos riesgos de venderlo á su vista que
de conducirlo lexos , y la paga es mas pronta y efectiva.
Todos los Almacenes nos serán abiertos al instante que
sientan el provecho , y no se pueden abrir sino á este
precio.

Si se vende mejor fuera que en él País , al punto enviarán los Mercaderes un comboy , aprovechándose críti-
camente de las circunstancias , causando un beneficio al
Estado , porque es un nuevo valor que introducen y con

que

que se alientan á continuar el comercio : sin estas miras
no pueden exponerse ; y si ellas no tienen libre extension
las resultas serán débiles , y jamás tendremos copia de
conservadores de granos. Dexad siempre la esperanza en la
caxa de Pandora , pues ella alivia todos los males , y sostiene siempre todas las empresas de los hombres. Volvamos á la carestía que se teme mas en Francia que otra parte.

Estos conservadores de granos , animados de la esperanza de lucrar , serán siempre proveedores mas inteligentes que todos los que hasta el presente hemos visto,
pues velarán continuamente sobre los precios de los granos , tanto nacionales como extrangeros. Si los tienen almacenados , en los tiempos apurados tendremos siempre
la preferencia. Si no los tienen , los harán venir con menos gastos que antes , porque la diligencia y economía hacen su renta y su ciencia. Este , pues , es el medio mas
seguro de guardar todos los granos posibles , y adquirir
mas prontamente y con comodidad todos los que necesitamos.

Renovemos la memoria de los tiempos pasados , y com-
parémonos con otros Pueblos.

La Francia parecía mas fecunda en granos que otros
muchos Estados ; sin embargo , hemos experimentado mas
desigualdades en su precio que nuestros vecinos , y no
pensamos sino en que nos pueden faltar.

Hh

No

No vemos en este temor á otra Nacion que á España. ¿Somos mas sábios ó menos racionales en precabernos que todos los que viven en una especie de seguridad sóbre esta materia? No es sino que nuestra policía , mas voluble y mas limitada que la de ningun Reyno , nos precipita en el escollo que queremos evitar. El extrangero no es agitado de temor ; y nos vende sin dificultad quantos granos le pedimos , teniendo cosechas menos abundantes. Las causas, pues , de este desorden son nuestra mala economía , nuestra opresion , y nuestras permisiones.

Como no se conceden sino por tiempo limitado , los extrangeros están siempre al puente , por decirlo así , para lograr una ocasion rápida , y poder llenar sus graneros á baxo precio. Si la libertad fuese absoluta entre nosotros cómo entre ellos , podrian nuestros paisanos hacerles frente , y desauciarles para siempre de podérnoslos sacar. El Francés sería el primero para comprarlos y conducirlos , y nunca ya agente del extrangero , para felicitarle con nuestras propias producciones , se apoderaria de este comercio, y el zángano no viviria ya á expénsas de la abeja.

O B-

OBSERVACIONES SOBRE COMERCIO.

Segun la opinion del Autor y la mas general, se requiere que el comercio sea libre en todo tiempo, porque las condiciones retraen de contraer empeños, sin los quales no se puede afianzar la subsistencia de la República, ni el fomento de la Agricultura, incompatibles con la mas mínima amenaza de interdiccion.

Gracias á la ilustracion de tantos Escritores sábios, y exemplos de varias Potencias, que se ha redimido el trigo de la opresion y cautiverio en que le tenia la preocupacion reverencial, de que no se podia arriesgar al Comercio por temor de no exponerse á su falta. De este espanto me persuado se haya derivado aquella significacion del mayor pavor, que se dice *terror pánico*, mas bien que del fabuloso Dios Pan de la gentilidad, en la entrada del Capitan Breno en la Grecia, y asalto de Delfos, ó en el triunfo de los Atenienses sobre los Persas, y otras ficciones.

Baxo de este supuesto no se entienden ya con nosotros las restricciones de puro concepto, ó de precepto expreso que nuestro Escritor quiere desterrar, para que el Comercio se pueda vandear de polo á polo, y difunda las beneficencias de su poder y bondad en todo emisferio: no obstante, réstanos verla en mas copia. Pero dexando al juicio el crédito de este supuesto, y á la esperanza el buen

su-

suceso , voy á contraher á nuestra positura las cláusulas mas notables y expresas del asunto en general , y en lo particular de este tratado. Demos principio por el precio.

Si el trigo vá caro (dice nuestro Autor) no lo llevarán fuera los Mercaderes. No sabemos quando hiere el punto de carestía , pero yó lo inferiré ; y para esto conviene saber el precio regular y comun sobre que puede este Escritor determinar el caro , cuya averiguacion procede sea muy exâcta , porque de ella dependen muchas resoluciones.

Mr. Quesnay supone corresponder no solo en Francia, sino en el resto de la Europa , el equivalente á diez y ocho libras tornesas el septier , que hacen sesenta y siete reales y veinte y seis maravedís , y es lo mismo que nuestra fanega á veinte y cinco reales y medio.

Mr. Patullo considera á veinte libras el septier , (veinte y ocho reales la fanega castellana.)

El Marques de Mirabeau asegura que de muchos siglos hasta el nuestro inclusive , ha seguido el valor del septier de trigo , al del tercio del marco de plata , que hoy es el de cincuenta y seis reales y diez y siete maravedís de vellon , equivalente á veinte y un reales y medio por fanega de España ; y encarga que conviene se mantenga así.

Nuestro Autor demuestra que desde principios del siglo hasta el año de 46 , ha sido precio comun en Francia el el de diez y ocho libras por septier , igual al que Mr. Quesnay supone , cabiéndole á nuestra moneda veinte y cinco reales y diez y siete maravedís de vellon.

Ya he dicho que yo procedo en la reduccion de quarteres á septieres , y de septieres á fanegas por el last de Holanda , que es la medida con que generalmente se regulan las mas de Europa ; y sobre el concepto de que el quarter tiene catorce mil quatrocientas ocho pulgadas cúbicas , siete mil setecientas treinta y seis el septier , y dos mil ochocientas ochenta y una la fanega castellana , corresponden dos fanegas y $\frac{1974}{2881}$ partes de otra por cada septier , y por esta regla deben entenderse las regulaciones succesivas : sin detenerme en quebrados mínimos , lo que advierto por si algun escrupuloso encuentra diferencia corta en las comprobaciones que quiera hacer sobre este pie.

El precio inferior de todos quatro es el de veinte y un reales y diez y siete maravedís , el superior veinte y ocho , y el medio el de veinte y cinco , y el que en rigurosa justicia debo fixar por prudente y proporcionado ; pero quiero afianzarme y extenderme mas.

Siempre han considerado hombres de buen juicio y cálculo , que el precio de veinte y cinco reales por fanega de trigo en España , es muy bueno para el agricultor y el consumidor. Efectivamente en su equivalente convienen los Escritores extrangeros ser el natural , comun y corriente te en toda la Europa. Don Desiderio Bueno supone que el trigo de Inglaterra que en la Isla esté á veinte y cinco reales la fanega, competirá y aun preferirá al nuestro en los mismos Puertos de España, porque de aquel precio podrán baxar los quatro reales y diez y siete maravedís que perciben de gratificacion, lo que prueba que el precio de veinte y cinco reales es bueno aquí y allá.

El Escritor de esta obra dice en otra parte de ella que rara vez llega á valer en Francia veinte y siete libras el septier, ciento tres reales vellon, que corresponde á treinta y siete ó treinta y ocho reales escasos la fanega aquí, cuyo valor debo tener por excesivo, supuesto que solo en casos extraordinarios se vé ; y el del *trigo comerciable* lo declara por muy exôrbitante. El superior de los quatro del extracto precedente es el de veinte y ocho reales y ocho maravedís, cuyo medio entre este y el de los treinta y siete ; es el de treinta y tres no cabales.

Notables Escritores nuestros hacen ver que en Inglaterra el precio equivalente á quarenta y tres reales por fanega castellana, es el que cierra la extraccion, y debemos creerle subidísimo quando obliga á aquella Nacion á detener el trigo, cuya salida provoca continuamente con tan crecidas gratificaciones, como se ha visto poco ha. Y tambien en España considera *exôrbitante* el de quarenta y tres reales *no habiendo carestía*.

El

El punto central entre treinta y siete reales, segun el superior de Francia, y el de quarenta y tres reales en Inglaterra, son quarenta. Pregunto ahora, ¿se podrá tachar de mal calculado, poco deliberado, ó peor inquirido, si asiento y admito por precio justo el de veinte y ocho ó treinta, ó sean de treinta y tres reales, y caro el de quarenta ó quarenta y quatro? Mr. Neker al capítulo 3.º de la 4.ª parte de la legislacion, asegura que "considerando "los precios generales del trigo en la Europa, y mante- "niéndose en Francia el comun de veinte y tres libras, "(treinta y dos reales fanega) podria conservar la superio- "ridad en el Comercio de obras de industria, y al mismo "tiempo logran ventaja los propietarios de tierras, y la "Agricultura toda la actividad de que es susceptible."

En este precio conviene el criticador de este Minis- tro; y siendo tan amante de la libertad y del buen valor del trigo, como él mismo lo declara, no dexa duda en que el de treinta y tres reales por fanega, es lo sumo á que se puede regular el constante y comun en España. Si se reprueba, confieso que no encuentro regla mas equitativa ni justificada; y entretanto que no se arguye y conven- ce de vicio ó nulidad, tengo accion de proceder por este punto cardinal á las operaciones que exîja mi objeto. Pero dexando para el tratado del Comercio, mitigado el princi- pal objeto de esta inquisicion, pregunto ante todas cosas

¿po-

¿podemos cóntar que al precio caro de treinta y siéte á
quarenta ni quarenta y quatro reales no salga , si en otra
parte se paga mas?

Zabala responderá , y tal vez á su sombra seré creído,
porque especialmente en materia de granos merece mu+
cho asenso : " La prohibición (dice) no impide que los
"granos se extraigan ; porque siempre que en Portugal tie-
"ne precios mas subidos , los contrabandistas los llevan
"mientras hallan ganancias que apetecen::: Y es casi impo-
"sible remediarlo por mas que se ha dedicado el zelo de
"los Ministros á este empeño , y con esta seguridad con-
"tinúan su exercicio mientras dura la ganancia ; y no es
"fácil justificar los infractores de la ley en unos Pueblos
"abiertos , y que todos hacen empeño de ocultar estos
"delitos."

Esta recomendable opinion acredita que aun á precio
caro no tendremos seguro el trigo , porque siempre que
su extraccion lisongee la codicia de los Mercáderes , él sal+
drá á pesar del zelo mas vigilante : pero el Autor de la
Policía , ya que no nos redima de la penalidad del alto
precio , nos afianza la seguridad por esta expresion : *Todos
los Almacenes nos serán abiertos en el instante que sientan* (los
Mercaderes) *el provecho* : ¿ y quál y quánto ha de ser este
para que se nos franqueen aquellos? Si atendemos al caso
de que trato , infinito si fuera dable ; y lo peor es la con-

di-

dicion que sigue. *Y no se pueden abrir sino á este precio* : fulminante asercion que incluye esta infalible , quanto funesta alternativa , ó carestía , ó hambre.

Si se vende mejor fuera , (continúa) *al instante saldrá* ; y *si es menester ¿qué ganamos?* Ya lo dice *un nuevo valor con que se alienta el Mercader á continuar el comercio.*

De esta expresion indefinida puede difundirse un error enormísimo. No es comparable , y menos compensable el perjuicio que resulta de una extraccion algo excesiva , con qualquier provecho que por ella reciba el Comerciante, y la Agricultura. Cotéjese con el perjuicio universal de la alteracion y escaséz , y dedúzcase la diferencia. ¡Qué subida tan general en quanto depende de los poderosos, y acomodados para resárcir la del pan con mejoras ; y qué abandono en lo necesario á los pobres para adquirirlo! He visto que un miserable dió por un pan un cordero : otro una vaca con su cria por una fanega de trigo. ¡Qué cambios tan desiguales y ruinosos! Un Pueblo hambriento, como dice Séneca , ni la razon , ni la equidad , ni la justicia , ni el *castigo* le arregla ni le contiene. Mas he visto, pero basta para comparar los daños de una carestía originada de la extraccion , con las ventajas que ella puede producir al Comercio de los granos.

No sé por que reduce el Autor el punto cardinal, aunque no expreso de la obra , que es del *Comercio* casi mas que todos. Verdad es , que como en los restantes artículos inculca siempre la materia de éste , reparte en todo el escrito quanto podia decir concretamente en este lugar : pero yo , aunque por seguirle metódicamente hago lo mismo , no puedo dexar de dilatarme en él , porque es el blanco de su idea y de la mia.

El comercio del trigo debe hacerse *del sobrante no mas,* con objeto á beneficiar al labrador *en la pronta , fácil , y útil venta* de lo superfluo , en fomento de la Agricultura, y en beneficio del Público , proveyéndole despues con el repuesto *oportuna y cómodamente* , mediante una *moderada ganancia.* Este es todo el prospecto y economía del Comercio , segun el Autor con otros. Y es preciso que así sea, ó lo contrario , porque el bien de la República en esta materia no permite estado indiferente , pues no es dilema sino entimema. *No beneficia , luego daña* : Pudiéndose aplicar respectiva y reverencialmente aquella infalible y soberana sentencia : *qui non est mecum contra me est.*

El instituto es alhagüeño y admirable , no sé si tambien las condiciones. Estas son la de hacerse por medio de una *libertad sagrada y absoluta , sin respeto á buenos ó malos años , para la compra , venta , reventa , importacion , y extraccion ilimitada , con proteccion legal constante á todo. Mercader y negociador de grueso ó por menor : al revendedor , al regaton, y al atravesador , como á hombres sagrados* , (en expresion del

del Marques de Mirabeau) hasta á los *usureros*, *avaros*, y *monopolistas*; (en la de nuestro Autor) y al mismo tiempo una proscripcion general de todo repuesto público. Este es el compuesto del comercio de granos.

Todo lo mas esencial contenía nuestra Pragmática, á excepcion de consentir directa ni indirectamente usura, monopolio, ni otra indigna maniobra, porque el asilo del Comercio no sea una verdadera *spelunca latronum*; y de prevenir precio que cerrase la extraccion, como ló han hecho otras Naciones; porque lo contrario seria abuso y sacrificio de la autoridad al arbitrio del despotismo.

Las conseqüencias de la práctica de estas reglas no han sido tan ventajosas como se esperaba, y ellas inspiran, mas sin culpa por su parte. Omito reflexiones abstractas, y voy á consultar la potencia del Comercio con nuestra capacidad y aptitud, para ver en que quadra, y en que no ajusta; distinguiendo las principales partes del Comercio, porque de hablar sin discernir, se arriesgan el concepto y el efecto.

Debe, pues, entenderse de dos especies, *externo é interno*, y cada una de ellas subdividida en dos géneros, *activo y pasivo*: bien que el interno no debe decirse activo, sino en quanto no es pasivo.

El *externo activo* que se funda en vender nuestros trigos á los extrangeros, es el único que se debe decir co-

mer-

mercio útil, del que resulta el fomento de la Agricultura y riqueza del Estado por la que adquiere del comprador, pues éste nada gana sino el simple socorro con desembolso de su caudal.

Mr. Quesnay, calculando los productos de una buena cultura en Francia, la deduce de la mejora de la Agricultura á beneficio del Comercio *exterior*. El Marques de Mirabeau, hablando del Duque de Sully, dice : "Este Ministro halló en la libertad del comercio exterior de trigos el secreto de establecer la Agricultura, (y en otra "parte) la Agricultura se sostuvo ayudada del comercio "*exterior* de granos.«

Mr. Thomas en su elogio dice lo mismo. En el supuesto cierto de que este es el principal si no único comercio, debe dirigirse á él con preferencia nuestra reflexîon ; y dispensándome de discurrir sobre la potencia de materia, me ciño á la delocacion y auxilios que superen sus obstáculos. Digo, pues, que si el comercio activo exterior es posible, es respectivo en tiempo y lugar, porque son menos las Provincias que tienen proporcion de embarcarlo con comodidad, que las que carecen de ella.

No pongo yo esta dificultad, ni los extrangeros que desatinan en el punto, como veremos del Abate Galiani en otra parte. Nuestros mas sábios Escritores sobre el caso que conocen mejor que los forasteros nuestra situacion geo-

geográfica la ofrecen ; pero de ella misma deducen contraria conseqüencia á las mias. Proponen á España como el País mas apto para el comercio de granos ; »porque sus »Provincias (dicen) mediterraneas ó interiores como las »Castillas , la Mancha , Córdoba , Jaén , y Aragon , distan »del mar algunas leguas , y los portes del trigo hacen tan »dificil la introduccion como la saca del nacional ; « pero yo hallo mucho que reflexîonar en este supuesto , que le creo tan generalmente contrario á este tráfico si ha de ser útil , como se le persuade ventajoso. Mas por no confundir su concepto , me valgo solo aqui del respectivo al comercio exterior , que es del que ahora trato y digo , que si nuestros frutos no pueden salir del continente por lo apartado de las costas , y no tenemos canales para superar esta dificultad , carecemos de potencia para el comercio exterior activo.

A pesar de estos inconvenientes obvios , podremos quizá hacer el comercio exterior activo y general , aunque imperfecto y secundario , como indica el Autor de las representaciones á los Magistrados de Francia , sobre el libre comercio de granos en esta cláusula : ¿y por qué quando las Provincias fronteras hubiesen dado su trigo al extrangero , no enviarán á estas el suyo las interiores?

Este fluxo es natural , supuesto el vacío en las perifé-

ri-

ricas , por haberlo vendido á los forasteros ; pero reflexionemos un momento.

En primer lugar es menester conceder fruto á las Provincias finantes , y no es fácil , porque regularmente carecen de él. En segundo no es cordura enagenarse del todo,
aun con la esperanza de que proveerán las inmediatas , en
cuyo caso trasladan la utilidad que tuvieron y se exponen;
y en tercero que esto suele ser comocion universal , que
termina en efectiva escaséz , ó á lo menos en carestía positiva. Asi sucedió el año pasado de 89 en la mayor parte
de España , por la extraccion á Francia de las comarcas
inmediatas á las lindantes , y comunicacion de estas á las
interiores.

El comercio *exterior pasivo* : esto es , de los extrangeros á nosotros , quizá será el mas comun ; pero de él lo-
graremos á lo sumo ser socorridos , que no es bien sino
por lo qué nos precabe ó reduce el mal ; mas siempre á
bastante costa , que es otro tanto interés al extrangero. Castilla que es el principal representante de este papel , no
tiene recurso por Portugal. El único posible es por Santander , pero en mas de un año que ha padecido carestía,
no ha pasado el socorro de Aguilar de Campo , que es decir , de quince á veinte leguas del Puerto ; y este mucho á
lomo de los pasiegos. De Aragon tengo probado en mis
reflexiones y discursos económico-políticos sobre aquel Reyno,
que

que escribí en el año de 1768, la diferencia de cambio, porque el rio Ebro apura el País, y no sufraga á proporcion. No tardó en acreditarse nuevamente esta verdad, pues en 1770 establecido ya el Comercio experimentó bien á su costa que no son reciprocas las funciones de este reparador.

Andalucía creo esté en balanza y en quien se verifique igual dificultad ó facilidad, de dar que de recibir. Recuerdo lo que en el Comercio exterior activo se dixo de nuestra situacion territorial; y pues ella nos dificulta los socorros extrangeros, por conseqüencia tambien el Comercio exterior pasivo, que no es otro que poder adquirir los subsidios agenos en tiempo de carestía ó escaséz. Esto opino del Comercio exterior pasivo, en que hasta de ahora si no perdemos tampoco ganamos, porque nos llevan el dinero.

El interno que no se puede decir pasivo porque no recibimos de otros Países, ni activo porque no lo suministramos sino á nosotros mismos, en que no recibimos aumento de fondo sino traslacion, es un comercio precario y estéril: ó mejor diré no es comercio sino tráfico ó negociacion.

Pero aun esto sin el antecedente, es arriesgado á producir carestías, porque los comerciantes patricios, nada rezelosos de que las arribadas de los extrangeros menguen sus intereses, se hacen árbitros.

Por

Por esto dicen todos los economistas frumentarios, que no es comercio ni puede contar con él la Nacion que no tiene á su favor la ribalidad de los trigos de otras. El Marques de Mirabeau, salvando el riesgo de la codicia de los comerciantes, la afianza *moderada con la concurrencia interior y exterior.*

Temiendo este mismo Autor el peligro del monopolio por los comerciantes del País, dice : «Veríais desvanecerse »estas falsas esperanzas de los monopolistas, que quieren »causar hambre á un País para revenderle despues muy ca- »ros sus funestos socorros. Se verían burlados por la con- »currencia del Comercio de otras Naciones; « cuya cláu- sula á mas de probar que solo el comercio *exterior pasivo,* esto es el arribo del trigo extrangero, puede mantener en órden el interior, indica contra este sin el auxílio de aquel muy probable el monopolio.

Mr. Patullo en el *Ensayo de la mejora de Agricultura de Francia,* dice : «que un Reyno que no tiene comercio »de trigo de importacion y de extraccion, no puede arre- »glar sus rentas, el precio de los productos, ni sujetarse »á ninguna regla ni órden, pendiente necesariamente de »las variaciones de escaséz y de abundancia, igualmente »ruinosas que inevitables.

El Autor *del tratado el trigo considerado como género comerciable,* se manifiesta así : « Vamos á probar que en 1740

»l

»habia en Francia muchos pósitos, ó sean graneros. Cerrá-
»ronse con la carestía del trigo , desgracia inevitable en
»qualquier País donde los que poseen los granos no tie-
»nen que temer la concurrencia de los negociantes extran-
»geros.« Y en otro lugar : »No hay , pues , concurso mas
»seguro que el de la concurrencia del trigo extrangero.«

Por las opiniones precedentes queda bien acreditado
que el Comercio de una Provincia reconcentrada sin el recurso de los ingresos de trigos extraños , será oprimido
por el monopolio. Nuestra España , á lo menos lo principal de ella , no puede conseguir aquellos sufragios ; luego
tampoco la beneficencia de un comercio *interior* sincero é
inmaculado. Ultimamente , si porque lo principal de España dista del mar , le es difícil recibir del extrangero ni
darlo ; no podemos tener comercio exterior útil ni activo,
ni pasivo : *Activo* , porque con el transporte subido grava-
remos nuestros granos en términos que no puedan competir con los de otras Naciones en los mercados de Europa,
ó ha de ser á fuerza de gratificaciones como los Ingleses,
en cuya proporcion no sé si estamos. *Pasivo* tampoco por
las mismas razones ácia los forasteros.

De todos modos resulta , que el comercio *interior* es
puramente económico subsidiario ; que si fomenta con el
mayor valor al labrador y comerciante , grava con el mismo al resto de consumidores , y de cuyos intereses no

Kk   pue-

puede prescindir el Estado, tanto mas ofendido, quanto mayor es el número de Repúblicos desmejorados.

Sobre esto és tambien oprimido del monopolio, que como hemos visto, sólo la ribalidad de los extrangeros puede forzarle en sus trincheras; y no es fácil sin gratificarle, como dixe de la salida, con subidos premios, que debiendo extraerse en ambos casos de los fondos de la Corona, siempre refluirán contra los de los súbditos.

En el tratado de *Almacenes*, en que el Autor prefiere sobre los dispuestos por el Gobierno *una copia de pequeños, hechos por un gran número de particulares*, respondí, que casi no puede ser mayor ni este ni aquella. Y en el de *Mercaderes* sobre la ventaja de que quantos mas sean, socorrerán mas al labrador, dixe que tambien subirá el precio del trigo por las razones que expuse; y ahora aumento, que esta casta de Comerciantes no sufraga al cultivador, y grava al consumidor porque no anticipa, sino que compra el trigo en los mercados, lo arrebata en las paneras, y lo intercepta en los caminos causando alza conocida: y si presta suele ser con pactos privados, obscuros, é ilegales, de que jamás resulta utilidad lícita y menos pública. ¿Qué socorro dió al labrador, ni provecho á la República en el mes de Abril de 1790, uno que sabiendo la hora en que se abría una panera á cincuenta y siete reales corrió precipitadamente al mismo tiempo que varias pana-

de-

deras , y presentando mil reales al dueño , dixo ; queda
por mí todo á sesenta? (y eran centenares de fanegas , y
me consta). A este respecto son muchos los que hacen otro
tanto sin fruto del agricultor , y con perjuicio universal.
A tales describe un político baxo la emblema del ciprés,
árbol de fruto vano , ojas amargas , olor violento , sombra pe-
sada , y sin virtud que le adorne.

A esta multitud de neofitos Comerciantes estimula la
naturaleza , é importancia de la especie. Su importancia,
porque ninguna otra interesa tanto , y por lo mismo en
breve repone el capital con exceso sobre todas , y si quiebra algunas veces es por querer ganar mucho , pues ocho
ó diez por ciento es vagatela ; su naturaleza por la facilidad de su custodia y manejo , y en España mas por su situacion.

Esta clase de comercio entiendo que prevalece en el
dia , y que pocos progresos podemos esperar ; y acaso mas
perjuicios , por el rezelo que insinúa el Marques de Mirabeau: *Es menester desconfiar* (dice) *del negociante , que saca*
sus ganancias de su Nacion , y que no hace circular el dinero,
sino para arrancar el de sus conciudadanos. Y la Enciclopedia
hace poco mérito de esta negociacion , que explica así : *El*
comercio de tráfico que no consiste sino en comprar granos pa-
ra revender , este no es empleo sino de pequeños Estados : Y
aumenta en la palabra negocio , *que muy impropia , y vulgar-*

men-

mente se llama comercio , comprar para vender , de cuya equi-
vocacion han nacido muchos errores funestos : exceptuando los
traginantes y arrieros , cuyo exercicio lo dá por útil y necesario.

Reflexiónese ahora si esta economía , por mas capáz
que se le haga , lo es de sufragar por sí con aquel aliento
succesivo y momentaneo , que refrigera el pulmon de todos los Estados , cuya agitacion jamás calma ni calmó en
ninguna Nacion ni siglo.

Resta todavía la poderosa razon de que nuestra situacion por lo mismo que dificulta la entrada del trigo extrangero , y la salida del nuestro proporciona el comercio
interior ; porque los trigos sobrantes algun giro intestino
deberán de tener , ya que no pueden extenderlo á fuéra.
Pudiera desvanecer la objecion refiriéndome al juicio de
los Autores , que acabo de alegar , cuya perspicacia , no ig-
norando esta proporcion , la halla mas natural y fácil al
monopolio , siendo únicos los regnícolas , que á la competencia contra ellos mismos. No obstante esta inmediata y
eficáz satisfaccion , quiero decir algo tambien por mi parte.

Esta decantada competencia , tan amable como el siglo
de oro , tan rara como el fenix , y tan oculta como la piedra filosofal , no se hallará si no vuelve el hombre al estado de la justicia original. Por el presente la fuerza del
Príncipe , no con leyes sino con ingresos de granos extran-
ge-

geros , y el poder de Dios con repetidas buenas cosechas, es lo que únicamente la proporcionará ; y entonces no es competencia sino rendimiento , en que los vencidos son todavía vencedores , y los triunfantes lo son con tanta pérdida , que puede dudarse á favor de quien es la accion, pues si queda por estos el campo , se llevan los otros los despojos.

En los mercados extrangeros concedo el concurso y la rivalidad : en los nuestros dudo de uno y otro por no negar ambas cosas. Los labradores regularmente son los únicos que forman la concurrencia : los Mercaderes rara vez van á buscar la salida , pues ellos hacen que les rueguen por la venta con solo guardar los granos.

Inquiramos las causas y medios de la competencia en que tanto se fia. Retrae uno el trigo porque presume que tomará mayor precio ¿ y qué perjuicio recibe otro que desea esto mismo para que se desquite poniendo el suyo mas barato? Tan lexos está de vengarse , que él hace otro tanto aunque esté vendiendo , por lo que le advierte la conducta de su compañero ; y quando tuvieran algun resentimiento , cierto sería que no tomarian satisfaccion por este medio : mas de temer sería que se congratulasen , y *facti sunt amici &c.*

Esta convencion ha sido efectiva en tiempo de tasas, y lo será en el de la libertad. Mercaderes de granos los

ha

ha habido en todos los siglos directos ó indirectos , pues
el nombre es accidente , supuesto que sus efectos son idénticos , y jamás se ha visto competencia contra sus intereses , y antes sí emulacion para aumentarlos. Y si no ¿quié-
nes son los usureros , los monopolistas , los logreros , y
otros que condenan las leyes Civiles y Eclesiásticas ; contra quienes declaman los Juristas y los Teólogos , como los
Moralistas y los Políticos ; y cuyos desórdenes han causado tantas Pragmáticas , fundadas las mas ó todas en que
habiendo trigo lo ocultan y encarecen? Los propietarios
no son por lo regular su objeto ; los labradores menos , y
si tienen alguna parte es muy poca : luego son los mediadores interpuestos entre estos y los consumidores , llámen-
se Comerciantes , llamense Mercaderes , ó como quieran,
¿y la competencia en donde está? En la posibilidad ; ¿y de
qué sirve? De espantajo ó de pretexto.

Parece quimera persuadir , que con la evidencia de no
poderse extraer los granos por dificultad fisica ó legal , no
se verán sus dueños precisados á darlos cómodos por no
perderlos , y que de aquí resulte la competencia.

La debilidad de espíritu humano es inapeable , y muchas de sus producciones son fenomenos. Quanto asusta
y atropella el miedo de carecer de este alimento , á los
consumidores hace posponer el de su pérdida al que posee la codicia de ganar en él. Buen exemplo es de lo pri-
me-

mero el suceso de la alteracion que tomó el trigo en todo
Aragon el año de 70, al tercero ó quarto dia de una competencia mugeril en el Almudi de Zaragoza. De lo segundo hay infinitos. Rara vez rezela se le malogren los granos el que presume venderlos á precios exôrbitantes, ni
aun con la evidencia de algunas agenas, y quizá propias
quiebras, como el comerciante marítimo no omite sus remesas por los naufragios de otros. He visto un expediente
judicial, formado en principios del siglo precedente, en
el que entre otras cosas constaba, y se ventilaba el haber
por fuerza extraido y vendido una porcion de trigo los
amigos, y parientes de su dueño, que todo se le perdia, y
no queria venderlo por esperar mayor precio sobre el que
ya lo tenia.

Mr. De la Mare en el libro 5.º tít. 14. cap. 17. dice:
que en su comision por la gran carestía del año de 1699
encontró granos podridos, que se conservaban desde el
año 93, y no se quisieron vender en la estacion calamito-
sa del de 94, á cincuenta libras el septier, (mas de ochenta reales fanega) esperando mayor precio.

Vuelvo al principio de mi proposicion, reducida á que
la competencia que entre estas gentes puede mantener el
trigo en precio moderado es imaginaria; y la experiencia
nos debe desengañar de que lo único que puede contener
su desmedida codicia es el ingreso forastero; pero es tan

cos-

costoso. y tal su comocion , que todo lisongea la codicia de los mismos ratractores , en cuyo arbitrio está siempre dar los suyos á poco menos que lo que estén los extraños, y asegurar la venta y buen precio.

Yo bien sé que este efecto es uno de los que atribuyen á la falta de libertad , y no lo conceden siendo ella absoluta , porque como se aumentan los agentes se impide el fraude. Digo que no debe exceptuarse de esta plaga la época del Comercio , porque está bien probado , que como qualquiera otra ha sufrido el mismo azote.

El que con mas perspicacia y luces universales del Comercio en general , ha escrito del particular de granos despues de permitido , es Don Nicolas de Arriquibar , cuyo juicio en abstracto insinuaré. Proponiéndose el obstáculo que objetarán los que dudan del comercio por el interés de los comerciantes , dice : *El interés es astuto , es verdad, y pierde facilmente el miedo al castigo ; ¿pero quánto mas astuta es la ley que proporciona este mismo interés á favor del Estado?*

Si la sabiduria de las leyes por si sola lograse el fin, no habria vicios en el mundo. Las dictadas para el buen órden de este Comercio se han visto , unas inobservadas, otras violadas , y todas ineficaces , como lo manifiesta la Real Cédula de 16 de Julio del año próximo pasado de 1790. Admira ciertamente que sin embargo de la sinceceridad y buena fé de esté Escritor, confie tanto en el cumplimiento de las órdenes, quanto como otros muchos encuentra muy razonable la abolicion de la tasa ; no precisamente por la injusticia que pueda contener, sino porque la codicia de los retractores y monopolistas forzaban á su quebranto.

Asegura que la *vista de los granos extrangeros desterrará del público las carestías imaginarias.* Este es dato positivo, porque habiendo realmente trigo será imaginario el temor de su carestia en quanto á carecer ó faltar ; pero será efectiva en lo que hace al subido precio, aunque no sea verdadera escasez : sin que *la presencia de los trigos extrangeros la pueda remediar,* porque como se ha dicho repetidas veces han de ser muy caros, y á su igual valor siempre preferirán la compra de los del País, por la probabilidad de mejor condicion.

¿Qué interés podrá tener (continúa) *el granista en dilatar la venta, al ver que otros infinitos abrirán sus paneras en el tiempo que él premedita la subida?* Este es otro supuesto instado mas de la moderacion, ó la caridad de este Escritor ácia su próximo que de su juicio propio. Con lo que dixe poco ha para eludir la presuncion de la competencia queda demostrado el interés que el granista tendrá en dilatar la venta. El de la retraccion es tan público como conforme al de todos los demás de quienes pudiera temer

Ll

la

la precision á la venta moderada; y es tan dificil que ninguno de esta clase se contente con ella, como positivo que todos deseen y se conspiren para mas subida.

Consolida mas su parecer *considerando el poder del libre comercio que qualquiera subida de precio moverá la entrada de los granos extrangeros.* Esto se concedería si fuera como una represa de agua á la boca de un pendiente, que levantando la compuerta se despeña.

Supongamos en estado actual de positiva necesidad por carestía verdadera ó artificiosa; concedamos tambien que la actividad del Comercio vuela con celeridad á buscar los granos para socorrernos ¿y adonde? ¿y los habrá? ¿vendrán? ¿quándo? En estos intermedios si no se detiene el curso de la hambre, correrá mas que el socorro, y quando venga será ocioso.

Este mismo Escritor reitera en varios lugares la casi imposibilidad de introducir el trigo extrangero en nuestras Provincias centrales, que no sea á sumo coste por la *distancia, por falta de canales, por los malos caminos, por los no buenos carruages, por la precipitacion, porque se ha de ir á buscar de intento por falta de géneros y frutos de salida,* (motivo por que le carga el equivalente de ida y vuelta) y por una multitud de justos inconvenientes, que si no impiden absolutamente el socorro lo hacen ineficáz, inoportuno, y siempre costosísimo. Esto lo confirma con varios

rtos sucesos , especialmente de los años de 63 y 64 en Valladolid , Salamanca , y otras partes de Castilla ; y véase como por su mismo juicio se dificulta el supuesto.

»Si se quisiera asegurar mas este punto (prosigue) el
»Rey es dueño de mandar que se tome razon de los gra-
»nos en todas las Provincias y sus Almacenes , y estable-
»cer por ley que ninguno pueda pasar de cincuenta por
»ciento en sus ganancias.« La razon de las cosechas es im-
portantisima para muchos fines , sin el de poder con ella
prescribir la ganancia , que es el menos importante por ser
el mas inaccesible.

Para determinar la ganancia es menester saber el capital , ó el valor , ó coste de la cosa , ¿y qué diligencia humana podrá inquirir el del trigo? ¿y qué inteligencia sa-
brá discernir y graduar el del propietario , el del colono,
el preceptor el del arrendador , el del comerciante por
dinero anticipado , y el del comprador en el mercado al
del valor entregado y género recibido? Si no es un Angel,
otro no es capáz. ¿Pero quándo se podrá arreglar este
punto? Este es otro , y no de menos gravedad que la pres-
cripcion legal de un cincuenta por ciento de utilidad en
esté comercio. ¡Qué exôrbitante las temerá , y acaso habrá
visto evidentes en tal género este piadoso político! Que
se digan de otro tales proporciones. He aquí que él mismo ha dado con el interés que poco ha preguntaba tendria

Ll 2   el

el *granista*, para dilatar la venta aunque en otros la viera practicar.

Haciéndose cargo que lo mas esencial se reduce á lograr el trigo extrangero en abundancia y precio cómodo, dice : *para este fin he persuadido la importancia de canales ó de buenos caminos ó carruages* : ¡O si la persuasion fuese bastante! No teniamos necesidad de estas discusiones. El Comercio fué persuadido y permitido por mera probabilidad de su buen efecto ; y los canales y buenos caminos, con evidencia de su mucha utilidad , no se pueden hacer sino en muchos años con grandes dispendios.

Nada de esto es conspirar contra el Comercio , antes digo que prohibir á los granos el sufragio de este agente; á los Pueblos adquirirlos por su solescia ; y á los particulares dirigir la suya por esta via es violencia ; pero tambien que abandonarse enteramente á su providencia es expuesto.

¿Y qué es el comercio? Segun Noelchomel en su *Diccionario Económico* : «Es una rama de economía esencial «al que quiera aumentar sus bienes. Un ecónomo (conti-«núa) debe cambiar , vender , comprar, y en una palabra «hacer negocio. Debe considerar lo que le es superfluo «para deshacerse de él , y adquirir lo que mejore , ó au-«mente su hacienda.« La Enciclopedia llama á este comercio de comprar para vender *subsidiario y contingente.*

Al cabo es una acción respectiva y voluntaria., regida del interés , sobre cuyo objeto , modo , y tiempo se opina con variedad. El es estímulo el mas seguro. Verdad es, en quien le busca ; pero por lo mismo contingente ácia el con quien se ha de efectuar. Depende de juicio , de temporales , de proporciones , y de infinidad de accidentes ; y tambien de que muchos no estén á un mismo tiempo en necesidad del socorro del Comercio , cuya indigencia puede arrastrar á un parage el concurso., dexando sin ninguno á los demás.

La falta de trigo no tiene compensacion para el consumidor , como las cosas de gusto , decoro., luxo., uso puramente conveniente , que se pueden omitir sin indecencia ni riesgo , con corto sacrificio del capricho ó de la comodidad.

La carne no la comen muchos : el vino se disimula: el aceyte se supie en parte , y asi de otros alimentos ; pero el pan no hay ley que lo pueda prohibir , ni arbitrio que sea capáz de excusarlo. No depende del regalo , del antojo , ni aun de la resolucion del hombre , pues baxo de su dependencia subyugó la Providencia al Príncipe como al pastor.

Es cierto que el mijo , y especialmente el maíz , en pan y en puches , y el arroz por sí solo y mezclado con trigo en polenta ó poleada , sufraga mucho como se vió en París con

con el socorro grande que el Cura de San Roque dió á los pobres de su Parroquia el año de 1768 , y tambien varias especies de patacas ó batatas como en Irlanda , distintas raices y plantas exóticas , con que se hacen pastas y diferentes nutrimentos de grasas , leche , y así de otros mixtos; pero todos son á recurso.

He repetido , y me es preciso reiterarlo , que en punto á trigo no hay tregua , pues el mismo Autor (no se extrañe la repeticion , porque es texto muy importante) confiesa bastante tiempo para experimentar todos los rigores de la hambre , el corto intervalo de una compra á otra por un mismo comisionado en un acopio seguido. ¿Quánto mas expuesta será una arribada que quizá el acaso solo envia , y pueden demorar infinitas contingencias? No puedo dexar de renovar la calamidad de Galicia de los años de 67 y 68 , que el Comercio hubiera evitado , si hubiese provisto compétente y oportunamente; más no lo hizo en tiempo aún con la ventaja de tener Costa y Puertos muy concurridos. Y aunque la caridad y zelo de los Cabildos, especialmente el Eclesiástico , unido con el piadosísimo Prelado , tomaron providencia prontamente enviando por trigo á Francia , una lluvia al tiempo del embarco difirió la remesa y maleó la especie , causando mayor hambre , y encendiendo mas la epidémia. Estas contingencias son muy comunes : despues llegó trigo en abundáncia por diligencia de los comerciantes, pero su inoportunidad excitó el dolor sin sufragio, y con pérdida de los comerciantes.

Ultimamente: lo infalible es que el trigo en quanto á los efectos del comercio es como qualquier género; mas no en quanto á los politicos de gobierno por su necesidad. La suma sabiduría que lo hizo el mas precioso, le constituyó el mas contingente. Los mismos temporales, sin cuya asistencia oportuna no se perfecciona, ni aun se anima, le destruyen y aniquilan si redundan, se escasean ó se cambian; y no es poco azar el que siempre le combate de la codicia de los hombres, inexôrable y atenta á este objeto sobre todos, por lo mismo que vé al mundo entero pendiente de su asistencia. Y aunque por otro tanto la misma bondad circumbaló su sagrado con terribles amenazas contra los perpetradores, no basta la fuerza de tan formidables censuras para contener en los límites de la justicia el torrente de la avaricia.

Resulta en fin que el comercio de los granos es útil y poderoso, pero tambien capáz de vicio. Que nosotros estamos en aptitud (bien que temporal y respectiva no mas) de hacer el *externo activo*, pero que lo sabemos mejor por exceso de la extraccion, que por conocimientos fundamentales: motivo por que no es fácil por ahora advertir el momento que nos puede causar daño ni precaberlo. Que el *externo pasivo* aun es menos posible, porque no es tan

opor-

-oportuna ni general la introduccion del extrangero, como pronta y copiosa la salida del nuestro, especialmente en Castilla y Aragon. Y que por esta causa el *interior* llámese activo ó pasivo, está expuesto á monopolios, y alteraciones súbitas y arbitrarias, que violan la proporcion necesaria entre frutos y valores segun las estaciones. Ultimamente, que pide inspeccion seria porque no corresponde el acto á la potencia, sin cuya conformidad es positivo el desórden segun regla del derecho: *Inducta ad unum finem non debent contrarium operari.*

TRA-

TRADUCCIÓN DE VENTAJAS.

Mas inconvenientes se siguen de retener nuestros granos en la inacción, que de darles un movimiento lucrativo; y si no temiese espantar los espíritus, no dudaría en decir que la libertad absoluta del comercio de los granos sería el mas grande bien que se pudiera hacer en un Reyno.

Evitaríamos los males del baxo precio de los granos, de que rebosan muchas veces algunas de nuestras Provincias. Aquí es donde reyna la holgazanería y el desórden, porque, ó el artista encontrando la subsistencia muy cómoda trabaja poco, ó el propietario no puede suplir ni proveerle de toda la aplicacion necesaria, por falta de medios. Se ofrecen granos por salarios, y todos los rehusan. Las tierras no se labran; el labrador desmayado arrastra una cultura miserable; y el trabajador lleva sus brazos vigorosos á otra parte donde le rinden mas; así las tierras se deterioran con el Pueblo, y estas Provincias se debilitan mas por una deterioracion insensible que por falta de cosechas.

Nos privamos voluntariamente de un beneficio que nos daria la bondad de nuestro suelo, cúya pérdida no sentimos porque estamos muy acostumbrados á ella. Esta nueva riqueza en el Estado vigorizaria nuestras campañas y

Mm

mul-

multiplicaria los individuos que la pobreza y la inaccion arrojan de su patria, privándonos para siempre de sus trabajos y de su posteridad.

Quantos mas granos demos á los extraños destruirémos mas presto y con mayor fuerza la Agricultura de nuestros rivales, y aumentaremos la nuestra. Nos es muy fácil venderlos con utilidad y mas varatos que nuestros vecinos, único medio de obtener la preferencia en los mercados extrangeros.

Es fácil no correr riesgo alguno si se concediese una libertad ilimitada al comercio de granos, con tal que se tomen algunas medidas preparatorias, y que no se dé permision absoluta sino en un tiempo favorable.

Nuestros Ministros son muy prudentes é instruidos para no imitar la naturaleza, que prepara sus operaciones para llegar insensiblemente al término y fin de su periodo prescripto, y manifestarse con mas fuerza al tiempo preciso y perentorio.

La primera barrera que hay que salvar es la de lo interior. No hay ningun inconveniente de anunciar por un edicto (a) irrevocable la libertad absoluta en todo el Reyno

(a) *El Rey ha concedido ya la permision del comercio interior á consulta del Consejo de Estado de 17 de Septiembre de 1754. Pero un Acuerdo parece una ley movible. Un edicto*

ó

nó y tiempo , y á todo el mundo indistintamente , para comprar , almacenar , traficar , vender , revender , y transportar de una á otra Provincia quantas cantidades de trigo y demás granos , y quantas veces quieran , prohibiendo á todas las personas oponerse directa ó indirectamente baxo de qualquier pretexto.

Este primer reglamento establecerá en la Nacion una idea de libertad , cuyo exemplo se vé no solamente entre todos los Pueblos , sino tambien en las antiguas Ordenanzas de nuestros Reyes , y en el Reglamento de Luis XIV. del año de 1709 ya citado ; para esto no hay mas inconveniente que la práctica contraria , repugnante á la razon, á la humanidad , y al bien y concordia de todos los ciudadanos.

Si el Cielo y nuestros afanes nos diesen felices cosechas , no temamos sino á la abundancia. Aprovechémonos sin demora de este momento favorable , para abrir la puerta á una riqueza siempre igual y siempre nueva. Anunciemos una libertad completa para la salida que no sea nunca interrumpida , sino quando el trigo suba á un precio que es fácil determinar. Si queremos que no salga, de

ó una declaracion hacen mas impresion en el espíritu del Pueblo ; y los comerciantes la mirarian como la basa de sus operaciones.

dexar siempre en la frontera y en los Puertos el derecho de veinte y dos libras por *muid* , establecido por nuestra tarifa. Saldrá mas prontamente si se disminuye , ó se suspende este derecho en el tiempo de una abundancia notable. (a) La extracción del trigo afloxará si se aumenta el impuesto á la salida : cesará si se agrava á proporcion de las necesidades. Este es un contrapeso continuo , harto fuerte para retenerlo á los tiempos convenientes en el Reyno. Las Fronteras y los Puertos están guardados ; y si se exige exâctamente el derecho , como no hay razon de dudar, no es fácil que se escape por ser género de volumen. Las penas pecuniarias y de confiscacion contra los que quisieran substraerse del derecho , contendrá mas que las prohibiciones rigorosas.

Por esta economía tendremos siempre en nuestra mano los trigos necesarios sin conmover ni inquietar á nadie. Pongámonos en estado de gozar mas abundantemente de las producciones de nuestro suelo baxo la conducta del comercio ; y no rehusemos los socorros extrangeros, dexando la entrada sin derecho alguno. Nuestros Mercaderes se au-

(a) *Luis XIV. suprimió en 1672 los derechos de salidas sobre los granos aunque tenía guerra con los Holandeses. Al fin de 1704 permitió su salida por mas que toda la Europa estaba armada contra nosotros.*

aumentarán , y la gratificación antecedentemente indica-
da será un recurso que llamará prontamente los granos
extrangeros en qualquier caso de necesidad si la pade-
ciéramos.

Esta práctica, directamente opuesta á la de los Ingleses , es quizá necesaria en los principios , y no se reconoce riesgo alguno en su establecimiento. Es de esperar que
á pocos años experimentaremos sus felices efectos ; y mas
animados ya por la experiencia , podríamos sacar tanto y
mas provecho de nuestros granos que de nuestros vinos;
materia que hace un considerable producto en nuestro
Reyno , á pesar de los derechos con que está gravada.
Pues la de los granos ¿ no merece superior preferencia como mas necesaria? Si ella fuese favorecida esparciría en
nuestras campañas la copia y la comodidad , y nos pondria
al abrigo perpetuo de los terrores pánicos que subvierten
el órden y la razon.

Si se propusiera imitar de repente y á un golpe el método inglés ; este súbito cambio podría causar fatales convulsiones , mas no se está en el caso , sino de sondear el
terreno antes de pensar en libertar el trigo de todo derecho de salida , y lanzar ó resistir el extrangero , ruinoso
siempre á nuestra cultura. ¿Qué mina mas abundante si sabemos sacar todas las riquezas que ella contiene? Así todas nuestras miras deben dirigirse á promover la salida en

los

los tiempos favorables : medio el mas simple y mas fácil de procurar un gran bien á la Cultura , al Pueblo , y al Reyno , y no nos pareceremos mas á Tantalo en medio de las aguas.

OB-

OBSERVACIONES SOBRE VENTAJAS.

Se esperan ventajas conocidas de la libertad absoluta y perpetua del comercio y extraccion de los granos : mas esta con alguna limitacion en llegando á cierto precio ; á excepcion de Provincia á Provincia , entre quienes nunca debe embarazarse , ni la compra ; venta , reventa , y quantas acciones sugiera el interés y la necesidad.

Que el *movimiento lucrativo* de los granos prefiera á su inaccion es axîoma ; pero *que su libertad absoluta sea el mayor bien de un Reyno* , no es tan llano ; cuyas contingencias ya se han demostrado ; y el mismo que tanto lo encarece la coarta por otra parte ; de modo que no dexa la libertad ni absoluta ni libre.

Ya dixe en el tratado de *Salidas* , y repetí en otra parte , que no concuerdan la libertad *absoluta , completa , é ilimitada* , como aquí y en otros tratados se persuade , con que solo se conceda *en tiempo favorable y de notable abundancia.* Esta locucion no guarda estrecha proporcion de concepto.

Si es cierto que con la perpetua permision evitaríamos los males del baxo precio , no los del alto , si ella no es bien compasada , cuya mayoría de perjuicio ó beneficio en cada respectivo caso es problema. Toda la naturaleza nos enseña á guardar lo necesario para la conservacion y producduccion sin excluir lo vegetable. El Espíritu Santo nos remite á la hormiga, para que *aprendamos de su sabiduría.*

Para juzgar de la potencia de dos agentes, deben ponerse en proporcion de exercitar ó exâminar sus actos. Demos que la salida de los trigos á favor de la libertad lleve los superfluos no mas en un año abundante, que es su mayor virtud : entonces hizo un bien á la Agricultura ; pero si sucede otro escaso que no alcanza á la subsistencia al momento ascendió ; no solo al punto del precio natural, sino con superior exceso. La pura aprension, quanto mas la realidad, lo remonta, no proporcional, sino progresivamente, como se precipita una mole despeñada. Y afirmo que no es la mitad útil el incremento del sobrante á beneficio de la salida, que nocivo el vicioso producido de la carestía efectiva que causa un leve exceso de extraccion ; y acaso ella sola aun contenida en el sobrante. Aquella valora un residuo ; esta eleva el todo. El provecho de la primera es respectivo : el perjuicio de la segunda universal y succesivo ; pues aunque se socorra con ingresos extrangeros, no es reparo que indemnice, sino precaucion de mayor extrago ; y siempre ha de ser á precios excesivos del natural, en que la precedente extraccion puso el superfluo, que es quanto pudo hacer. Me lisonjeo de que todo imparcial asentirá á esta proposicion. El bien de una salida ceñida á lo superfluo, es mucho menor que el mal de

la

la extracción de igual cantidad, ó su mitad si es precisa la materia. No lo justificaré con pruebas de siglos precedentes, ni de extraños Países: el nuestro, y en el dia ofrecen bien público testimonio.

Concedo quanta utilidad quiera atribuirse al buen precio de los granos (si el de treinta y cinco reales por fanega no era suficiente), y por este originándose á la Agricultura un gran bien, todo por la extraccion de la Primavera de 1789, con tal que en su desglose se cuente el perjuicio que resultó, resulta, y resultará á todo el Estado con el levante hasta ochenta reales, que fué donde menos subió, y remito la supercrescencia hasta ciento, ciento y veinte, ciento y treinta, y ciento y cincuenta reales á que llegó en algunas partes, y veremos entonces lo que resta. Y como por apéndice pregunto, ¿la citada extraccion fué de lo sobrante ó de lo preciso? Si de lo primero, ¿cómo causó tanto daño? si de lo segundo, ¿cómo pudo salir mas de lo superfluo, valiendo á un precio excesivo? Sería casi poseer el hombre la justicia original, como ya he dicho, si le creyésemos tan circunspecto y circunscripto al derecho natural que no distinga el suyo del ageno, aunque la caridad lo manda.

Como por inclinacion y desgracia del género humano, segun el Autor repite varias veces, es el interés quien rige sus individuos, siempre causará la salida mayor perjui-

Nn   cio

cio con la alteracion en los años vacíos ó medianos, que beneficio en los llenos, por el aprovechamiento de los sobrantes.

A la proposicion del Anónimo *que en las felices cosechas no hay que temer sino á la abundancia*, opongo estotra mia: *en tiempo de abundantes cosechas lo que debe temerse es la extraccion tal vez mas que en los de escaséz*. La razon se acredita con un suceso casi continuo. De los pasos y riesgos mas expuestos suele salirse mejor que de los menos contingentes, porque en los unos el evidente peligro avisa y hace precaber; y en los otros la misma confianza engaña. Hasta en la conservacion de la salud acontece, y por eso es como pronóstico, que casi mas peligroso es un achaque que una enfermedad.

Así en años abundantes, á título de evacuar el sobrante puede salir lo preciso; y no tanto, quanto desde luego se vé que no hay lo suficiente. Acaso este será el motivo, por que el Autor asegura, que regularmente los malos años son precedidos de buenos. No me apoyo en puros discursos, que se pueden graduar de metafisicas, ó quizá de puerilidades. La tasa puesta por los Reyes católicos en 1502, no fué por escaséz sino por la carestia, ó altos precios, en años *abundantes*, *originada* precisamente de las extracciones *que hacia el Comercio*. Así se ha visto en el capítulo de *derechos*.

Con-

Contra la seguridad de las Costas y los Puertos en que descansa para evitar el contrabando, hay el descuido ó infidencia en los custodios, no tan vigilantes en el resguardo, como los interesados en eludir su cuidado. En crédito reproduzco la autoridad de Zabala, que poco há alegué en el capitulo último de Comercio, y prueba que es imposible evitar la extraccion si en ella hay interés.

La oportunidad de alzar ó baxar los derechos, está á pique de errarse, y de equivocarse su proporcion. Para que no experimentásemos la ruinosa extraccion última, estaba viva la prohibicion de la Pragmática, pues excedia en mucho del precio terminante : los resguardos es de creer volarian, pero el trigo salió.

Por último confiesa, que no es *imitable desde luego ni conveniente la práctica de Inglaterra*, y que es preciso guardar tiempos y grados : Luégo sus ventajas no son de lograr por ahora, sino de pretender. Sobre todo, debo sincerarme nuevamente de que no propendo ácia la prohibicion absoluta, cuya opinion detexto ; pero tampoco subscribo á la libertad laxâ, aunque sea con objeto de beneficiar el sobrante : baxo cuya buena fé cabe mucho dolo y á lo menos daño.

Las ventajas de valorar el trigo sobrante á beneficio de la extraccion y Comercio, son tan incontestables, como evidentes las quiebras por el exceso de las salidas.

Qual-

Quales sean mas comunes y superiores, pueda ser lo contencioso; pero, no dudando que exceden los años malos á los buenos; que las necesidades propenderán en imaginacion y en efecto á la abundancia; y sobre todo, que la codicia es mas activa en su interés, que los zeladores de las leyes en su observancia, estoy por el riesgo del perjuicio, mas que por la seguridad del beneficio en cada respectivo caso, y en el que las salidas rompan los limites del sobrante. Seria acreedor á la censura mas severa si propendiese aconsejar el estanco del trigo por avaratarlo, pues no ignoro que su buen valor es ventaja interesante; mas tampoco que el excesivo es daño universal. Las salidas causan uno y otro conforme sean, y por la fragilidad humana puede temerse mas lo segundo que lo primero; porque es sentencia moral cierta: *El que quiere usar de todo lo permitido está expuesto á dar en lo vedado.*

TRADUCCION DE LOS ENSAYOS
sobre los precios.

El valor de todo lo que entra en el Comercio de los hombres, está sujeto á una infinidad de revoluciones. Como un mar tranquilo, está algun tiempo inmovil. Algunas veces como una onda agitada sube ó baxa todo á un tiempo ó por grados. Nuestras necesidades y nuestras pasiones gobiernan estos fluxos y refluxos inconstantes, que las causas fisicas, morales, y políticas impelen continuamente.

No será, pues, inútil concretarnos á los que padecen los precios de los granos, por la connexion inmediata que tienen con las operaciones del Ministerio.

Los metales preciosos serán siempre el objeto mas constante de nuestros deseos, porque son el instrumento de nuestros cambios, y el medio mas cómodo para procurarnos lo necesario, lo útil, y lo agradable. Como ellos se valancean continuamente con todas las cosas cuya medida graduan, y sirven á obtener su posesion, estamos mas obligados á creer que su mayor ó menor cantidad en un Estado, arregla el valor de todas las adquisiciones; y sin embargo el oro y la plata no son los árbitros de los precios: son solamente los medios y las representaciones; y la fixacion de los valores depende de la abundancia ó de la ca-

res-

restía de los bienes, de los frutos, y de las mercadurías,
que se ponen precisadas á la venta, y de la cantidad de
tierra y de trabajo para su formacion. Los metales subor-
dinados siempre á las circunstancias, se prestan, por decirlo así, á la instabilidad de las estimaciones respectivas
de todas las cosas, y van á buscarlas en mas ó menos cantidad á proporcion de las necesidades ó de la voluntad.
Es preciso quatro tantos mas de dinero en un tiempo de
necesidad, para adquirir un muid de trigo, que despues
de una buena cosecha, sin que haya acontecido ninguna
mutacion en la cantidad ni en la calidad de las especies.
Lo mismo sucede en todas las cosas que circulan el Comercio del universo. Su rareza, ó su abundancia, la necesidad ó el antojo, y las diferentes suertes de las ocupaciones de los particulares deciden de la cantidad de oro ó
plata que es preciso dar para adquirirla. La agua sería muy
cara si fuese rara; el diamante se apreciaría poco si fuese
tan comun como la arena: lo mismo sucede con las producciones del arte; la substancia de la tierra que las engendra se presta en metamórfosis al arbitrio del que las
maneja, en granos, en maderas, en plantas, y en pastu-
ras. Las diferentes materias toman tan diversas formas como quiere la mano industriosa, que las acomoda al gusto
del tiempo.

Así todas las cosas valen mas ó menos segun sus can-
ti-

tidades producidas y fabricadas , y con relacion á su estimacion y uso actual.

Es verdad que habemos visto subir los valores , despues que una grande cantidad de oro y de plata se difundió en la Europa : tambien lo es que las variaciones en las monedas han agitado y desordenado el precio de infinidad de cosas , y algunas veces han dado unas sacudidas tan violentas como dañosas. Mas quando estos movimientos forzados han afloxado y apaciguado la fermentacion de espíritu , no se advierte que el precio de nuestros cambios se haya elevado á proporcion del aumento de la masa de metales , ni del valor ideal ó numerario de las especies.

No obstante es opinion harto general que se debia establecer una especie de nivél entre el precio de los frutos y la cantidad de oro y plata circulante en un Estado. Algunos Autores han inquirido esta proporcion ; y no encontrando que el aumento de precio fuese igual al aumento de masa , se esfuerzan en dar varias razones : ¿por qué todas las cosas no habian de alzar de precio á medida de la influencia de los metales en cada País , y en la misma proporcion? Pretenden que los bienes , frutos , y mercadurías serían á un precio excesivo al actual , si nuestras necesidades no se hubiesen multiplicado al mismo tiempo que las riquezas ; si una parte de los tesoros del nuevo mun-

mundo, no hubiese corrido por diferentes canales á Naciones distantes; si no hubiésemos convertido una porcion de estas materias en decoraciones de uso y luxo; de donde concluyen que el lo masal de los metales modernos no hubiese disminuido considerablemente por estos varios consumos, ó si una gran parte de especies no se hubiese destinado á la compra de nuestros caprichos, lo necesario se pagaria mucho mas caró, porque la moneda no hubiese tenido entonces otro destino ni inversion, sino en las cosas de necesidad absoluta. Añaden mas, que todo debe alzar de precio sucesivamente á proporcion del oro y la plata que entra y queda en un Estado.

Estas alegaciones son verdaderamente especiosas, pero como desnudas de pruebas suficientes y fundadas solamente en la especulacion, no tienen otro valor que el de congéturas. La única razon que parece autorizarlas, es ver que suben los valores despues que se advierte la abundancia del metal. Sobre un fenomeno tan incierto debemos formar algunas dudas y hacer algunas observaciones.

La reflexion no alcanza razon necesaria ni concluyente de esta pretendida proporcion entre la plata y los frutos, ni de esta distribucion imaginaria de los metales entre las superfluidades y las necesidades; y si probamos que los granos que hacen nuestro objeto principal han sido mas baratos en este siglo que en el precedente; ¿creeremos por es-

esto que tenemos menos plata que en tiempo de Luis XIV?
¿ó nos ceñiremos á decir que nosotros gastamos mas en
luxo y en cosas frívolas , y que la copia de adquisiciones
inútiles contiene y limita el precio de lo físico necesario y
diario?

No hay , pues , relacion tan inmediata como se piensa
entre los metales preciosos , los frutos , y el gran número
de compras. Si las especies que circulan son mas abundantes en un tiempo que en otro , los cambios serán entonces
mas fáciles ; y el uso de las superfluidades se multiplica.
Si una gran parte de aquellos se disipasen de un golpe,
afloxaría el prurito de las cosas inútiles : lo necesario permanecería en el mismo estado , y no disminuiría por falta
de una porcion de monedas. La cantidad de tierra y de
trabajo que se emplea en cada produccion , la porcion
de frutos y la facilidad de procurarlos , es lo que únicamente determina la suma de plata que ellos deben absor-
ver , y estos y su labor deciden siempre de las circunstancias particulares en que cada pueblo se halla del modo de
vivir , y del órden con que son dirigidas por las leyes , los
subsidios , y la forma de gobierno.

Si se objecionà que la mayor cantidad de plata en un
Estado no aumenta el precio , sino á medida de que los
metales se esparcen entre mayor número de particulares,
porque entonces hay mayor competencia entre las gentes

aco-

acomodadas para adquirir las cosas ; yo respondo que esto no acontece sobre los alimentos ordinarios , porque nadie pide mas de lo que ha de menester. Y respecto á las superfluidades , si ellas aumentan de precio con la abundancia del dinero , porque se usan mas ; disminuyen también su valor quando se hacen mas comunes. Una industria superior á su uso precisa á la decadencia conforme son menos raras. La misma experiencia acredita que en los *siglos de grosería* las materias de luxo son mas costosas que en los de cultura. Así el trabajo de los hombres , la escaséz, y la abundancia de las cosas que se ponen en venta , son siempre los causantes del precio de todas las especies de adquisiciones.

¿Para qué , pues , buscar en las monedas la razon del precio de los alimentos , quando encontramos causas evidentes en sus producciones , en los consumos , y en los sobreprecios con que pueden agravar?

Debe suponerse que los metales tienen un efecto activo sobre los frutos , mas no pensar que si dexamos de comprar lo que no nos es preciso , todas las especies retenidas por las superfluidades , redaerian sobre las urgentes , y en aumento del precio de los alimentos.

Al contrario , podemos persuadirnos que la porcion de plata entretenida en caprichos , permanecería ociosa é inmoble en las manos de los poseedores (como sucede en todas cosas preciosas. Puede tambien conjeturarse racional mente, que como habria entonces menos especies de ocupaciones, un gran número de hombres se verian precisados para poder vivir á trabajar en las cosas necesarias á la subsistencia, y es de presumir que la grande afluencia disminuiria su precio. No es, pues, la existencia de la plata quien lo aumenta, es sí la abundancia ó escaséz de producciones que fixan su valor. Las cosas de luxo tienen la misma suerte: quantas mas hay de una especie satisfacén mas caprichos á menos coste; y los frutos no aumentarian aunque la Francia entera proscribiese todo el ornato y delicadeza; ni disminuirian por mas que empleásemos veinte veces mas plata en la compra de frioleras.

Este metal conmueve nuestra imaginacion y nuestros sentidos con mas eficacia que otro objeto, por el freqüente uso y aplicacion que hacemos para todas compras, posibles y relativas á nuestras necesidades, comodidades, y deseos; y por esta razon es el resorte mas activo de nuestros pensamientos y acciones. Engañados por las apariencias, atribuimos facilmente á los metales preciosos mas efecto del que realmente tienen en la valuacion de nuestros cambios.

Los metales por su solidéz, su duracion y su ductibilidad, la fácil distincion de su peso, y de sus diferentes grados de bondad, son el instrumento mas conveniente

Oo 2   pa-

para todos los trueques. Al contrario sucede en quanto compramos, pues en rara cosa convendrían las calidades tan invariables y tan señaladas, de un valor generalmente conocido. Las cosas comestibles sobre todo no tienen sino una duracion pasagera. Ellas perecen si el propietario no las reduce pronto á dinero. Felíz necesidad, que fuerza al interés á que socorra de buena gana las indigencias. La diferencia es tan esencial entre la naturaleza, las qualidades y las funciones de metales y de frutos, que no se puede hacer comparacion que no sea muy imperfecta, y es difícil encontrar una parte relativa, y menos proporcion real. Así es inútil el buscarla, y quizá ni existe ni ha existido jamás.

Si se quisiese sondear bien esta materia, acaso nos persuadiríamos que si los frutos se han encarecido en Europa, despues que la América esparció una gran copia de metales, es porque las riquezas cambiando las costumbres han entorpecido muchos brazos, y hay menos manos empleadas en los trabajos comunes y precisos : lo que hace disminuir las labores y ocupaciones mas útiles. Tal vez quanta mas plata haya, se familiariza la costumbre de pagar bien lo que se envidia y desea adquirir. Mas este acto no se contrae sino ácia lo superfluo.

Regularmente se concede á la imaginacion lo que disputa la necesidad.

La

La calidad del suelo, el modo de su cultivo, y la poblacion, son las causas principales que animan ó relaxan las ocupaciones de los individuos, y en lo que se encuentra la proporcion legítima del precio de cada cosa.

La masa de los metales no tiene sino un respeto indirecto y muy remoto. Quizá se han centiplicado el oro y la plata en Francia despues de algunos siglos; y veremos luego que el precio de los granos se ha aumentado poco. Multitud de cosas no han percibido todavía la inmediacion de estas materias; y otras muchas han baxado su valor. La antigüedad y la comparacion de diferentes Naciones del universo, desengañarán de que los metales no se pueden nunca nivelar con los frutos ni estos con aquellos.

OB-

OBSERVACIONES SOBRE LOS PRECIOS.

La materia de este tratado es ceñida á demostrar, que la plata ni el oro en pasta, en manufacturas, ni en moneda, no influyen en los precios de los frutos; cuya copia, estimacion, ó desprecio, uso de los Pueblos, y el Gobierno Ministerial, son los únicos muelles por que se mueven. En una palabra, que la porcion del numerario no rige, antes es regida; y en fin que es efecto y no causa: sistema contrario al de muchos políticos.

Digo, pues, que aunque la qüestion de si el mayor precio de los granos procede del aumento de los metales, parece independiente é inconexâ del juicio ácia la potencia del Comercio respecto al propio objeto, es empero muy conveniente ventilarla; no porque ella decida precisamente el principal asunto, sino porque excluida la influencia de la plata, resta si el Comercio es actor; y si se resuelve en su pró y en contra de aquella, falta todavía apurar si él puede relevar en parte este obstáculo.

Me confieso inerme para entrar en palestra sobre el punto; y pues no es esencial de la materia que hace el principal asunto, ni quedaría obscuro ó defectuoso porque careciese de resolucion este problema, podia omitirlo: con todo no quiero ocultar mi parecer aunque de poco peso, y digo, que propendo al del Autor, porque en esto so-

bre

bre todo me hacen fuerza sus razones , sin embargo que las resista la pluralidad que atribuye al asombroso arribo de plata y oro procedente del nuevo mundo , la principal causa del encarecimiento general. No hablo de la universalidad de cosas , cuyo órden y moderacion han podido alterar , porque es contienda para talentos de mayor estofa que el mio , y me ciño al trigo que es el sugeto de mis tareas presentes ; no por simple raciocinio , sino por demostracion , dexando al juicio del lector la solucion.

Antes de tan memorable época ya se advertian notables alteraciones en esta especie ; pues en el año de 1371 subió de nueve á quince maravedis por fanega , que son dos tercios del todo , ó sesenta y seis por ciento , que es lo mismo : y esto en el pequeño intervalo de veinte y un años no mas.

En 1502 , que son ciento treinta y un años despues, subió á ciento y diez maravedis , seis tantos mas del principal antecedente , y aun sobra un tercio , correspondiendo á cada veinte años (igual época que la antecedente) veinte y quatro maravedis , que es la mitad de todo el precio del año de 1371 , y aun con exceso , correspondiendo á cincuenta por ciento.

La inmediata revolucion posterior , ó subida del trigo en 1558 fué muy superior , pues en solos cincuenta y seis años alzó de tres reales y ocho maravedis , á nueve reales

y

y quatro maravedís , casi dos tantos mas , ó cerca de doscientos por ciento. Y todo esto antes que España hubiese percibido las riquezas de América. De entonces acá nada digo , porque ya intervino este nuevo agente , pero no creo que haya causado tal moción , porque posterior á él no ha sido tanta como anterior. Lo probaré.

Como el dinero es el equivalente de todo , su precio sirve de barómetro universal ; y en efecto , por él se cuenta y deduce la subida ó baxa del trigo. Tómese el periodo contenido entre los dos términos de 1699 en que se puso la tasa de veinte y ocho reales la fanega , y el de 1765 en que se abolió. En aquel se pagaba cinco por ciento , y en este dos y medio , que es su mitad justa ; y siendo el precio del trigo en el primero de veinte y ocho reales , correspondía en el segundo cincuenta y seis ; luego no guarda proporcion el dinero con el trigo ; ni equivale la subida del grano á la de los tiempos que acabo de detallar , á excepcion de los casos de los años de 64 , 89 , y otros precedentes que no pueden servir de exemplar por su violencia , ni permanecer por insoportables.

El Autor dá fin con la asercion de que quizá se ha centiplicado el oro y la plata , y los granos no han subido á proporcion ; y algunas cosas ni traslucido su poder ; y yo agrego otra razon por regla inversa. De quarenta años acá se ha casi doblado el precio de todas las especies , á lo me-

nos

nos un tercio ó la mitad seguramente, cuyo respecto no creo se verifica en la baxa del premio de la moneda, como debía, para seguir la correspondencia si su copia es el impulso.

Don Miguel de Zabala conviene también con el Autor con mas extension que yo, pues aunque habla concretamente de los granos dice en general : «el precio de todas las cosas lo dá la escaséz ó la abundancia de ellas mismas. En todos los géneros comerciables depende la abundancia ó la escaséz de la aplicacion, y la diligencia de los hombres ; y así depende de ellos lo subido ó barato de aquellos precios.»

Reitero que no contiendo el caso ; y lo expuesto sirva solo de insinuacion ; que mas que otra cosa sujeto al mejor juicio. Y pues en el mio no es reo de la carestía la masa metálica ni pecuniaria, me mantengo ambiguo sobre qué parte tenga el Comercio en ella, ó facultad para combatirla.

Pp

TRA-

TRADUCCION DE LA DIGRESION.

Habiendo arrojado la Grecia las innumerables tropas de Xerxes, buscó aliados para sostener una porfiada guerra que el Rey de Persia le hacia por sus Gobernadores ó Lugar-Tenientes. Ella mantenia un considerable Exército de mar y tierra, para resistir los esfuerzos de Mardonio, General Persa, que le habia atacado con poderosas armadas. Sin embargo, Aristides no repartió los Estados de Grecia sino quatrocientos sesenta (a) talentos para los gastos de una campaña : verdad es que poco despues subió la contribucion á seiscientos, y todavia ascendió á mil trescientos talentos por año; (b) pero Plutarco nos dice en la vida de Pericles, que todas estas sumas no se emplearon en solo los gastos marciales, y que quedó una porcion en poder de los Athenienses. Quando se supiese que de estas sumas se invirtieron seiscientos talentos en la subsistencia, y que los Griegos no tenian sino quarenta mil consumidores (c) de Infantería, Caballería, y Marina, destinando el remanen-

(a)   *Plutarq : dans la vie d' Aristide.*

(b)   *Plutarq : en la vida de Pericles.*

(c)   *Segun Diodoro Siculo, la Grecia tenia cien mil combatientes en la batalla de Platea, que ganó contra Mardonio que tenia quinientos mil. L. 11 ch. 8.*

nente para prevencion de baxeles y otros instrumentos de guerra ; resultaria que cada racion no costaba mas que veinte y cinco escudos de nuestra moneda por campaña , de donde resulta que los frutos eran muy baratos (a).

No es porque los Griegos fuesen poco opulentos en aquel tiempo , pues los Athenienses poseian inmensas sumas. Se lee en la vida de Pericles que habia mandado en Platea , que las artes estaban en el mas alto grado de perfeccion , y que Athenas contenia los artistas mas excelentes , y los mas exquisitos obreros ; que Pericles hizo levantar en muy poco tiempo una multitud de suntuosos edificios

(a) *Es muy dificil valorar justamente las monedas antiguas. El talento , la mina , y la dragma , eran de peso , cuyos nombres servian para las denominaciones de monedas , lo mismo que la libra en Francia. Pero estos nombres no significaban exâctamente el mismo valor. Un talento athico valia seis mil dragmas , y se cree que una dragma pesaba la octava parte de una de nuestras onzas ; sobre este concepto , una dragma de plata se puede graduar en poco menos de diez y seis sueldos de la actual moneda , y un talento setecientas cincuenta onzas , ó quatro mil seiscientas ochenta y siete libras. Así seiscientos talentos se pueden estimar dos millones ochocientas doce mil doscientas libras , que corresponde á setenta y tres libras por cabeza en cada campaña.*

cios de la mas bella arquitectura, y adornados de las mas
preciosas esculturas y pinturas; que Phidias, Superintendente de todas estas fábricas, empleó quarenta talentos de
oro en una sola estatua de Minerva (a). Suma prodigiosa
que demuestra la excesiva riqueza de los Athenienses. Los
expectáculos pomposos en que se ocupaban continuamente, son otra prueba de que la plata era muy comun en
todo el Pueblo. Todos estos gastos excesivos que persuaden una gran cantidad de metales y una circulacion copiosa, no aumentaban sin embargo el precio de las cosas necesarias á la vida; supuesto que esta República tan mag-
nífica no asignó mas que una dragma por dia para alimento
de dos parientes de Asistides que llegaron á suma pobreza (b). Este modesto y sábio Comandante, que hizo tantos
servicios á Athenas, no dexó á sus hijos con que proveer
los gastos funerales. La Critanea dispuso su pompa fúne-
bre, dotó á sus dos hijas en tres mil dragmas, y dió á su
hijo Lisimacho cien minas de plata, cien arpens de tierra
plantada, y quatro dragmas por dia.: prueba invencible de
que

(a) *Un talento de oro se puede estimar en diez tantos mas
que un talento de plata; y así costaría un millon ochocientas
setenta y quatro mil ochocientas libras el oro solo de la estatua; y esto está muy claro en la vida de Pericles por Plutarco.*

(b) *Plutarq. Vida de Aristides.*

que en el tiempo en que la Grecia estaba sobre la mayor opulencia, los víveres iban á muy baxo precio.

En el mismo tiempo (a) Gelon que no poseía mas de una parte de Sicilia, ofreció á los Griegos, y contra el Rey de Persia, un socorro de doscientas galeras á tres órdenes, y veinte y ocho mil hombres entre Caballería é Infantería, y prometió proveerlos de trigo gratuitamente durante toda la guerra, si se le encargaba el comando de las tropas (b), cuyas ofertas anuncian ciertamente una grande riqueza, y suma abundancia de trigos á baxo precio.

Los Reyes de Agrigento y de Siracusa tenian tesoros inmensos, como se conjetura por su poderosa Marina, y considerables Armadas que opusieron á los Cartaginenses (c); sin embargo entonces mismo proveían de trigo á muy baxo precio al Pueblo Romano; prueba de que la opulencia de aquellos tiempos no influía sobre el precio de los frutos.

A todo el mundo es notorio el fausto de los antiguos

Re-

(a) Cerca de quatrocientos setenta años antes de Jesuchristo.

(b) Herod. L. 7. Polymnia. Núm. 158.

(c) Diod. Sicu. L. 11. c. 6. en el qual se ven las Armadas numerosas que los Sicilianos y los Cartaginenses habilitaron: lo que supone una grande opulencia y una grande abundancia de víveres.

Reyes de Persia, y la opulencia de Creso Rey de Lidia, cuyas riquezas se han perpetuado en proverbio. Todos sus tesoros esparcidos en la Grecia no pudieron encarecer los víveres.

Despues que Italia se enriqueció con los despojos de diferentes Pueblos que sometió á su Imperio, poseyó la mayor parte de metales preciosos que existian en el mundo. La suntuosidad de los Gobernadores de las Provincias, y la profusion de algunos particulares, son testimonios nada equivocos de las riquezas, y de la exâltacion del luxo hasta el mas alto grado. Sin embargo, se lee en Cornelio Nepote, que Pomponio Atico, que tenía en Roma una mesa y casa bien arreglada, vivia al mismo tiempo con ayre y esplendor, mas sin fausto ni magnificencia, y no gastaba aun veinte y quatro pistoles de nuestra moneda por mes : (*cada pistoled es un doblon de España*) lo que prueba sin falencia que los víveres y cosas comunes no estaban caros en Roma, al mismo tiempo que el oro y la plata circulaban en suma abundancia; y solo las suntuosidades se hacian pagar á buen precio.

Se vé en Tácito, que en tiempo de Neron, quando el fausto y los locos dispendios llegaron á lo sumo, el trigo pasaba en Roma á ínfimo precio (a); lo que demuestra

tra

(a) *Tacit. Ann. L.* 15. *Núm.* 39.

ra claramente que el precio de los comestibles no sube á proporcion de las riquezas que giran en un Estado (a).

Retrocedamos á nuestro siglo, y consideremos lo que ha pasado en nuestros dias despues del descubrimiento de las Indias.

El Indostan ó India fué siempre el centro de las riquezas del Universo; y los tesoros inmensos que Thamas Kauli Kan encontró en Delhy, en oro y plata solamente asombra nuestra imaginacion (b); sin embargo, sabemos por los viageros (c) que las cosas necesarias á la vida no se resienten del luxo exôrbitante de este vasto Imperio, y que los víveres son á precio cómodo.

Si damos una ojeada sobre la China, donde todas las Naciones Europeas se empeñan mucho, tiempo há, en depositar los tesoros del nuevo mundo, podremos pensar con razon que este País tan vasto es muy rico de oro y pla-

(a) Si se quiere ver una idea mas completa de la riqueza de estos tiempos antiguos, y del baxo precio de los frutos, le hace el ensayo de Mr. Wallarze sobre el número de hombres, despues la pág. 220, de donde se han tomado algunas de estas citas.

(b) Léase la vida de Thamas Kauli Kan, impresa en 1740, y las cartas curiosas y edificantes.

(c) Viage de Bernier.

plata, supuesto que los recibe sin cesar ni retribuir en cambio otra cosa que producciones de su industria y suelo. A pesar de esta verdad la vida se sostiene en la China á tan poca costa, que ninguna otra Nacion trabaja tan barato. Este Pueblo es numeroso, laborioso, é industrioso, y vive por un método muy arreglado y frugal: fuentes inagotables para el baxo precio de todas las cosas.

La China tendrá en todo tiempo frutos baratos, y trabajará siempre á baxo precio.

Si pasamos á Inglaterra en dónde la carestía de víveres parece ser consequencia del aumento de su riqueza, encontraremos causas mas próximas y eficaces de este encarecimiento en la conducta de la Nacion, que en la abundancia de metales que ha adquirido. Su exôrbitante crédito, sus acumuladas y succesivas deudas hasta veinte y quatro millones de libras esterlinas, nos darán la razon de la subida de los frutos de este Reyno. Esta masa de empréstitos á tres por ciento solamente, compone una carga sobre el Estado de dos millones quatrocientas mil libras de rentas, (mas de cincuenta y siete millones de nuestra moneda) que son extraidos de los productos de las tierras y de los consumos, á mas de otros gastos anuales del Estado. Si se quitase este exceso de impuestos que cae directamente sobre los frutos, no hay duda que la totalidad de precios de los consumos de Inglaterra baxaria de estos dos millo-

nes

nes quatrocientas mil libras , y que la compra de víveres experimentaria bien pronto esta relevacion. Puede tambien aumentarse , que si el Gobierno no tuviese una extrema atencion en el reparto juicioso y siempre igual de estas imposiciones y de su exâccion ; si no favoreciese la populacion y la industria por todos los medios imaginables, si no fixase el catastro (a) por un medio invariable , el impuesto sobre las tierras , y todas las cosas necesarias á la vida se hubieran aumentado con exceso considerable ; no respecto á la cantidad del oro y plata que existiese en aquel Pais, sino en proporcion á la disminucion del Pueblo laborioso, y de las gracias y desigualdades que se introduxesen.

Una prueba evidente de que el precio de los frutos depende del número de colonos , y del modo con que son fomentados ó desanimados por el Gobierno es , que el precio de los granos en Inglaterra , como se verá mas adelante , ha baxado considerablemente despues del año de 1689: sin embargo , este Reyno posee sin contradiccion muchos mas metales despues de esta época que antes ; pero su cultura ha sido mejorada por las atenciones que ha merecido

es-

(a) *Este es un registro público que contiene la estimacion de las tierras de cada comarca , no varía aunque la tierra se mejore ; de manera que cada propietario sabe lo que debe pagar anualmente , y no teme los sobreprecios.*

Qq

esta parte tan esencial del Estado ; dígase , pues , que el oro y la plata no tienen sino una mediana influencia sobre los precios de los frutos.

La Holanda , situada por artificio en medio de las aguas, no puede alimentar sino por industria el numeroso Pueblo que contiene. Forzada á llevar de fuera toda lo que su ingrata tierra rehusa darle ; obligada á extraer de sus consumos todos los gastos del Estado , á cuyo favor no puede ipotecar sino una pequeña parte de sus tierras : baxo este plan no debe admirar que la vida cueste mas en este País que en otros. Ella no subsiste sino con socorros extrangeros ; brilla con prestado esplendor ; y sin su comercio económico , sin los recursos de la pesca , y sin su frugalidad todo iría á un precio exôrbitante. No imputemos , pues, esta carestía á su opulencia ; mas sí á su situacion , á la qualidad del suelo , y á sus subsidios.

El aspecto de Italia ha variado muchas veces sus costumbres , y sus Pueblos han experimentado tantas revoluciones en el curso de algunos siglos , que siempre ha perdido de su antiguo esplendor y opulencia. Los metales allí son ciertamente menos abundantes que en Francia ; sin embargo , los víveres son generalmente mas caros. En algunas Soberanías como Venecia son caros ; en otras que no parecen tan ricas como esta República , los frutos no van tan varatos. En suma , la mayor cantidad de oro óro y plata no arregla el precio de los alimentos.

Los Países baxos y la Alemania no nos exceden en opulencia , y debemos creer que la balanza está de nuestra parte : con todo , los víveres son mas caros por lo comun que entre nosotros.

No es dificil atinar la razon respecto á los Países baxos ; porque ellos proveen una parte de la Holanda , que no puede subsistir sin sus vecinos.

En órden á Alemania , se conoce facilmente quando se viaja , que la diferencia de soberanías influye sobre el precio de todas las cosas. En los cantones en donde el Pueblo hace menos fiestas , y en que las contribuciones son mas ligeras , los frutos y los salarios son mas baratos , y la tierra está mas bien trabajada.

Así en todos tiempos y Países , las producciones son siempre al nivél del número de los cultivadores , y no de la cantidad de metales ; y sus precios dependerán siempre de los trabajos de los súbditos y de las imposiciones del Estado , y no de la multitud de especies. Si en la Nacion mas opulenta , los habitantes dedicados á las artes frívolas pudiesen aplicarse al arado , los víveres baxarían de precio. Si al contrario muchos colonos abrazasen otras profesiones, los frutos alzarían considerablemente.

Las subsistencias son tan esenciales en un Estado , y tienen tanto influxo en el sistema político , supuesto que

las

las necesidades arreglan siempre la suerte y las acciones de los súbditos , que no es indiferente reflexionar sobre ellas en varios siglos y entre diversas Naciones.

Los frutos contribuyen mucho á la fuerza fisica de los Pueblos : mas no es fácil pesquisar las verdaderas causas que deciden de su precio , de su abundancia , y de su escaséz. Lo cierto es que se encontrarán mas seguramente en las disposiciones de cada Gobierno , que en la cantidad de metales que circulen , y que no pueden contribuir al encarecimiento sino quando substraigan á los súbditos de sus ocupaciones ordinarias. La antigüedad nos provee de exemplo en una paradoxa , ó sea anedocta que nos ha dexado.

Refiere que un rico Señor de Lydia nombrado Phités, habiendo descubierto en sus dominios grandes minas de oro , ocupó en su beneficio á todos los vasallos , excluyendo todo otro trabajo , porque creyó haber hallado el origen de las riquezas. Hizo un viage á la Corte de Xerxes, y careciendo al momento sus gentes de todo lo necesario, expusieron á su muger la miseria en que se hallaban.

Ella á la vuelta de su marido no le hizo servir otro alimento que el oro , cuyo trabajo celebró ; pero como no apaciguase con él la hambre que le apretaba conoció su error , y abandonando el trabajo de las minas hizo que sus vasallos se volviesen á aplicar á las profesiones ordinarias, mas útiles que todo el oro del Potosí.

OBSERVACIONES SOBRE DIGRESION.

Este capítulo aunque no es mas, como anuncia el título, que ampliacion del antecedente, y se reduce á probar con casos prácticos y determidados de varias Naciones desde los Griegos, que no sigue á la copia de metales, el encarecimiento de las cosas del uso y necesidad civil y humana, exîge no obstante alguna mencion, por lo que toca á la referencia ó relacion de diferentes Reynos de nuestra íntima contratacion, y en siglos mas próxîmos al actual, y aun en el mismo. Nada me resta que aumentar á lo que dixe en el precedente capítulo, pues tampoco la materia ofrece novedad, solo ampliacion de prueba con el exemplo de Inglaterra; cuyas circunstancias deben singularizarse, porque verdaderamente es sin par.

Lo que únicamente pide un momento de reflexîon es, cómo por su conducta y confianza sostiene una carga tan enorme, sin que su peso disloque. ni violente la generalidad de resortes del Estado. Su buena fé y exâctitud en pagar, su justicia en exîgir, su equidad en la proporcion, su discrecion en las especies, su formalidad de registros y padrones, y otras operaciones de mecanismo prolixo, son los fiadores de su crédito, y quizá tambien fueron precursores del buen suceso del comercio de granos, y sus apoyos continuos para la conservacion; (en que conviene el Au-

Autor) sin las que otras Naciones, aun por las mismas reglas peculiares, frustrarán quizá sus deseos : como un labrador que con igual simiente y terreno en cantidad y bondad, no cogerá el tercio que otro por el mejor cultivo y
beneficio de la tierra. Por esto repito que no rigen los
exemplos, quando no se concretan intrínseca y extrínseca-
mente.

Todo este capítulo conduce á probar que la *riqueza*,
ó llámase opulencia, ó abundancia de oro, ó plata en especie, ó moneda, no encarece los frutos necesarios, sino
las superfluidades de luxo, antojo, capricho, ó regalo ; y
que en todos los siglos, los Estados redundantes de este
vehículo han sido prósperos, temibles, y árbitros de los
inferiores en este poder. Demuéstrase esta verdad por la
sábia y erudita cronología que acabamos de leer, tomada
de los siglos mas remotos, y hasta el presente con determinacion de los Reynos y Países, cuyo estado y gobierno
actual nos es manifiesto.

Repito que no contiendo la materia, porque no la entiendo, ni creo que ofrezca que dudar por su patenticidad;
pero sírvame tambien para una reflexion.

En el tratado de objeciones se propone que las carestías de granos y de pan no encarecen los jornales, antes bien es aguijon que executa á los obreros á que trabajen con mas actividad, y que el mismo afan del alimento
agi-

agilita y pone en movimiento todos los resortes para adquirirlo ; que al contrario , si el trabajador lo tiene á poca
costa , se relaxa y cae en ociosidad , *madre de todos los
vicios.*

Ahora , pues , estos Reynos y tiempos tan felices por
la abundancia ¿cómo se preservaron de tal contagio , y no
solo se mantuvieron con sanidad , sino que adquirieron
mas robustéz? ó no repugna la abundancia y comodidad
de precios con la aplicacion , ó apenas los Pueblos posean
la felicidad , serán por ella misma postrados en la languidéz y enervamiento , rodando en la alternativa , succesiva,
y momentanea de indigencia , y abundancia , de prosperidad
y abatimiento. Yo sé que á una succede otra , porque el
todo de los acasos es un círculo ; pero tambien , que entre
principio y declinacion hay estado ; y á este es al que el
Autor persuade y desea aspire la Francia.

No quiero renovar mas exemplares que el de la China en la actualidad , en donde la *vida* (dice) *es tan cómoda
que ninguna Nacion trabaja tan barato ,* y juzga tan lexos de
temer su ruina , que en otra parte , citando la descripcion
de la China por el Padre Duhalde , propone el *órden , la
sabiduría , la industria de un Pueblo tan numeroso , cuyo Imperio y leyes subsisten despues de tan largo tiempo , sin que la
invasion de los Tártaros lo hayan cambiado ,* y loando este
mismo gobierno dice en otra parte : *La China tendrá en to-*
do

do tiempo *frutos baratos*, y *trabajará siempre á baxo precio.*
Y encareciendo la importáncia de la Agricultura , confirma el mismo juicio en general por estos términos: *La Nacion que á menos coste pueda mantenerse será superior á todas
las demás.*

Todo esto prueba que el baxo precio de los alimentos
no es causa positiva de la decadencia de ninguna clase de
los Estados ; y que no es precisa la carestía para estimular
al trabajo , pues que hay y ha habido Países que poseen
industria con baratura ; lustre , opulencia , y poder en todo tiempo.

TRADUCCION DE DEMOSTRACION.

Volvamos á Francia y encontraremos en el precio de los granos, que la inconstancia de las estaciones, el alto valor de las monedas, y la redundancia de los metales, han tenido menos parte en el encarecimiento de los granos, que las diferentes situaciones en que se ha visto el Reyno.

Se podrá leer en la tabla que vamos á formar, una parte de la historia de la Monarquía. Los granos son caros quando las guerras intestinas ó extrangeras turban la Agricultura. Su precio se repone quando la paz restablece la calma; los accidentes de las estaciones son menos temibles, que las causas que enervan la cultura; y las monedas, sí tienen alguna influencia es poco notable.

Esta tabla ó estado contiene el precio del septier del trigo desde el siglo decimo tercio hasta el presente; y para su inteligencia debe observarse:

1.º Que se ha hecho un precio común de los de diferentes años que se abrazan, puesto al frente del del marco de plata fina del mismo tiempo que se coloca en la quarta columna. En la quinta se vé el valor del precio antiguo sobre el pie de la estimacion actual de las monedas. Así en todas las diferentes épocas, sea que las monedas hayan estado altas ó baxas, el precio del marco de plata fina representa siempre ocho onzas de plata fina, ó un mar-

co:

co : por cuyo principio, quando éste no valía sino cincuenta y ocho sueldos como en 1202, en tiempo de Felipe II. estos cincuenta y ocho sueldos componían tanto como cincuenta y quatro libras, seis sueldos al presente ; y por conseqüencia quando se pagaba un septier de trigo con siete sueldos, se daba cerca de una onza de plata ; y estos siete sueldos correspondian á seis libras once sueldos de hoy. Sobre este concepto está calculada la tabla. El peso solo y no la denominacion de especies, determinan la cantidad de dinero, y la estimacion verdadera del precio de cada cosa.

2.º Se han despreciado algunos quebrados de dinero, para no embarazar las columnas con cifras ; cuya precision aritmética es inútil en las cosas de estimacion, en que no se trata sino de dar ideas de comparacion.

3.º No se han confundido los años de carestia en los precios comunes, y se les ha dado estimacion separada para poder formar paralelo de una carestía con otra.

4.º Todos los precios señalados en cada año se han extraido del libro *Ensayo sobre las monedas*, que su Autor trabajó con tanta exàctitud como inteligència, habiéndolas adquirido de buenos originales, como se puede ver en la pág. 14 de su advertencia.

TA-

Tabla de los precios del séptier de trigo, medida de Paris, desde el año de 1202 hasta el de 1746: (inclusive aquel y exclusive este) con el valor del marco de plata fina de doce dineros en cada Reynado, para poder valuar los antiguos precios en moneda actual.

Años.	Precios del septier de trigo.			Precio común.			Precio del marco de plata.			Valor del septier en moneda actual.		
	L.	S.	D.	L.	S.	D.	L.	S.	D.	L.	S.	D.
Felipe II.												
1202..........	0.	5.	7.									
Luis IX.												
1256..........	0.	5.	4.									
Felipe IV.				0.	7.	0.	2.	18.	0.	6.	11.	0.
1289..........	0.	6.	3.									
1290..........	0.	8.	4.									
1294..........	0.	9.	8.									
1304..........	2.	0.	0.	8.	0.	0.	8.	7.	0.	13.	0.	0.
1312..........	0.	16.	7.									
1314..........	0.	10.	0.	0.	13.	0.	4.	0.	0.	8.	16.	0.
Luis X.												
1315..........	2.	10.	0	2.	10.	0.	4.	0.	0.	33.	18.	0.
Felipe V.												
1316.........	0.	17.	0.	0.	17.	0.	4.	0.	0.	11.	10.	0.
Cárlos IV.												
1322..........	1.	0.	3.									
1323..........	0.	15.	7.	0.	18.	0.	4.	7.	0.	11.	4.	0.
1327..........	0.	13.	9.									
Felipe IV.												
1328..........	0.	17.	3.	0.	15.	0.	6.	0.	0.	6.	16.	0.
1329..........	0.	15.	0.									
1332..........	0.	11.	9.									
1333..........	0.	16.	5.	0.	13.	0.	3.	0.	0.	11.	15.	0.
1334..........	0.	10.	4.									
1337..........	0.	12.	5.	0.	12.	5.	4.	10.	0.	7.	10.	0.
1339..........	0.	15.	0.	0.	15.	0.	7.	10.	0.	5.	8.	0.
1341..........	0.	17.	6.	0.	17.	6.	9.	0.	0.	5.	5.	0.

Rr 2

Años.	Precios del septier de trigo.			Precio común.			Precio del marco de plata.			Valor del septier en moneda actual.		
	L.	S.	D.	L.	S.	D.	L.	S.	D.	L.	S.	D.
1342.........	2.	4.	5.	2.	4.	5.	15.	0.	0.	8.	1.	0.
1343.........	2.	0.	0.	2.	0.	0.	3.	15.	0.	28.	19.	0.
1344.........	0.	13.	10.	0.	12.	0.	3.	15.	0.	8.	13.	0.
1345.........	0.	10.	1.									
1347.........	0.	15.	2.	0.	15.	2.	5.	0.	0.	8.	4.	0.
Juan.												
1350.........	4.	4.	0.	4.	4.	0.	6. 9.	0. 0.	0. 0.	30.	8.	0.
1351.........	8.	0.	0.	8.	0.	0.	7. 12. 13.	10. 0. 10.	0. 0. 0.	39.	9.	0.
1354.........	1.	9.	4.	1.	9.	4.	6.	0.	0.	13.	5.	0.
1356.........	0.	17.	8.	0.	17.	8.	12.	0.	0.	4.	0.	0.
1359.........	5.	12.	0.	5.	12.	0.	45. 102.	0. 0.	0. 0.	4.	3.	0.
1360.........	1.	5.	0.	1.	5.	0.	16.	0.	0.	4.	5.	0.
1361.........	1.	10.	2.									
Cárlos V.												
1365.........	1.	0.	3.									
1369.........	1.	14.	2.									
1372.........	0.	12.	0.	1.	1.	1.	6.	0.	0.	9.	10.	0.
1375.........	0.	15.	4.									
1376.........	1.	5.	3.									
Cárlos VI.												
1382.........	0.	10.	6.									
1385.........	0.	14.	10.									
1390.........	1.	0.	0.									
1397.........	0.	13.	2.	0.	17.	0.	6.	15.	0.	6.	17.	0.
1398.........	0.	14.	2.									
1405.........	0.	18.	2.									

Años.	Precios del septier de trigo.			Precio común.			Precio del marco de plata.			Valor del septier en moneda actual.		
	L.	S.	D.	L.	S.	D.	L.	S.	D.	L.	S.	D.
1406.........	0.	15.	0.									
1410.........	1.	5.	0.									
1411.........	0.	16.	0.									
1413.........	0.	13.	1.	0.	13.	1.	11.	14.	0.	3.	0.	0.
1416.........	Carestía, hambre, mortandad, hasta el año de 1425.											
Cárlos VII.												
1426.........	0.	17.	0.									
1427.........	1.	5.	6.	0.	18.	2.	8.	0.	0.	6.	3.	0.
1428.........	0.	12.	0.									
1430.........	3.	17.	6.									
1431.........	2.	0.	0.	3.	7.	2.	8.	0.	0.	22.	15.	0.
1432.........	4.	4.	0.									
1433.........	1.	14.	0.									
1435.........	0.	13.	2.	1.	2.	4.	8.	0.	0.	7.	11.	0.
1436.........	1.	0.	0.									
1437.........	5.	0.	0.									
1438.........	4.	16.	0.	6.	5.	4.	8.	0.	0.	42.	10.	0.
1439.........	9.	0.	0.									
1440.........	1.	1.	0.	1.	1.	0.	8.	0.	0.	7.	2.	0.
1443.........	0.	10.	9.	2.	7.	8.	8.	0.	0.	16.	3.	0.
	4.	4.	8.									
1444.........	1.	0.	0.	1.	0.	0.	8.	0.	0.	6.	16.	0.
1446.........	0.	10.	0.									
1447.........	0.	12.	0.									
1448.........	0.	5.	11.									
1449.........	0.	13.	0.									
1450.........	0.	11.	0.	0.	12.	4.	9.	0.	0.	3.	14.	0.
1452.........	0.	8.	1.									
1454.........	0.	13.	9.									
1457.........	1.	0.	1.									
1459.........	0.	17.	6.									

Años.	Precios del septier de trigo.			Precio común.			Precio del marco de plata.			Valor del septier en moneda actual.		
	L.	S.	D.	L.	S.	D.	L.	S.	D.	L.	S.	D.
Luis XI.												
1462...........	0.	11.	8.									
1463...........	0.	9.	7.									
1464...........	0.	5.	0.	0.	11.	7.	9.	0.	0.	3.	9.	0.
1465...........	0.	18.	0.									
1466...........	1.	1.	8.									
1467...........	0.	9.	4.									
1469...........	0.	11.	3.									
1470...........	0.	7.	4.									
1471...........	0.	11.	0.	0.	11.	0.	11.	5.	0.	2.	13.	0.
1472...........	0.	10.	0.									
1473...........	0.	10.	0.									
1474...........	0.	18.	0.									
1476...........	0.	18.	0.	0.	18.	2.	12.	0.	0.	4.	2.	0.
1477...........	0.	18.	4.									
1481...........	1.	5.	0.									
1482...........	2.	0.	0.									
Cárlos VIII.				1.	5.	0.	10.	16.	0.	6.	5.	0.
1485...........	0.	13.	6.									
1486...........	1.	6.	4.									
1487...........	1.	0.	0.									
1489...........	0.	15.	0.									
1492...........	0.	15.	0.									
1495...........	0.	11.	5.									
Luis XII.												
1498...........	1.	0.	0.	0.	18.	8.	12.	0.	0.	4.	4.	0.
1499...........	1.	6.	8.									
1500...........	0.	12.	6.									
1501...........	1.	10.	0.									
1508...........	1.	5.	0.									
1509...........	0.	16.	8.									

Años.	Precios del septier de trigo.			Precio común.			Precio del marco de plata.			Valor del septier en moneda actual.		
	L.	S.	D.	L.	S.	D.	L.	S.	D.	L.	S.	D.
1510.........	0.	8.	1.	0,	15.	4.	11.	9.	0.	3.	12.	0.
1511.........	0.	8.	8.									
1512.........	0,	13.	9.									
1513.........	1.	0.	0.									
Francisco I.												
1515.........	3.	4.	2.	3.	4.	2.	12.	0.	0.	14.	10.	0.
1517.........	1.	5.	0.	1.	5.	0.	12.	0.	0.	5.	13.	0.
1519.........	1.	2.	6.	1.	4.	2.	13.	0.	0.	5.	0.	0.
1520.........	1.	5.	10.									
1521.........	4.	3.	4.									
1522.........	3.	0.	0.	3.	7.	9.	13.	0.	0.	14.	3.	0.
1524.........	3.	0.	0.									
1525.........	1.	0.	0.	0.	19.	2.	13.	0.	0.	3.	19.	0.
1526.........	0.	18.	4.									
1527.........	2.	2.	11.									
1528.........	2.	3.	4.	2.	13.	0.	13.	0.	0.	11.	1.	0.
1529.........	3.	14.	3.									
1530.........	2.	11.	1.									
1531.........	5.	3.	2.	4.	12.	6.	13.	0.	0.	19.	6.	0.
1532.........	4.	1.	8.									
1533.........	2.	0.	10.									
1534.........	1.	11.	3.									
1535.........	2.	1.	10.	2.	10.	6.	13.	0.	0.	10.	10.	0.
1536.........	3.	0.	0.									
1538.........	2.	14.	0.									
1539.........	3.	15.	3.									
1540.........	2.	1.	0.									
1541.........	2.	2.	6.									
1542.........	2.	12.	5.									
1543.........	2.	18.	4.									
1544.........	3.	6.	8.									

Años.	Precios del septier de trigo.			Precio común.			Precio del marco de plata.			Valor del septier en moneda actual.		
	L.	S.	D.	L.	S.	D.	L.	S.	D.	L.	S.	D.
1545.........	3.	5.	0.									
1546.........	3.	0.	0.	2.	17.	0.	15.	0.	0.	16.	0.	0.
Enrique II.												
1547.........	2.	5.	10.									
1548.........	2.	10.	5.									
1553.........	3.	13.	4.									
1554.........	3.	6.	8.									
1555.........	3.	7.	11.									
1556.........	5.	15.	0.	5.	14.	2.	15.	0.	0.	20.	13.	0.
1557.........	5.	13.	4.									
1558.........	3.	1.	8.									
Francisco II.												
1559.........	3.	12.	7.	3.	9.	9.	15.	0.	0.	12.	0.	0.
Cárlos IX.												
1560.........	3.	15.	0.									
1561.........	4.	10.	0.									
1562.........	6.	0.	10.	6.	4.	2.	15.	0.	0.	22.	9.	0.
1563.........	8.	1.	8.									
1564.........	3.	18.	0.									
1565.........	6.	6.	9.									
1566.........	10.	7.	9.									
1567.........	8.	15.	0.									
1568.........	2.	6.	11.	6.	11.	8.	16.	13.	4.	21.	9.	0.
1569.........	5.	8.	0.									
1570.........	4.	11.	0.									
1571.........	6.	0.	5.									
1572.........	7.	15.	2.									
1573.........	14.	15.	0.									
Enrique III.				14.	7.	6.	16.	13.	4.	46.	17.	0.
1574.........	14.	0.	0.									

Años.	Precios del septier de trigo.			Precio común.			Precio del marco de plata.			Valor del septier en moneda actual.		
	L.	S.	D.	L.	S.	D.	L.	S.	D.	L.	S.	D.
1575	6.	12.	6.									
1576	8.	3.	9.									
1577	5.	8.	4.									
1578	5.	16.	8.	6.	6.	4.	21.	5.	8.	16.	2.	0.
1579	6.	4.	7.									
1580	6.	5.	0.									
1581	5.	13.	9.									
1582	7.	9.	8.									
1583	7.	11.	3.	7.	19.	0.	20.	13.	4.	20.	18.	0.
1584	8.	10.	0.									
1585	8.	4.	5.									
1586	19.	10.	0.	29.	16.	8.	20.	12.	4.	78.	13.	0
1587	30. & 40.		1.									
Enrique IV.												
1589	6.	5.	0.									
1590	11.	18.	9.	18.	2.	0.	20.	12.	4.	47.	14.	0.
1591	30.	6.	8.									
1592	18.	0.	0.									
1595	24.	0.	0.									
1596	17.	12.	10.									
1597	15.	19.	2.									
1598	13.	17.	2.	11.	9.	6.	20.	12.	4.	30.	5.	0.
1599	7.	7.	7.									
1600	7.	2.	9.									
1601	6.	18.	1.									
1602	5.	18.	5.									
1603	11.	18.	3.									
1604	7.	12.	5.									
1605	6.	10.	10.									
1606	7.	7.	8.	8.	11.	0.	22.	0.	0.	21.	2.	0.
1607	7.	8.	10.									

Años.	Precios del septier de trigo.			Precio común.			Precio del marco de plata.			Valor del septier en moneda actual.		
	L.	S.	D.	L.	S.	D.	L.	S.	D.	L.	S.	D.
1608	11.	10.	5.									
1609	10.	1.	7.									
Luis XIII.												
1610	7.	11.	0.									
1611	7.	12.	5.									
1612	7.	14.	10.									
1613	6.	19.	0.									
1614	7.	18.	6.	8.	4.	6.	22.	0.	0.	20.	6.	0.
1615	6.	18.	2.									
1616	7.	1.	8.									
1617	7.	16.	0.									
1618	14.	8.	10.									
1619	8.	17.	7.									
1620	6.	12.	1.									
1621	8.	11.	7.									
1622	11.	5.	7.									
1623	10.	17.	0.	10.	9.	6.	22.	0.	0.	25.	17.	0.
1624	8.	10.	4.									
1625	9.	9.	7.									
1626	16.	16.	0.									
1627	13.	5.	7.									
1628	9.	18.	0.									
1629	9.	0.	0.									
1630	10.	13.	7.									
1631	19.	16.	5.	11.	17.	6.	22.	0.	0.	29.	6.	0.
1632	15.	7.	2.									
1633	11.	0.	11.									
1634	9.	5.	0.									
1635	9.	18.	7.									
1636	11.	13.	4.									
1637	11.	2.	0.									

Años.	Precios del septier de trigo.			Precio común.			Precio del marco de plata.			Valor del septier en moneda actual.		
	L.	S.	D.	L.	S.	D.	L.	S.	D.	L.	S.	D.
1638.........	10.	10.	0.	10.	7.	2.	27.	10.	0.	20.	9.	8.
1639.........	9.	2.	5.								8.	
1640.........	9.	8.	5.					8.				
1641.........	11.	19.	2.	12.	1.	0.	29.	3.	7.	22.	8.	0.
1642.........	12.	2.	5.									
Luis XIV.												
1643.........	17.	17.	9.									
1644.........	17.	11.	0.	13.	15.	0.	28.	13.	8.	26.	1.	0.
1645.........	11.	4.	5.									
1646.........	9.	7.	2.									
1647.........	12.	13.	7.									
1648.........	15.	3.	7.									
1649.........	18.	18.	0.									
1650.........	26.	10.	5.	22.	4.	6.	28.	13.	8.	42.	2.	0.
1651.........	25.	13.	0.									
1652.........	24.	18.	0.									
1653.........	13.	7.	0.									
1654.........	12.	12.	0.									
1655.........	19.	10.	0.	11.	15.	2.	28.	13.	8.	22.	5.	0.
1656.........	10.	7.	6.									
1657.........	10.	4.	0.									
1658.........	12.	19.	6.									
1659.........	15.	4.	6.		18.							
1660.........	17.	8.	0.									
1661.........	26.	11.	10.	22.	13.	0.	28.	13.	4.	42.	18.	0.
1662.........	38.	5.	0.									
1663.........	26.	12.	6.									
1664.........	17.	2.	0.									
1665.........	13.	16.	0.									
1666.........	12.	19.	0.									
1667.........	9.	0.	0.									

Años.	Precios del septier de trigo.			Precio común.			Precio del marco de plata.			Valor del septier en moneda actual.		
	L.	S.	D.	L.	S.	D.	L.	S.	D.	L.	S.	D.
1668	7.	19.	0.									
1669	8.	2.	4.	10.	7.	3.	28.	13.	4.	19.	12.	0.
1670	8.	8.	7.									
1671	9.	7.	6.									
1672	9.	15.	0.									
1673	7.	17.	4.									
1674	9.	9.	1.									
1675	14.	6.	6.									
1676	10.	4.	0.									
1677	11.	12.	6.									
1678	14.	9.	6.									
1679	16.	8.	6.									
1680	12.	13.	6.									
1681	13.	10.	0.	12.	13.	4.	28.	13.	4.	23.	16.	0.
1682	12.	18.	0.									
1683	11.	6.	6.									
1684	14.	6.	6.									
1685	16.	1.	0.									
1686	10.	2.	6.									
1687	10.	13.	0.	11.	15.	11.						
1688	7.	0.	3.									
1689	7.	18.	3.				32.	2.	0.			
1690	9.	6.	0.	9.	18.	6.	32.	11.	8.	16.	4.	0.
1691	9.	16.	6.				32.	11.	8.			
1692	12.	13.	6.	13.	0.		31.	12.	13.			
1693	25.	10.	0.	32.	8.	0.	30.	5.	0.	53.	19.	0.
1694	39.	6.	0.				34.	19.	7.			
1695	14.	6.	6.									
1696	14.	15.	6.	15.	9.	0.	34.	19.	7.	44.	0.	0.
1697	17.	5.	0.									
1698	21.	12.	0.									

Años.	Precios del septier de trigo.			Precio comun.			Precio del marco de plata.			Valor del septier en moneda actual.		
	L.	S.	D.	L.	S.	D.	L.	S.	D.	L.	S.	D.
1699	26.	19.	6.	24.	2.	0.	34.	19.	7.	38.	9.	1.
1700	23.	14.	0.				33.	1.	5.			
1701	15.	19.	0.				32.	11.	8.			
1702	12.	10.	6.				36.	19.	3.			
1703	11.	15.	6.				35.	19.	9.			
1704	12.	9.	6.	19.	17.	6.	38.	18.	1	15.	14.	0.
1705	10.	7.	9.				37.	13.	9.			
1706	7.	14.	4.				34.	10.	9.			
1707	6.	18.	9.				47.	8.	0.			
1708	10.	1.	0.				36.	14.	0.			
1709	44.	11.	0.	42.	10.	6.	33.	5.	5.	63.	17.	0.
1710	40.	10.	0.				31.	12.	4.			
							43.	12.	8.			
1711	17.	8.	6.				43.	12.	8.			
1712	20.	17.	0.				43.	12.	8.			
1713	28.	11.	6.	22.	2.	3.	43.	12.	8.	29.	16.	0.
1714	29.	2.	0.				38.	3.	7.			
Luis XV.												
1715	14.	12.	3.				32.	4.	0.			
1716	12.	9.	0.				43.	12.	3.			
1717	9.	19.	9.				43.	12.	3.			
1718	10.	19.	0.				66.	12.	0.			
1719	14.	7.	3.	14.	3.	0.	61.	1.	9.	11.	12.	0.
1720	20.	11.	0.				110.	16.	0.			
1721	14.	14.	0.				68.	14.	6.			
1722	16.	1.	0.				68.	14.	6.			
1723	25.	1.	0.				72.	0.	0.			
1724	24.	19.	6.	26.	16.	0.	52.	12.	0.	15.	14.	0.
1725	30.	7.	6.				45.	5.	5.			
1726	26.	11.	0.									

Años.	Precios del septier de trigo.			Precio común.			Precio del marco de plata.			Valor del septier en moneda actual.		
	L.	S.	D.	L.	S.	D.	L.	S.	D.	L.	S.	D.
1727.........	19.	1.	0.									
1728.........	12.	16.	6.									
1729.........	17.	2.	0.									
1730.........	15.	13.	6.	15.	13.	0.	54.	6.	0.	15.	14.	0.
1731.........	19.	3.	0.									
1732.........	13.	8.	6.									
1733.........	10.	7.	0.									
1734.........	11.	0.	6.									
1735.........	11.	6.	6.									
1736.........	13.	1.	0.									
1737.........	14.	14.	0.									
1738.........	18.	15.	0.									
1739.........	22.	19.	6.									
1740.........	27.	12.	0.									
1741.........	38.	2.	0.	19.	0.	9.	54.	6.	0.	19.	0.	10.
1742.........	21.	2.	0.									
1743.........	11.	14.	9.									
1744.........	11.	1.	3.									
1745.........	11.	6.	6.									

O B.

OBSERVACIONES SOBRE DEMOSTRACION.

El discurso presente se reduce á un estado del precio anual de los trigos del comun resultante por épocas ; del del marco de plata y la valuacion de cada septier de trigo, segun la moneda actual combinada con los precios de cada respectivo periodo.

Con esta demostracion corrobora los supuestos de los dos precedentes de *Precios* y *Digresion* , ambos relativos á persuadir que la mas ó menos masa de metales , no es la fuerza motriz ni magnética , ni causa eficiente del precio de los granos. La de la guerra , las turbaciones , y qualquiera otro accidente que atrasa la Agricultura , son las principales que expresa para las alteraciones de precios en Francia , contrarias á la moderacion ; y como no se pueden negar tan lastimosos efectos , no es fácil atinar que parte tienen en ellos los metales , y otros agentes que por diferentes vias concurren al mismo fin.

Vuelvo á protextar que la materia es excesiva á mis fuerzas ; y como por otra parte se trata de hechos , no podria dudar de ellos sin crimen ; pero no dexaré de insertar lo que Mr. Necker dice al cap. 6.º de la 2.ª parte de su legislacion, que si no se contrae precisamente al Autor coincide en lo mas con lo principal de este capítulo. Habla de los que quieren probar con hechos antiguos los ven

da

daderos precios de los granos, y se explica así.

»Todavía se hece mas. Se forma una tabla de precios »de diferentes lugares del Reyno, en diversos tiempos del »año : sobre estas basas se establece un precio comun, y »se compara con otro comun precio de una época muy »distante : mas ¿ cómo se seguirá con debida exâctitud un »cálculo semejante? Sus distintas resultas no pueden me-»recer autoridad bastante sino despues de la discusion, y »una infinidad de relaciones. Quando menos, debia asegu-»rarse, si los años que se asimilan son iguales en produc-»to de cosechas, en la poblacion, en la tranquilidad inte-»rior, y otras mil consideraciones.

»Mas en fin, yo supongo que se tuvieron presentes »estos diferentes datos : con todo, la razon extraida de un »precio comun, no puede sanear todas las objecciones; »porque ¿ quántas puede producir la libertad ilimitada den-»tro y fuera? Esto es, levantar los precios por la mani-»obra de los interventores codiciosos ó inconsiderados, y »mas por un modo desigual, segun la porcion de plata »que hay existente en tal ó tal lugar, segun la industria »de los hombres que la poseen ; segun la situacion de la »Provincia en donde gira ; segun la extension de la po-»blacion ; y segun otras muchas combinaciones.

»Estas desigualdades notables se cubren facilmente por »el cálculo de los precios comunes ; porque si algunas ca-

»sua-

»sualidades han hecho subir el precio en Ruan á cincuen-
»ta libras , se toma al mismo tiempo un precio en la mon-
»taña de Gibaudan á veinte libras ; precio medio treinta y
»cinco : sin embargo , con esté precio medio , las fábricas
»de Normandía han padecido mucho , el Pueblo se suble-
»vó , y la miseria destruyó muchas familias. Verdaderamen-
»te que estos cálculos son muy incompletos , y estrivan
»sobre fundamentos muy inciertos para merecer atencion
»por mucho tiempo.«

La variedad de épocas sin órden fixo de revoluciones,
variaciones de valor de monedas , ni periodos por decadas,
ni otra separacion uniforme temporal , hace imposible la
combinacion ni juicio. Con solo juntar ó desmembrar un
año de una á otra época , varía notablemente el precio
comun.

Tal vez por estas objeciones no se convienen otros
hábiles especuladores con estos precios comunes , para formar tambien cuentas con que probar la potencia del libre
comercio y extraccion de granos. Mr. Thomás es uno de
ellos. No es regular que este sábio moderno ignorase la
obra de un docto erudito como el Autor del Ensayo , con-
temporaneo y concólega suyo , pues ambos eran de la Academia Francesa ; y con todo discordan bastante en los precios de los granos.

Proponiendo la *libertad de la extraccion* , como la alma

Tt *de*

de su comercio , segun el sistema de Sully , en el famoso elogio de este célebre Ministro , que pronunció en la Academia Francesa , ocho años despues que nuestro Anónimo escribió el Ensayo sobre la Policía de los granos , dice : Ved los hechos á que es difícil responder , porque no son expuestos ni exâgerados , ¿quáles son? 1.º que el precio comun de Francia en los Reynados de Enrique IV. Luis XIII. y primeros de Luis XIV. valió comunmente veinte y cinco libras tornesas el septier , y por el estado precedente se vé que el mas caro comun fué el de veinte y dos libras ; y si se deduce el correspondiente á las tres épocas juntas será de doce libras , como se ha visto en el capítulo de Cálculos.

2.º Que en tiempo de Colvert el precio del septier fué el de siete , ocho , nueve , y diez libras , y por el citado estado anterior resulta que á catorce , segun el año comun , como mas largamente se vé en el mismo tratado de Cálculos.

3.º En 1709 el septier de trigo valia en Francia cien libras de nuestra moneda , y en Inglaterra solo cerca de quarenta y tres. El Autor del Ensayo en su estado no le dá mas que quarenta y quatro libras y once sueldos , y en el año de 10 , quarenta y diez , que juntos los dos hacen el comun de quarenta y dos y diez ; y aunque se quiera tomar el resultante de la evaluacion de la moneda actual, no

pa-

pasa de sesenta y tres libras y diez y siete sueldos : y no es de menos consideracion, que el año de 1709 fué de los mas calamitosos que ha experimentado la Francia en ocho siglos, ó á lo menos el precio del trigo no ha subido mas en todos ellos.

Yo creo este encarecimiento muy abultado, y lo confirma la penuria que España padeció en el mismo año en que Zabala refiere como cosa inaudita, haberse pagado la fanega de trigo á ciento veinte reales, pero esto fué momentaneamente, y creo que en único y singular lugar, y por las cien libras del septier le tocaban ciento y cincuenta. Hágase reflexion que por entonces sobre la escaséz de cosecha del año de 8 y 9, era nuestro Reyno el teatro de la guerra desde el principio del siglo, y la que sustentaba casi todos los Exércitos de Europa.

No extraño la exâgeracion, porque veo el conato de persuadir el beneficio de la libertad ; pero por lo mismo es notable la parcialidad, pues para proponer con sinceridad la potencia de un agente, no han de tomarse los extremos de su fuerza ó facultades, sino el medio prudente ; y la determinacion del año de 9, precisamente en que el trigo fué mas caro que en ocho siglos, es apurar todo lo posible, excluyendo lo racional y aun lo justo de las consideraciones accidentales que hicieron me-

mo-

morable aquella época, y no es fácil su concurrencia acaso otra vez.

Con el mismo espíritu sin duda continúa el 4.º hecho *incontextable*, y es el siguiente : *En la carestía de 1693 y 1694, el trigo costaba la mitad menos en Inglaterra que en Francia* (nótese bien lo siguiente) *aunque la exportacion de Inglaterra no hacía mas que tres ó quatro años que se habia establecido.*

Adviértase desde luego la misma circunstancia en estos años que el de 9, pues segun los Escritores del fin del siglo pasado, especialmente Mr. De la Mare, comisionado en aquellas penurias, fueron de los mas pésimos que han afligido á la Francia, y el mismo estado ó tabla los extrae de la comun cuenta como á los de su clase, segun la prevencion tercera del Autor, que precede al estado para su mejor inteligencia.

Pero lo mas especial es que toma *el principio* de la extraccion de Inglaterra en el del establecimiento de su premio, que fué en 1689 ; y siendo bien notorio que la salida se acordó en 1660, dá que sospechar la omision ó remision de los veinte y nueve años que versan de 60 á 89. Ignorancia no es, descuido tampoco, antes si me fuera lícito discurrir con alguna malicia le creeria cuidado.

Siendo la idea persuadir el poder de la libertad, dirán que no hace al caso reducir su historia, antes bien quanto

mas

mas asegurada y prolongada sea, califica otro tanto su executoria, así parece: mas yo refino las máximas de este político. Por lo mismo que á solos tres años de establecida la salida en Inglaterra dá doble ventaja en aquel Reyno que en Francia, insinúa astuta y tácitamente la conseqüencia, de que quanto mas se consolide y prorogue pueden creerse mayores ventajas, y por eso reduce el término. Salve mi juicio de impío el declarado partido que toma á favor de la libertad, y la excepcion que padecen los hechos irrefragables que supone, y verdaderamente merecen recibirse con alguna desconfianza, como con prevencion, el estado que hace la materia de este capítulo, si no en la identidad de precios, á lo menos en el órden de épocas, en el de deducion de valores comunes, y combinacion de el del marco de plata fina y valuacion del trigo, segun la moneda actual.

El justo aprecio que entre los literatos han merecido estos dos, especialmente Mr. Thomás, cuya memoria, sobre no haberla podido obscurecer todavía el tiempo, pues hace seis años no mas que murió, la perpetuarán sus escritos, y la fixará el magnífico epitafio que compuso el Arzobispo de Leon, y mandó grabar en el suntuoso mausoleo que á sus propias expensas le erigió: este universal aprecio, vuelvo á decir, me ha retraido mas de una vez de oponer mi aliento al brillo de su concepto, aun en un

sim-

simple y fácil anacronismo ; pero por lo mismo de ser tan notable el sugeto y su consocio , he resuelto exponer la inconcordancia de *hechos* entre estos dos héroes , que á la par corrieron la carrera ambiciosos del triunfo , arrastrando un prodigioso séquito su nombre solo , sin acordarse que tambien Homero dormía alguna vez. Tal es mi veneracion á estos sábios , que dudo aun de lo que veo.

TRADUCCION DE OBSERVACIONES.

Detengámonos un momento para hacer algunas observaciones sobre este plan demostrativo, y analicemos las revoluciones de diferentes precios del trigo. La primera subida se encuentra en el año de 1304. Ella fué tal vez ocasionada por la alza de las monedas, cuyo desórden y el de la Real Hacienda fué originado de una larga guerra. Felipe IV. por su ordenanza del mes de Marzo de 1304 prohibió vender el septier de trigo á mas de dos libras, lo que causó tan perverso efecto, que se vió precisado á revocarla en 11 de Abril siguiente.

En 1315, la continuacion de la guerra de Flandes y el fuego en que ardía el Reyno, contribuyeron tanto á la carestía, como las continuas lluvias del citado año.

Todas las carestías del siglo catorce, y las del principio del quince, se pueden considerar como conseqüencia precisa de la invasion del Reyno por los Ingleses. Las variaciones del trigo dependen de la suerte de las armas, especialmente quando el enemigo ocupa el centro del Estado.

La buena conducta de Cárlos V. y sus sucesos contra los enemigos, sostuvieron y restablecieron la Francia por una larga serie de años; y la tregua con los Ingleses mantutuvo los trigos á baxo precio (a) hasta la pérdida de la batalla de Acincourt de 1415, que sumergió á la Francia de nuevos males.

No ha sido posible fixar precio alguno desde 1416 hasta 1425, porque el Reyno estuvo lleno de turbaciones, de facciones, y de enemigos : el marco de plata subió desde seis libras hasta quarenta. Los Mercaderes y los Panaderos huyeron, y el Pueblo careció de Pan ; tan delicado es hacer reglamentos sobre estos frutos. En fin, se permitió venderlo hasta cinco escudos de oro el septier.

Las carestías del Reynado de Cárlos VII. tuvieron una relacion inmediata con la guerra de los Ingleses, que ocuparon una parte del Reyno : cesaron los enemigos intestinos y extraños, (b) y sucedió una época de sesenta y nueve años, en la que el precio del trigo estuvo siempre de tres á quatro libras moneda actual el septier ; y aunque el marco de plata fué alto en todo este tiempo, (c) el trigo pasó mas baxo que en los siglos precedentes.

Se vé alzar de tiempo en tiempo en el de Francisco I. por la agitacion de las continuas guerras de este Reynado.

Des-

(a) *Véase la tabla desde el año de 1361 hasta el de 1414.*

(b) *Véase la tabla desde el año de 1446 hasta el de 1515.*

(c) *Hágase comparacion de precios en la tabla, tanto de marco de plata como de trigo.*

Despues que el espíritu de faccion turbó todo el Reyno, los precios fueron exôrbitantes, sin otra causa que los furores de la liga.

En el de Enrique IV. se sintieron tambien estos movimientos, y lo mismo en los de Luis XIII. y Luis XIV. hasta en 1664, y los trigos fueron en estos tiempos mas caros que lo han sido en nuestros dias.

Durante los veinte años del Reynado de Enrique IV. que componen tres épocas en la tabla, su precio comun sube á treinta y tres libras quatro dineros valor actual.

En las quatro del Reynado de Luis XIII. baxó á veinte y dos libras cinco sueldos, y en las otras quatro de la menor edad de Luis XIV. volvió á treinta y tres libras seis sueldos y seis dineros; cuya diferencia proviene de las turbaciones intestinas que agitaron el principio de este Reynado; porque á excepcion del año 1662, no hubo en todo este intervalo ninguna verdadera carestía. Sin embargo en estos diferentes tiempos, el septier de trigo costó dos ó tres onzas de plata mas que al presente, esto es, doble precio.

La calma interior, y una acertada administracion, produxeron grandes mutaciones en el Reyno. Desde el año 1664 se vé baxar siempre el precio de los trigos, y no aumentar sino en 1693, 1699, y 1709, por el accidente físico de las estaciones. Las guerras de Luis XIV. causaron

Vv   al-

algunas variaciones ; pero generalmente desde el año 1664 hasta el presente se vé por la tabla , que el precio de los granos , el Reyno , y las tierras mejoraron á medida que los vasallos , mas instruidos de sus obligaciones , desterraron este espíritu de faccion que destruye los Estados. En el de nuestro Monarca no habemos experimentado calamidades formidables ; y nos debemos acordar con gusto , que el precio de los trigos es mas barato que en los anteriores siglos. El precio comun de las quatro épocas de 1716 á 1746 , no es sino de diez y ocho libras. Así baxo la proteccion de este Rey bienhechor experimentamos el tiempo de esta felicidad preciosa , que asegura la de sus súbditos y la tranquilidad del Reyno.

Hemos aumentado nuestros bienes y nuestra comodidad ; y el Pueblo ha comido el pan mas barato que despues de algunos siglos ; sin embargo , el valor de nuestras monedas ha subido considerablemente sin que se haya resentido el de los granos ; al contrario , están mas cómodos que quando el marco de plata valía de veinte á treinta libras , y basta menos plata para pagarlos.

Debe observarse todavía que no se ven los trigos á mas baxo precio que despues de 1716 hasta 1722. Epocá desgraciada en que las monedas estúvieron en agitacion continua , y el marco de plata alzó excesivamente. El cuidado del Gobierno que zela la mejora de la cultura , es el ter-

termómetro mas seguro del valor de los granos , que ciertamente no suben á proporcion de las riquezas , y sí baxan á medida de la felicidad y sosiego que alegran las campañas ; de aquí es de donde depende la gran copia de colonos y de frutos , y esto es lo que regula el precio.

Si en el presente Reynado habemos experimentado menos desigualdades sobre el precio de los trigos que en los precedentes ; si ellos han sido menos caros que en los siglos anteriores , como se vé por la tabla ; si la vileza del precio es obstáculo á la fecundidad ; si nuestras tierras pueden proveer con exceso á lo necesario , y nos ofrecen una mina mas abundante que las del Perú ; si la libertad absoluta nos puede garantir de todos los inconvenientes, y procurarnos tantas ventajas ¿pondrémos todavía barreras á los beneficios de la naturaleza? ¿y nuestra policía cobarde y variable , será siempre alarmada por un temor popular?

OBSERVACIONES SOBRE OBSERVACIONES.

Aunque todas las observaciones que contiene este capí-tulo miran á confirmar que la subida de los trigos no ha sido causada del aumento de la plata, ni en materia ni en valor, sino por efectivas carestías, y por revoluciones de los tiempos y de los Estados, ó por vicios de las providencias, no dexa de hacerlas servir tambien su *Autor* á la persuasion de la libertad : mas sean como fueren, ellas son de hecho que no permite discusion, y menos siendo local y respectiva á Francia, sin referencia ni influencia ácia nosotros ; pero creo que donde intervengan tales motivos, se verán iguales resultas. Sin embargo, por lo que pueda servir la sagáz reflexion que Mr. Neker hace en el cap. 6. de la segunda parte de la Legislacion, citado poco há, que titula *sobre los argumentos fundados en antiguos hechos*, insertaré algo de lo que dice sobre el modo con que se pueden formar y producir tales *observaciones* ; y así el título como el órden de exponer los riesgos, junto con lo que ya se vió en la demostracion precedente, parece no dexa duda de que habla por el *Ensayo de la policía de los granos*. Estas son sus expresiones : »En esta succesion de leyes ab-»solutas y contradictorias dadas en siglos anteriores, sobre »el comercio de granos ¿cómo podrá encontrar la expe-»riencia argumentos ciertos? Cada partido puede recoger

»fa-

»facilmente anécdotas convenientes al sistema que sostie-
»ne, ó á lo menos contrarias al que impugna, pues que
»la grande libertad, ó la prohibicion absoluta, han debido
»producir la una y la otra abusos y dificultades; verdad
»es que en el modo de exponer estos hechos consiste ha-
»cerlos favorables á la opinion que se persuade:::

»¿Se propone defender la libertad absoluta? ¿se quie-
»re por la referencia de hechos probar que nunca ha cau-
»sado ella encarecimientos? Ved como se raciocina.

»Si el abuso de la libertad en los altos precios de gra-
»nos, han exîgido la intervencion del Gobierno, ó han
»precisado á renovar las leyes prohibitivas, el partidario
»de la libertad adopta á su favor esta circunstancia y
»dice:

»En tal año, época de la prohibicion, el trigo fué á
»un precio excesivo.

»Si estas limitaciones, despues de algun tiempo, hi-
»cieron baxar el precio, restableciendo por conseqüencia
»las leyes en favor de la libertad, sigue el mismo método,
»y alega:

»Tal año, rigiendo la libertad el trigo fué á baxo pre-
»cio, y la abundancia reynó generalmente.

»Facilmente se conoce el vicio de este argumento; y
»por su órden podria sostenerse que todos los febrifugos
»excîtan la fiebre.

»Tal

„Tal dia se dirá, el enfermo tomó quina ; y la fiebre „subió al mas alto periodo.

„A tal otro cesó en su uso ; y su curacion dió prin„cipio.

„En general cada uno discurrirá facilmente.

„Que las escaseces y carestías han precisado á prohi„biciones.

„Que la abundancia y el baxo precio han ocasionado „la libertad.

„Mas las prohibiciones llamadas así por moderar los „precios ó la libertad, establecida para darles el regular, „no han podido cambiar las conseqüencias de estas cir„cunstancias. No debe, pues, admirar que prohibicion y „carestía, libertad y baxo precio se encuentran en con„juncion.

„Pero se dirá : la prohibicion produce la escasez y ca„restía ; de la libertad resulta la abundancía y el baxo pre„cio : esto es invertir con evidencia el órden de las cosas; „ó lo menos querer probar un sistema con una reunion „de circunstancias que nada significa."

TRADUCCION DE OBJECIONES.

„Nuevas objeciones se presentan todavía ; si se abre (di-
»rán) la barrera para extraer los granos , vendrán multi-
»tud de extrangeros y los levantarán hasta de los mismos
»campos ; los encarecerán y aumentarán los salarios ; y la
»subsistencia de las tropas será mas dificil y costosa.«

Nosotros estábamos expuestos en otro tiempo á quedar sin trigo de repente. Quando la permision era pasagera , los extrangeros se apresuraban en aprovecharse de ella;
pero si la libertad es absoluta , y declarada perpetua , ellos
esperarán los tiempos mas favorables para comprar al mejor precio , especialmente si es para encarecerlo. Por conseqüencia , quando nuestros granos estén caros no comprarán ó será poco. Esta es una razon decisiva para asegurarnos mejor en tiempo de carestía , en el que siempre tenemos mas rezelo. Si nuestros granos corren á ínfimo precio,
entonces vendrán á comprarlos con actividad. Esta es otra
razon esencial para deponer toda duda en conceder la franqueza , pues que nos es ventajoso vender muchos quando
hay abundancia. Pero lo que nos afianza de todo temor y
en todo tiempo es , que si nuestros naturales tienen una
vez la permision de hacer almacenes , y están bien asegurados de que jamás serán molestados , entonces serán ellos
concurrentes con los extrangeros , sobre todo el baxo precio.

cio. Y ya habemos prevenido que no será fácil como otras veces despojarnos á un golpe de nuestros granos, quando nuestros paisanos no serán reducidos al estado miserable de simples comisionados de nuestros propios frutos.

Para asegurarnos mas, consideremos que los Holandeses son los únicos que hacen fuertes almacenes de granos extrangeros entre nuestros convecinos. La Inglaterra tiene tan grande abundancia, que no piensa ni pensará en comprar los nuestros; pero quando se sospechase de algunos extrangeros el designio de extraer de Francia seiscientos ó setecientos mil *muids* de trigo, esta cantidad que al pronto asombra, no hace para el Reyno sino el consumo de solos dos meses, como se ha probado ya; cuya *compra no solo* nos seria á nosotros mas ventajosa *que perjudicial* por una multitud de circunstancias, *respecto* á que muchos años estamos provistos sin *riesgo* alguno, como se puede ver por lo ya expuesto; *sino* que *no* es fácil demostrar la posibilidad de *semejante* levantamiento por ninguna Nacion qualquiera que sea. Calculemos el precio de esta cantidad vendida á fuera á razon de diez ó doce libras el septier solamente; aumentemos los derechos á veinte y dos libras por muid á la salida, con los otros gastos de transporte, y veremos que tienen de coste mas de cien millones para poderlo poner en País extrangero, ¿qué Nacion se halla en estado de hacer este desembolso? ¿qué

Puer-

Puertos son capaces de Almacenes que puedan contener este inmenso volumen de trigo? Quando se supusiese contra toda verosimilitud que muchas Naciones enemigas nuestras se coligarian para arrancar estos granos ¿ podria acaso su inteligencia hacer salir á un golpe la cantidad de sciscientos á setecientos mil muids? Si ellas lo practicasen no seria ciertamente en tiempo de carestía, porque seria preciso entonces dobles fondos para su coste, pues ascendería á mas de doscientos millones. Si intentasen esta operacion en tiempos en que los granos valiesen poco; nos harían ciertamente un grande bien y ningun mal, pues nos introducian mucha plata, y darían una actividad valiente á nuestros cultivadores. Ya hemos dexado prevenido, que el Consejo tiene en su mano la llave de nuestros trigos, por el crecimiento de derechos de salida en que es árbitro de arreglarlos siguiendo las circunstancias; cuyos derechos mas ó menos subidos contendrán los granos en el Reyno, ó los dexarán salir voluntariamente. Así es fácil por este solo medio evitar todos los inconvenientes que se puedan objetar.

La sola reflexion sobre la inmensidad de gastos que deben preceder á la extraccion de los granos de nuestro mismo País, sobre la dificultad de salida quando se les cargase de graves derechos, parecería á qualquiera que hiciese atencion un argumento muy eficáz contra nuestros

Xx   ter-

terrores pánicos. Quanto mas se exâmine sosegadamente menos fundamentos se hallarán para su concepto ; efectivamente ¿puede creerse sensatamente que nuestros vecinos se concertarán de acuerdo , y consignarán lo que respectivamente deberán adelantar para fondos , quando apenas podrán con mucho trabajo costear los mas precisos?

De otro modo , si este es medio accesible para dañar á su enemigo , ¿por qué no lo hemos usado nosotros? Nuestros vecinos nunca han tomado precauciones para los granos: Los Puertos de Holanda y de Inglaterra , y los graneros de Alemania y de los Países baxos , han estado siempre abiertos. Nada solicitan mejor que vendérnoslos , y llevarse nuestra plata ; y si carecen del temor que á nosotros nos posee sin fundamento , ¿por qué no nos apresuramos en persuadir la misma seguridad?

Luis XIV. en los años 1672 , (a) en el de 1678 , (b) y en 1704 , (c) quando la guerra estaba en el mayor ardor , no dudó en dar permisos generales para la venta foras-

(a) *Por acuerdo de 26 de Octubre de 1672 disminuyó por mitad los derechos de salida. Por otro de 6 de Noviembre del mismo año , fueron reducidos á una quarta parte ; y por otro de 23 de Abril de 1673 fueron suprimidos enteramente.*

(b) *Acuerdo de 4 de Junio de 1678.*

(c) *Acuerdo de 20 de Noviembre de 1703.*

rastera, ní se alteró de ver pasar un fruto superfluo á País de sus enemigos : por tanto, lexos de temerse que los extrangeros arrebaten nuestros granos, debiéramos desear que los soliciten con empeño. Habemos sido nosotros siempre harto avaros, y nuestros vecinos han subsistido sin nuestros socorros; ellos no tienen la necesidad absoluta como se cree, cuya persuasion debe tranquilizarnos sobre las cantidades que pueden extraernos : es positivo que no tendrán nunca poder bastante para causarnos un daño real introduciéndonos necesidad.

Si el efecto de las permisiones no nos ha afianzado es, porque siempre se han concedido tarde quando ya el labrador habia menoscabado su Agricultura.

Entonces las cosechas menos abundantes han hecho parecer perjudiciales las mas cortas extracciones, se ha imputado á esta causa equívoca un mal, cuyo orígen no se ha advertido; ha causado invectivas contra las permisiones, y este grito ha intimidado de manera, que sin otro exámen se ha fallado contra las extracciones, declarándolas por dañosas. Efectivamente lo han sido algunas veces, porque no se han concedido sino por un tiempo limitado : el extrangero se ha apresurado para sacar en un corto plazo todos los granos, que saldrian lentamente si la libertad hubiera sido constante y perpetua; y estas convulsiones han producido una rebolucion súbita en los precios, respecto

Xx 2

que

que causaban una notable impresion en la masa de los granos, y en opinion de los Pueblos.

No podemos dudar que la opinion decide algunas veces del precio de los granos sin respecto á la cantidad efectiva; porque quando el trigo vá caro y las apariencias de cosechas son buenas, baxa á proporcion de que esta se aproxima, aunque el consumo disminuye la masa todos los dias. Al contrario, si el grano vá á precio baxo, y la recoleccion no ha correspondido á las esperanzas, entonces aumenta aun en mies aunque haya mas cantidad que antes; así el precio es regularmente gobernado por las apariencias.

Lo que pasa todos los dias en los mercados es una nueva prueba: el grano baxa quando acude mas de lo que se necesita; y alza si se quiere comprar mas del que ha concurrido. Este efecto depende absolutamente del mayor número de vendedores y compradores que se encuentran en un acto. Las necesidades entretienen siempre el mismo número de compradores; los vendedores al contrario son mas raros quanto mas apuran los tiempos.

La reforma de nuestra policía sobre los granos puede únicamente aumentar los vendedores. Nuestros mercados serán entonces mejor provistos por una concurrencia voluntaria, y los precios baxarán sin que se advierta la causa. Las ordenanzas conducen pocos granos al mercado: es el interés y no otro quien los lleva.

La

La memoria de las carestías no se borra facilmente del espíritu de los Pueblos, ni de los que se interesan en ellas, y con dificultad tambien se disipará la idea de que la libertad absoluta alzará exôrbitantemente el precio del pan.

Es justo procurar al Pueblo la subsistencia mas cómoda; y este es el espíritu que nos anima y el objeto que buscamos; pero es dañoso para el Pueblo y para el Estado mantener el pan á precio baxo: para el Estado, porque menguan sus fondos y la cultura: para el Pueblo, porque cae en ociosidad madre de todos los vicios.

Quando el pan vá á baxo precio, el inferior Pueblo que en todo País no trabaja precisamente sino para vivir, puede ganar en pocos dias con que mantenerse una gran parte de la semana sin hacer nada. Entonces rehusa el socorro de sus brazos, y se entrega facilmente á la holgazanería, y contraida esta costumbre, ella engendra á los mendigos. Así la subsistencia muy cómoda hace mas perezosos que una carestía miserables. Débese, pues, prevenir que es menester entretener por un precio moderado la actividad del baxo Pueblo, que no tiene regularmente otro aguijon que el de la necesidad de vivir.

Mal entiende los intereses del Pueblo, quien los separa del propietario. Quando los ricos venden mal sus frutos, tienen menos con que promover el trabajo de los pobres;

bres ; y si la venta del grano no dá suficiente al que reco-
ge , no puede procurar las ocupaciones del jornalero. Desde este instante el mas robusto industrioso lo vá á buscar
á otra parte , y queda con nosotros el menos activo y útil.
Esta relaxacion y esta desercion asusta menos que la carestía. Sus efectos son verdaderamente mas lentos y menos sensibles ; pero la languidéz de las campañas y su
debilidad imperceptible , es una calamidad pública menos notable ; pero mas ruinosa que el encarecimiento del
pan.

Si la nueva policía empeña , como es de esperar , para
el aumento de la cultura , y la conservacion de los granos
en el Reyno , no tendremos que temer carestías muy notables. Al contrario , nos pondrá á cubierto de las alterna-
tivas lastimosas que precipitan al vulgo en la desesperacion ó en la vagancia , por la demasiada alza ó baxa de los
precios ; extremos siempre dañosos para el Pueblo y para
el Estado.

Por el contrario , la uniformidad de precio que se fi-
xaría si todos se dedicasen á encerrar granos en los años
buenos , mantendría siempre el valor proporcionado ; y dado caso que se pagase el pan algo mas caro de lo que cor-
respondiese á la abundancia , las reservas que hiciésemos
entonces embarazarian pagarlo caro en los escasos. En Roma el pan siempre está á un mismo precio , porque el Es-
ta-

tado almacena los granos (a). El Pueblo no disfruta el baxo precio, pero tampoco padece en las carestías. Esto es practicable en un Estado reducido, donde se conoce y sabe las sumas de las cosechas y el número de los consumidores. En un gran Reyno, la libertad del comercio es la que puede solamente mantener en poco mas ó menos la uniformidad.

Si el pan vale poco disminuye la necesidad, y los medios de trabajar: daño que es de evitar, y que la piedad mal entendida percibe pocas veces. Sea pues liberal en la miseria, niéguese á la holgazanería, y cese de desear el pan varato. Pero se dirá, si el pan se encarece, tambien los salarios; esto es lo que vamos á exâminar.

No es, pues, cierto que el nuevo método altere el precio del pan: al contrario, si él anima la cultura y multiplica la especie, tendremos muchos granos que vender á los forasteros; y aun en el caso de suceder así, no podrá jamás ser á un precio oneroso. Supóngase que los comercian-

(a) *La libra, que es no mas de doce onzas, vale siempre dos baxoques, que hacen mas de veinte y nueve de Francia: los panes son pequeños en casa del panadero, el pobre y el rico comen de lo mismo, es siempre de una especie, bueno, blanco, y muy apetitivo; los que lo quieren de otro modo se lo hacen cocer en casa, es mas barato pero no es tan blanco.*

ciantes de granos encarecen uno ó dos dineros la libra de pan ; lo que es arduo , si entretanto este comercio autorizado nos afianza nuestra subsistencia en tiempo de necesidad. ¿No es mas útil al Estado y al Pueblo pagar en todo tiempo este exceso (a) que de repente el pan á doble precio , causando una revolucion súbita en el espíritu y en los fondos del público? Quando concediéramos esta especie de retribucion á los Mercaderes por los gastos de conservacion , no causaría ninguna alteracion en la República ; porque es á nosotros mismos á quien la pagamos: ¿y no es esto preferente á ser expuestos á desigualdades, ó haber de buscar los granos fuera con extraccion de nuestra mas acendrada plata? ¿puede pensarse que este encarecimiento tan insensible , y tan poco gravoso al Pueblo, haga impresion en los salarios? No : la experiencia nos demues-

(a) *Yo supongo que el pan encarezca un dinero por libra, y que á razon de diez y seis millones de habitantes que coman tres libras de pan diariamente , son tres dineros de aumento por boca , que producen doscientas mil libras por dia , que costará demas el alimento del Pueblo : cuya suma no parece puede causar efecto sensible estando repartida sobre todos los individuos , y bastaria para mantener la custodia y comercio de los granos en el Reyno , refundiéndose sobre el labrador , el propietario , y el mercader de granos.*

muestra que el precio de los jornales no sigue al del pan; ni jamás se ha advertido que las carestías hagan los obreros mas costosos : regularmente han esforzado entonces mas el vigor de sus brazos, y ahijoneado su industria. Ellos se reducen á lo simple necesario, ó trabajan con mas intension.

El aumento que se rezela no puede tener un efecto sensible sobre los salarios, y es menester desengañarnos de tal opinion, que una remota verosimilitud ha podido dar algun crédito. Del mismo modo que se persuade deber alzar el precio de los granos á proporcion que se aumentan las riquezas, así se piensa tambien que los jornales de los obreros deben correr la misma suerte. Sin embargo, es fácil hacer ver que los salarios no se reglan, ni por el precio del pan, ni por el de los metales, y que no han crecido tanto como se abulta.

El año de 1256, tiempo en que el marco de plata valía cincuenta y ocho sueldos, el jornal de un hombre en Languedoc se apreciaba en seis dineros (a). Así trabajaban ciento diez y seis jornaleros por un marco de plata; estos seis dineros harian hoy nueve sueldos, y hay muchas Provincias en donde los salarios no se pagan mas ; y acaso esto sucederá en las inmediaciones á París, resultando que

Yy   con

(a) *Véase el ensayo de las monedas 2. part. p. 4. esta noticia consta en la Historia de Languedoc. Tom. 3.*

con un marco de plata se ocupa el mismo número de obreros que en el siglo XIII.

En los registros de la Abadía de Previlly , en el año de 1594 se encuentra los jornales de los oficiales de sastre á tres sueldos , los de un carpintero á cinco sueldos y tres dineros. El marco de plata valía entonces veinte libras doce sueldos y quatro dineros , y al presente correspondia al sastre cerca de ocho sueldos , y catorce sueldos al carpintero ; aunque en las Casas Religiosas se haga trabajar mas varato que en otra parte , no hay diferencia muy considerable de estos precios á los del siglo XIII. y no corresponden ni al valor de los frutos , ni á la masa del oro y de la plata.

Puédese asegurar que aunque la mano del obrero tenga cierta proporcion con el precio de los alimentos , no la tiene inmediata con el número de ellos. Quantos mas brazos estén prontos para trabajar , será menos cara la labor de todas las especies y clases , y tambien las del luxo. No ha mucho tiempo que los bernices , bordaduras , diges , &c. costaban mas que al presente ; el obrero se ha hecho mas expedito por la costumbre , y menos caro por la concurrencia. La necesidad de vivir aumenta la industria. Los salarios no alzan quando el pan vá caro. El temor de carecer de ocupacion reduce á los obreros á lo puro necesario , ó los hace trabajar mas.

El

El trigo era muy caro en 1439, y se vé en la Cronica de Montrelet, *que las mugeres aplicadas acostumbradas á ganar cinco ó seis blancas por dia, se ajustaban voluntariamente por dos y vivian fuera* : esto mismo hemos visto regularmente; y quando el pan no es á muy alto precio, un encarecimiento pasagero excita una nueva emulacion en el obrero. La medida de los salarios es la poblacion, el trabajo, y la costumbre de los Pueblos, y las tasas y sobreprecios de los consumos. En Inglaterra á un labrador se paga mas que en Francia, come mas, y por lo comun toma su thé antes de ir al trabajo. Un maniobrero holandés lleva mas salario : una libertad indifinida le autoriza para que le paguen el aguardiente que bebe.

La subsistencia de las tropas sigue la misma pariedad que la de los paisanos al abrigo de las desigualdades que obligan á contratos peligrosos al Empresario, ó gravosos al Príncipe. La corta duracion de los asientos de las provisiones que la incertidumbre del precio de los granos hace renovar cada año, obliga al Asentista á cargar en el valor de cada racion todos los gastos de un establecimiento contingente, que se multiplican por una variacion anual.

Los gastos generales que recaen en evidente pérdida de un municionero que no provee sino un año, levantan necesariamente el precio del pan que se dá á la tropa, y

Yy 2

no

no es posible sostener la empresa sin este coste. El Ministerio que ha penetrado bien estos inconvenientes, obró sabiamente en haber perpetuado despues de algunos años en una misma compañía la provision del exército. Por este medio afianzó los precios mas moderados, y aseguró mejor el servicio. Así ha ahorrado todos los gastos de las mutaciones anuales que necesariamente encarecen la racion; ha fixado Almacenes, y asegurado sugetos inteligentes para valerse de ellos en las ocasiones importantes.

Si el comercio de los granos arregla su precio con mas uniformidad, podrá entonces un Proveedor ofrecer un precio igual por muchos años, sin tantos riesgos y con mas ventajas para él y para el Estado. La economía se consigue mas probablemente en la continuacion de las operaciones que en la revolucion perenne de un negocio insubsistente. Parece tambien que un Comercio mas animado debe facilitar la provision del pan. Entonces el obligado sería el mas fuerte Mercader de granos del Reyno. Sus proyectos mejor concertados y mas bien seguidos, le afianzarian contra la inconstancia de los precios. Sus Almacenes suministrarian granos á menos coste; miles de gentes oficiosas le ofrecerian sus servicios y sus granos, sin necesidad de tomar el necesario de las Provincias; el mismo Comercio los conduciria insensiblemente á los graneros del Rey. Sin esforzar los transportes serían mas fáciles y menos

nos costosos. Un Asentista mas subsistente necesitaría menos dependientes , y podria economizar mas. La racion no
saldría cara , sino á proporcion de la oportunidad y coste
que tuviese en las provisiones.

Así las objeciones sobre los precios , sobre los salarios , y sobre la subsistencia de las tropas , se desvanecen
por ellas mismas ; cuya refutacion hace ver claramente mas
utilidades que inconvenientes.

Concluyamos lo que respecta á los precios , por una
prueba que sirva de respuesta á los que puedan objetar,
que quando nuestra tierra mejor cultivada produxese muchos granos , tal vez no tendrian venta en Paises extrangeros.

El modo de obtener la preferencia en los mercados
forasteros , es vender mas varato que otras Naciones. Esto
es infalible : nosotros , pues , tenemos esta proporcion.

Los Ingleses y Holandeses son sin duda los Mercaderes de granos mas fuertes de la Europa : con todo no pueden proveerlo al precio que nosotros. Una medida equivalente á nuestro septier vale mas de veinte y siete libras en Inglaterra ; en Holanda cuesta todavía mas , en
Francia rara vez llega á este precio , como se puede ver
por la tabla. Baxo de esta verdad venderemos nosotros cómodamente , y en daño de las dos Naciones : ellas han establecido este Comercio. Nuestro precio ordinario mas mo-
de-

derado que el suyo, plantará un ramo de Comercio bien asegurado. Solo el precio facilita la venta, y destierra los concurrentes.

En el Mediterraneo, en donde la Sicilia y la Berbería esparcen sus granos, Languedoc puede aumentar la concurrencia. Los llevará ciertamente á la Provenza, donde por lo ordinario faltan, y traerá á Francia un tributo que se ve esta Provincia precisada á pagar al extrangero.

Esto es representar nuestras proporciones para radicar un Comercio mejor que qualquiera otra Nacion. Nuestros precios nos convidan, y por qualquiera parte que se medite atentamente nos ofrecen seguros expedientes, nuestras tierras, nuestras riberas, y los dos mares. No pensemos, pues, sino en animar nuestra cultura, esto es, laxârla de nuestros vecinos, y aumentar á su costa nuestros Pueblos, nuestra navegacion, y nuestras riquezas. Así todo nos habla á nuestro placer y en favor del comercio de los granos, anunciándonos la prosperidad de la Agricultura.

OB.

OBSERVACIONES SOBRE OBJECIONES.

Todas las objeciones que juzga el Autor pueden ofrecerse ó proponérsele son , *que con la extraccion libre arrebatarán y encarecerán los granos , aumentarán los salarios y la subsistencia de la tropa.* El supuesto es respectivo ; pero la solucion es general y absoluta , interesando tambien directamente el Comercio y Comerciantes ; y resolviendo que nada es de temer , y menos la subida de los salarios , porque nunca ha sucedido ni procede. Este punto excede de especulativo , y es casi como la clave : por tanto recomienda difusa atencion.

No hay que temer *se apuren de una vez* (los granos) *si la libertad es absoluta y perpetua.*

Ellos (los extrangeros) *esperarán el tiempo mas favorable para comprarlos á mejor precio*: este es el anuncio del tratado.

El acopio es diferente que la salida : aquel no es precipitado por lo comun ; esta puede y regularmente lo es. Consiste en que la extraccion de los granos , como ya he dicho sobre su valor , no es de temer quando es obra de economía en el puro sobrante , sino quando la necesidad agena le insta : entonces como en una asonada todo vá á rebato.

El mismo Autor lo corrobora aunque con alguna diferencia de causa. *Si nuestros granos* (dice) *corren á infimo precio,*

cio , entonces vendrán á comprarlos con actividad. Este , pues, es el momento de temor , como he advertido en los trata- dos *de Derechos y Ventajas* , y mas si hay carestía en otra parte , porque estos son los *tiempos favorables* que supone acechan *los Mercaderes* no menos eficaces para agotar una comarca abundante , comprando en ella para lograr las pri- micias de proveer á la necesitada , que por aprovechar la oportunidad del baxo precio ; porque tanto interés hay (mas seguro y pronto) en vender caro , como en comprar barato : y si esto último atrae la precipitacion , mejor lo primero.

En comprar barato no se logra precisamente el fin, porque muchos azares pueden invalidarlo , pero sí en ven- der caro , porque en este instante se consuma la obra , lo que sucede en el acto de la necesidad ; y por lo mismo es natural la comocion , susto , y aun efectivo fallo en el lu- gar donde se hacen las compras.

Nuestro Anónimo lisonjea en el capítulo de *carestías,* *con que es cosa muy buena llevar trigo á los hambrientos , por- que lo compran sin regatear.* He aquí una nueva prueba da- da por él mismo , de poder apurarse facilmente un País abundante si es proveedor de otro necesitado.

Para que no se me atribuya que invierto el juicio del Autor , construyéndole á mi arbitrio , y sacrificándole á mi intento , cuya abuso repruebo en otro lugar siguiendo

la

la autoridad de Néker, confieso que los *tiempos favorables* cuyo aprovechamiento sincero y aun conveniente al público, atribuye á la inocente solicitud de los Mercaderes, son los de baratura, como expresamente lo dice *para comprar á mejor precio*: mas sin defraudar en nada la justicia á que sea acreedor su concepto, digo yo, que tambien son *favorables* los de la urgencia en otra parte, y me valgo de lo que añade, *especialmente si es para encerrarlo*: prueba de que conoce puede tambien ser para extraerlo luego; en cuyo caso es muy diferente el suceso.

Esta expresion, tan de poco momento al parecer, la contemplo yo un misterio, porque contiene cabalmente quanto puede destruir todo el precioso mecanismo y admirable economía, que se la quiere atribuir á la libertad. Es decir que en el instante que los *tiempos favorables* á los Mercaderes, no sean los de baxo precio para comprar con el fin preciso de *encerrar*, y sí para proveer á una Provincia indigente, todo se disloció; porque ya no hay prudencia en los Mercaderes para ceñirse al sobrante; ya no hay precio justo ni moderado; ya no hay proporcion entre especie y valor; y ya no se puede contar con lo preciso para la subsistencia, y el que quede se venderá á sumo precio, elevado por el temor y por la codicia. Toda esta tempestad puede resultar de aquel imperceptible vapor; y el ligero vayven de comprar para *encerrar ó extraer*, es ca

Zz

paz

paz de dar en tierra con el coloso del Comercio bien arreglado : aquella expresion escapada *especialmente si es para encerrarlo*, nos advierte, que si no es así, como la piedrecita arrojada del Monte por mano invisible postró la soberbia estatua de Nabuco, puede este otro débil impulso destruir el precioso obelisco de la libertad.

De estos antecedentes (quando fueran ciertos) deduce nuestro héroe por conseqüencia que *quando nuestros granos estén caros no comprarán ó serán pocos.* Me parece que he probado lo contrario.

Adopto por mia su misma prueba de los *mas ó menos compradores de un mercado, para no temer el encarecimiento* y de mejor gana la sucesiva con que califica el sistema, y es que *las necesidades entretienen siempre el mismo número de compradores, al que no compite el de vendedores, que son raros en los tiempos apurados* : luego por la doctrina precedente, el arbitrio será de parte de estos. Auméntanse los regatones que en qualquier tiempo compran, y agravarán tanto mas el peso para que la valanza penda á favor de los mismos vendedores. Hay mas todavia.

No rige tanto la comparacion de vendedores y compradores en número, quanto las cantidades. Cada labrador es un solo vendedor, y cada comerciante un mercader no mas; pero puede serlo de los trigos de diez dueños, y por este órden veinte compradores equivaldrán á doscientos

tos vendedores. Si sucediese así , como es factible , resulta un monopolio completo aunque informal.

Se me argüirá con la implicacion de que en una parte digo que entre ocho ó diez mercaderes de poco fondo comprarán el trigo de un propietario , de que se sigue precisamente triplicarse despues los vendedores ; y ahora que en un comerciante se refunden los granos de pluralidad de labradores , resultando forzosamente la reduccion de segundas manos , por las que se ha de comunicar al público este alimento. Es verdad ; pero lo peor es que estas suposiciones encontradas se concuerdan para el efecto del retraimiento ; pues los unos porque compran poco lo pueden conservar , y los otros porque tienen mucho pueden hacerlo tambien sin necesidad de vender hasta que la ganancia les brinde á su placer ; y como todos son movidos de un principio y conspiran á un fin , los medios son idénticos , y positivo el monopolio.

La perspicacia de Mr. Neker responderá en parte por mí. Véase lo que dice en el capítulo tercero de la segunda parte : „Un precio se establece no solo en razon de la „suma de la especie , sino tambien segun el número de „vendedores.

„La intervencion , pues , de los mercaderes en el co„mercio de los granos , disminuye el número de los ven„dedores.

„Es-

"Esta proposicion parecerá quizá extraordinaria, por-
"que los partidarios de la libertad hacen un razonamiento
"todo contrario. Quanto mas libertad, dicen ellos, mas
"mercaderes hay; quantos mas mercaderes mas concurren-
"cia; quanto mas concurrencia menos exceso en los pre-
"cios.

"Exâminemos qual de estas dos proposiciones es mas
"justa.

"Si la intervencion de los mercaderes disminuye el nú-
"mero de vendedores, menguará ciertamente la concurren-
"cia favorable de los compradores. Hagamos sensible esta
"verdad.

"Sin la mediacion de mercaderes, el número de los
"que venderían los trigos á los consumidores sería igual
"al de los propietarios ó renteros, y cada uno de estos
"propietarios no podria vender anualmente sino la canti-
"dad de su fruto.

"Pero los mercaderes no proceden con sus rentas,
"sino con sus capitales, regularmente dobles por su cré-
"dito: así quando intervienen en el comercio de los gra-
"nos, cada uno de ellos á proporcion de sus fuerzas sub-
"roga un número considerable de propietarios; y entón-
"ces un mercader representa solo un vendedor (á la
"frente de la masa de consumidores), y una cantidad de
"trigos, que sin su intervencion tal vez se hubiera ven-
"di-

„dido por doscientos ó trescientos propietarios.«

En el resto del capítulo no niega absolutamente que los mercaderes aumenten el número de vendedores; pero sí que siempre sean vendedores útiles : con cuya referencia continúa : „Respondamos pues al razonamiento que se hace „continuamente sobre esta materia para persuadir la ilu- „sion.

„Quanta mas libertad , mas mercaderes : sí.

„Quantos mas mercaderes , mas ventas y mas vende- „dores : sí.

„Quantos mas vendedores hay , se sigue mas concur- „rencia favorable á los consumidores : no , porque no es „sino la parte de venta y de vendedores gravosós á los „consumidores, la que se aumenta por el efecto de la gran- „de libertad ; mas la favorable disminuye realmente por „la intervencion de los mercaderes.

„Todavía se dirá , que pues no se puede prohibir á „los mercaderes ingerirse entre los propietarios y los con- „sumidores , conviene que haya muchos ; porque en el „momento que concurran, su pluralidad será favorable á „los consumidores.

„Esta proposicion es cierta para los trigos y todas las „mercaderías que vienen de fuera , porque las extrange- „ras no arrivarian ni se venderian en Francia sino por los „negociantes ; y es conseqüencia que quanta mas sea su „con-

"concurrencia , tanto mejor para los compradores.

"Repito que es verdad , y tambien respecto á los gra"nos nacionales que se transportan de una Provincia á
"otra , porque en la que no los ha producido son como
"extrangeros ; es decir , que no hubieran sido transpor"tados sino por los mercaderes : entónces , pues , quanto
"de mayor número de vendedores se compone esta ar"rivada , más favorable es á los consumidores su concur"rencia. Pero mas cierto es , que siempre que interven"gan negociantes sea para revender los granos en el propio
"lugar , ó transportarlos á otro , como lo hubiesen sido
"por los propietarios ó renteros, es constante, repito, que
"disminuyen la concurrencia favorable á los compradores,
"porque cada mercader representa y substituye verosi"milmente un cúmulo de primeras manos.

"En semejante comercio es útil á los propietarios la
"multitud de mercaderes , porque al frente de aquellos
"ó al de sus colonos , los comerciantes son compradores,
"y su concurso es útil á los que tienen que vender , pe"ro contrario al interes de los consumidores ; porque
"quanto mas es el número y rivalidad de los comercian"tes , alza mas el precio del fruto en las manos de los
"propietarios , y mas caro ha de costar á los gastadores
"quando se les revendan para su alimento.

"Estas distinciones detalladas demuestran la dificultad
"de

»de hacerse sensibles ; pero por lo mismo es infinitamen-
»te importante su conocimiento al que tiene precision de
»estudiar las verdades económicas. Se quiere hacer cien-
»cia de las generalidades ; y si me es permitido , diré que
»es preferente el arte del equilibrio. En un gran núme-
»ro de proposiciones , la conveniencia y el inconvenien-
»te., la utilidad y el abuso se mezclan y enlazan ; y es
»preciso buscar con cuidado el hilo que las separe.«

No quisiera yo tampoco una igualdad perfecta , porque es imposible ; y en caso de poca diferencia , bueno
es que ceda en favor de la agricultura , porque no hay
güestion sobre si conviene mas el pan caro que varato,
porque solo los ignorantes sostienen lo último. Entre
los dos extremos está el punto medio ; y quál sea , y
cómo se logre , es lo árduo que saber y que proporcionar.

Ya se ha visto que el precio comun del trigo en
Francia y en el resto de la Europa corresponde á veinte
y ocho reales de vellon nuestra fanega : el caro de treinta y siete á quarenta ó quarenta y quatro : el medio á
treinta y tres reales ; y es buen precio. Todo lo que exceda de él hiere el derecho de la causa pública , contra
cuyo perjuicio general ningun beneficio respectivo prevalece en favor de la agricultura ni otra clase. Ya he mos-
trado el grado de justicia y conveniencia. No será tan

fá-

fácil atinar con los medios de suposicion y permanencia, como verémos adelante.

Este Político opina, que el alto valor del pan no encarece los salarios, ni procede, que se encarezcan, sino que la necesidad sea un aguijon, que no permita afloxar en el trabajo; pues regularmente se ve (dice) *que en las carestías han esforzado mas los obreros el vigor de su brazo; que si el pan es barato; porque el Pueblo inferior, como en pocos dias puede ganar con que mantenerse una gran parte de la semana, se entrega facilmente á la holgazanería, madre de todos los mendigos: daño que la piedad mal entendida percibe rara vez.* Todo esto es muy probable; pero mas, y aun cierto y casi irremediable en las carestías, si el precio del pan excede de la medianía á que puede aspirar un jornalero, apurando sus fuerzas; y entónces sí que es conseqüente la mendicidad ó el robo, que es peor, de cuya alternativa no puede huir, á no perecer.

El holgazan en tiempo de abundancia siempre será criminal y odioso á sus conciudadanos. En el de necesidad, si se relaxa, es baxo el auspicio de una causa poderosa y pública, que si no autoriza su conducta, la hace á lo menos problemática hasta con los poco píos.

En estaciones favorables no se sigue precisamente el abandono de las labores, porque quando menos en *los* dias que son indispensables para ganar lo necesario al res-

resto de la semana, han de trabajar. En los calamitosos es evidente y mas seguida la necesidad, y por lo comun galardonada con los efectos de la caridad, que se cree precisada, por excusar el expectáculo de ver á su semejante en el riesgo de morir, por no poder adquirir el alimento á cambio de su sudor. Esta mendicidad sí que es fácil de contraer, y dificil de reparar, una vez que el hombre experimenta, aunque por casualidad, que puede mantenerse sin gran pena baxo el aspecto recomendable de pobre de Jesu-Christo: de cuya capa se abusa mas en la penuria que en la abundancia.

Si un pobre jornalero no gana mas de dos reales y medio, ó tres á lo sumo, que no es la quinta parte de los que aun dos reales no logran en el invierno, y el pan cuesta quatro, ¿qué ha de hacer sino abandonar el trabajo, y pedir por Dios él y su familia? Lo mismo digo de otras clases respectivamente. Y lo demas necesario á la decencia y aun á la vida ¿de dónde se ha de suplir? No quiera Dios que sea de la prostitucion de las hijas y mugeres, y de la estafa y de la rapiña en los hombres, especialmente en los que no tienen empacho de implorar la piedad de los acomodados caritativos. Así viven fastidiados de su suerte, envidian la mejor de sus convecinos, conspiran contra los poderosos: inquietos y agitados son materia dispuesta á todo mal, creyendo que

Aaa

na-

nada puede empeorar su desgracia, y que su mala fortuna los hace impunes de qualquier delito.

Sea muy enhorabuena la miseria el acicate de la aplicacion; pero siento con el Marques de Mirabó, *que las necesidades animan la industria; pero la pobreza la extingue. Felizmente la Suiza* (continúa) *está libre de las perniciosas máximas de aquellos hombres bárbaros è iniquos, que quieren persuadir á los Príncipes y á sus Ministros, que es ventajoso que los paysanos estén pobres, que la miseria anime su actividad, y les obligue á mejorar sus labores* ::: *Pero estas máximas causan horror á los hombres amantes del Gènero Humano.*

Don Nicolás de Arriquibar, impugnando al *Amigo de los hombres*, que tambien opina conviene *el aguijon de la necesidad*, dice: "Si la necesidad habia de hacer este "milagro, ya va para doscientos años que debia de ha- "berle obrado; pero la necesidad solo nos ha *producido* "prófugos, mendígos y moribundos, quando mas nos ha "punzado su aguijon."

No obstante concede nuestro Autor proporcion *entre la mano del obrero y el precio de los alimentos; mas no inmediata con el número de ellos.* Es lo mismo que extender la necesidad á multitud de individuos, para que compitan sobre quién ha de ser mas breve suicida.

Vindicarán de bárbaro mi juicio las siguientes pro-

po-

posicion y prueba. Es la primera : *Quantos mas brazos estén prontos para trabajar , será menos cara la labor de todas especies hasta las del luxo.* Es decir , que por no perecer menospreciarán sus fatigas , no segun su valor extrínseco, sino conforme otro las prodígue , para preferirle en el despacho , y poder sufragar á lo indispensable á la vida.

Entre las causas que arreglan la medida de los salarios señala las *tasas* y *sobreprecios de los consumos* : ¿y qué mas sobreprecio quiere que el valor subido por la carestía? No entro en si las causas son viciosas ó legítimas, porque no conduce el discernimiento para el efecto del sobreprecio : solo sí en que pues concede que los sobreprecios alzan justamente los salarios , procede igualmente se alcen en las carestías.

Querer desproporcion entre trabajos y alimentos , es poner en almoneda la sangre y aun la vida del hombre miserable , que por tal se le hace la injusticia de desemejarle de otro hombre, aun en las relaciones idénticas de la especie , y derechos de la naturaleza y humanidad.

El pan es un cambio del trabajo por divina sentencia, la primera que se pronunció en el mundo. ¿Por qué no ha de ser equivalente la compensacion? Por lo mismo que el temor de carecer de este alimento hace adelantar la fatiga , fondo con que se ha de comprar el pan , corresponde relacion entre una y otra.

La

La prueba que alega, y la que yo tambien adopte para mi opinion, es la baxa *de los bernices, bordaduras, diges, y otras cosas de luxo.* Estas materias mixtas no tienen comparacion con la simplicidad de los puros operarios, que no ponen en la obra sino el líquido sudor, tasado escasamente con el jornal diario. Los compuestos se aprecian por el gusto, ayre, extravagancia de la figura, color, y otras accidentalidades, ó por vanidad, capricho ó moda, mas que por intrínseco valor. Vemos una monada de cintas, gasas, blondas, flecos y otras fruslerías, que la materia vale la quinta parte no mas de lo que cuesta, y las quatro restantes son á título de manos, que el artífice principal las paga á una muchacha con *muy poco* del remanente. En todo esto y semejante cabe rebaxa; pero no en los salarios de los jornaleros y artistas, sin detrimento de su subsistencia.

Repito, que bien puede afirmar este fino *Político* que no influye la subida del pan y del trigo en los jornales; pero sí en sus ánimos, y no por otro que por ver que no alcanza su trabajo para el pan. Por eso admira el Abate Galiani, que esta gente mas civil, sociable y pacata que la rústica de las Aldeas, sea la primera y la mas temeraria en las comociones por falta del pan; y da la razon él mismo, *porque son* (dice) *los que tienen mas hambre. El infeliz* (continúa) *se halla, como suele decirse, entre la espada y la pa-*

red,

red , *porque el pan se encarece* , y *la maniobra no* : *de aquí se origina su desesperacion.* Y yo aumento, que si dura la carestía., tambien se encarece la maniobra , pero no el jornal , ó es poco ; y como el laborante vea , que aunque se afane no gana para este alimento , se enfurece. Y no sé si por esto regularmente sucede que tales sediciones principian en los Pueblos grandes , donde son mas los moradores menestrales y gente asalariada , que en los subalternos de las comarcas , habitados casi todos de gente campesina.

Mr. Patullo propende á la conveniencia de la carestía de los frutos ; pero concede la proporcion que deben llevar los trabajos y salarios. Estas son sus palabras: «El alto precio de los frutos. Digo mas , la misma carestía entretenida por un comercio fácil, provocará la abundancia , *porque los salarios y las ganancias se proporcionarán en todas profesiones á los precios de los frutos.»*

El Marques de Mirabó , aprobando la utilidad del buen precio del trigo , dice : Que si corriendo el trigo á quarenta reales el septier , gana un jornalero dos reales , ganará otro tanto , si el valor del trigo se dobla , porque sienta que siempre se ha considerado *el salario de un jornalero la vigésima parte del precio ordinario del septier del trigo.*

Don Desiderio Bueno , que penetró perfectamente el

es-

espíritu del Autor del Ensayo, se explica así, hablando del influxo de los comerciantes. ¿Qué importa que el precio del trigo sea algo mas caro que hasta aquí? La determinacion de *algo* supone alteracion, pero parca; en cuyo doble supuesto conviene con nuestro Anónimo: pero no en la de su proposicion, que termina: *los labradores, jornaleros, artesanos y comerciantes todos disfrutarán mayor comodidad.* Lo que persuade que á proporcion subirán los jornales; y en esto disiente del sistema sobre que disputo.

Bien sé que mi conseqüencia tiene muchas objeciones, especialmente dos: una, que Don Desiderio no se contrae al pan, objeto de la presente qüestion, sino al trigo, que es muy diferente, aunque yo la considero *idéntica*, porque qualquiera suceso del trigo precisamente ha de resultar en pro ó en contra del pan. La otra se funda en que la mayor comodidad á favor de los jornales, ó proporcion entre su valor y el del trigo, no *es el precio de* aquellos, sino tal vez su seguridad, por el general concepto de que quanto mas ganen los propietarios, los labradores y los mercaderes, mas darán que hacer á los obreros.

Esta descendencia ó ascendencia, como se quiera tomar, no se sigue precisamente; y aun quando se verifique, no es igual en número de representados, tampoco equitativa, y menos oportuna. Los interesados en la subi-

da

la del trigo son muchos menos que los perjudicados por su alto precio. No es equitativa, porque la parte de buen jornal futuro, ó la probabilidad del corriente es muy mínima respecto á la principal con que siempre queda el vendedor del trigo; y por eso se ven las fortunas tan diferentes entre éstos y aquellos. No es oportuna quando sea cierta, porque el encarecimiento del trigo es efectivo é instantáneo, si le compran en especie, ó inmediato en acto secundario, si en pan del abasto público, y el resarcimiento en las maniobras, remoto, paulatino, y muy menguado ó diferente, respecto al primitivo enriquecimiento del vendedor, que precedió y superó á todo.

Si mi argumento parece metafísico ó caviloso, respondo con el juicioso parecer del oráculo á quien medito, que la prosperidad ó ruina de un Estado se va causando por principios y medios tan insensibles y ocultos, que no se advierten hasta que ya son muy visibles; y yo aumento la reflexion, de que de vapores imperceptibles se forman las nubes que inundan la tierra; y que las plantas no se pueden ver crecer, pero se manifiestan crecidas.

Dexemos nimiedades, aunque pudiera hacer ver que son de entidad; y confieso, no solo que conviene el buen valor del trigo, sino que un levantamiento poco grave no puede alterar los jornales, ni es justo, porque era na-

imposible llevar ni sufrir una variedad succesiva y alternativa casi por dias. Mi oposicion recae únicamente sobre los casos notables, que no quieren conceder posibles miéntras subsista el comercio.

Pero sepamos á quánto puede ascender la subida del pan, causada por los mercaderes de trigo. *Uno ó dos dineros por libra*, dice el Autor (que es un maravedí nuestro aun los dos dineros, y harán á lo sumo *dos reales por fanega*); y á esto se extiende toda la alteracion que puede inducir el manejo de estos auxiliares de la República. *¿Y no es esto preferente* (reconviene el Escritor) *á ser expuestos á desigualdades, ó á haber de buscar los granos fuera con extraccion de nuestra mas acendrada plata?* Con igual modificacion juzga el Autor de las Observaciones sobre el comercio de los granos, pues dice: "En tiempo de libertad todas las causas segundas de terror y de comociones que suprimen, pueden aumentar *la libra de trigo* un diezmo, y es menester retraer del cúmulo del fruto el mismo diezmo: para aumentar dos liards (*menos de un ochavo de Castilla*) "ó la quinta parte, es menester retraer el quinto de la misma masa."

A esto dice Necker, *atribuyendo un tan pequeño efecto á una tan grande causa, no hay por qué temer, ni las exportaciones, ni los acumulamientos, que son las mas veces el simulacro; pero es manifiesto el desprecio que merece.*

Al

Al ver cómo templan estos Escritores la furia de la codicia, no me maravillaria hubieran querido persuadirnos el hallazgo de algun medio para disolver suavemente el fuego subterráneo y atmosférico, y evitar los terremotos y los rayos.

Si hubiera de disectar esta última proposicion, requeria un tratado formal. Ella comprehende la generalidad de las causas segundas, con todas las revoluciones que la industria agitada de la codicia es capaz de producir efectivamente; quantas la fantasía melancólica puede figurarse, exâltada por la aprehension y por el miedo; y todos los estragos que puede arrastrar el desórden de una plebe, que teme morir de hambre.

No quiero producir sino un exemplo práctico de la potencia de cada respectivo agente; pero antes hago esta reflexîon sobre el supuesto principal, conexâ á los mismos exemplares. Si para subir un quinto ó un diezmo debe retraerse otra tanta porcion del fondo, cuyo valor se altera, es querer y dar proporcion justa entre la cantidad manifiesta de especie y su estimacion efectiva, cuyo respecto no es posible en la potencia ni en el acto, á lo menos la adquisicion de conocimiento de quánta es la cantidad que se retrae en sí, y quánta es respecto á la principal, porque para esto era preciso saber antes el total exîstente al punto de la ocultacion. ¿Quién será capaz

Bbb   de

de esta ciencia? pues el que sin poseerla dé reglas, formará paralogismos, y establecerá errores por sentencias.

Vaya otra reflexîon, que destruye la platónica proporcion. Dese caso que todo el trigo se oculte sin que parezca un grano : en este extremo correspondia subir su precio otro tanto no mas de conforme iba quando empezó á retraerse, que en suma puede ser un ciento por ciento. ¿Y cómo es que algunas veces pasa de *ciento* y *cincuenta* y de *doscientos?* Esta verdad la prueban los exemplares que ofrecí.

En el periodo de un mercado á otro, mediando no mas de tres dias, hizo subir el trigo veinte y cinco reales por fanega la codicia de dos solos mercaderes en fines de Julio de 1789, quando á toda fuerza se vendia el de la nueva cosecha, y en el mismo término alzar el pan diez tantos mas de lo que se nos dice, puede hacer en todo extremo el conjunto de los de una *Provincia*. Lo he visto. Manifesté ya el suceso raro de Zaragoza en el año de 1770, que una disputa entre dos mugeres difundida con equivocacion, excitó tanta aprehension y codicia, que se vió en veinte y quatro horas triplicar el precio del trigo en la capital, y en quatro dias duplicarlo en todo el Reyno de Aragon.

Apenas puede haber otra materia mas abundante de funestos acaecimientos, que la presuncion sola de faltar

el

el pan. No es del caso especificarlos, y aun si pudiera ser, convenia borrarlos de la memoria, y solo tenerlos siempre presentes para cautelar otros semejantes. No es muy antiguo el del fin del siglo último entre nosotros, que la aprehension infundió el temor de la hambre : éste provocó al furor contra quien se creía podia remediarlo; y despues de muchas desgracias produxo realmente el encarecimiento y la penuria sin falta de alimento, porque lo habia ; pero se retraxo, y esto bastó para difundir la angustia y sus conseqüencias. Todos estos son efectos de segundas causas, que se les quiere canonizar de inocentes, y estas accesiones convulsivas son verdaderamente letales, como dice el Marques de Mirabó : *El levantar el trigo súbitamente es lo formidable, y atrae consigo la miseria de la gente pobre.*

Hablando el impugnador del Abate Galiani de la influencia del alto precio del trigo, sobre las maniobras dice : "Quando la carestía de los víveres no sea mas que subir desde el precio baxo á su precio natural, determinado y fixado por la libertad del comercio, léjos de padecer la manufactura un perjuicio durable, ganarán con él mas adelante." Esto es confundir los principios y los términos, y hablar en todo arbitrariamente.

Valorar las cosas en su precio natural, no es rigorosamente encarecer, ni nadie recibe perjuicio real de esta

equi-

equidad : por conseqüencia no lo sufrirán , á lo menos
injusto y doloso , las manufacturas , porque el trigo ob—
tenga su debida estimacion , ni el comercio será criminal
en proporcionarla.

No es tan cierto , que su libertad determinará este
punto de justicia. Tal aserto mas es hijo de la lisonja que
del raciocinio , y rapiña que compensacion la de que *quándo perdiesen los artefactos , ganaria el estado de labradores.*
Con tan buena geometría política será fácil poner en pro—
porcion todas las piezas de la República.

Yo me atreveria á hacer ver , no solo el error de la
conseqüencia ; quiero decir , que no es apreciable la atencion á este importante ramo , si ofende los restantes de
un Estado , porque esta es verdad irrefragable , sino la
causa del error ; esto es , que el daño de la República
en la carestía y alza de granos no dexa de ser muy sensible á la agricultura , aunque el exceso *se refunda en la
agricultura* misma. Unas mismas pruebas lo son de ambos
supuestos : por tanto usaré de ellas indistinta y promis-
cuamente. A mi parecer se comete grande equivocacion en
el concepto y en el efecto , por considerar igualmente
interesada á la agricultura que al comercio en el superior
precio de los granos. No quiero dilatarme , y me ciño á
dos reflexiones , que indican bastante probabilidad para que
mi opinion no sea vaga. Una es , que los labradores son

pro-

productores , que no pueden reducir los gastos de tales, ni eludir las contingencias del fruto en rendimiento de especie y valor , ni tampoco esperar las proporciones, porque los executan sus urgencias.

Los comerciantes proceden sobre frutos vistos y estaciones presentes , con fondos evidentes y sobrantes ; y tienen el arbitrio de admitir , ó no ligarse en negocio, cuyo buen éxito no sea muy posible. Véase qué distintas condiciones para que no sean muchas mas las ventajas de los últimos que las de los primeros sin que valga el comun pretexto de que á proporcion del progreso del comercio es el socorro de la agricultura. No niego el beneficio ; pero al fin , aunque el auxilio es favor , no dexa de pagarse despues , y siempre se presume de mejor suerte el auxiliante que el auxiliado. Digo de esta retribucion lo que expuse de la que á los jornaleros desciende por el mayor valor que perciben del trigo sus propietarios y negociantes.

La otra reflexion es , que los cultivadores nunca desean malas cosechas , y siempre las temen ; y á los comerciantes , ya que no las apetecen , tampoco les pesan. Por malos años ninguno de estos se pierde , y de aquellos muchos. Yo me contentaré , pues , con que si estas dos obvias reflexiones no justifican la oposicion de conseqüencias entre estos dos representados , á lo menos sí que no

hay

hay identidad de resultas á favor de ambos por el sobreprecio del trigo en la actualidad de sufrirlo , aunque para
lo succesivo se esperen crecimientos al Estado.

Sobre esto dice Mr. Necker : "Voy á responder in-
"mediatamente á una objecion muy general. La libre ex-
"traccion de granos puede exponer á encarecimientos , de
"donde resultará afliccion y mortandad ; pero estas mis-
"mas alteraciones darán un nuevo lustre á la agricultura,
"y se verán brotar mas grandes recursos ; de modo , que
"las pérdidas momentáneas de la poblacion serán repara-
"das ampliamente con el tiempo.

"¿Qué argumento se nos propone? Desde luego ¿qué
"pariedad puede haber , sea en lo moral , sea en el senti-
"miento , entre mil ciudadanos que perecen , y cien mil,
"cuya generacion se espera? Es el hombre quien conoce
"la felicidad y el que sufre : es el hombre el que posee
"la vida , y el que se ve precisado á renunciarla : él es
"mi semejante : él es con quien tengo hecha alianza: por
"él se han promulgado las leyes : ellas no obligan á los
"hombres á que se multipliquen en la tierra , pero con-
"denan á muerte al que la da á otro ; y no puedo esperar
"nada de esta yerta compasion del espíritu ácia las gene-
"raciones futuras, que cierran los corazones á los gritos
"de mil desgraciados que nos rodean.

"Y por decir todavía una palabra de este cálculo sin-
"gu-

»gular , quando no fuera permitido discurrir sobre él,
»sino con la precision á las ciencias exâctas : quando tam-
»bien los hombres presentes y futuros no fuesen sino X.
»en la álgebra , la proposicion precedente seria todavía
»falsa , porque no son solamente los mil hombres que pe-
»recen por la carestía del trigo los que deben compararse
»con el futuro crecimiento de poblacion , sino que es me-
»nester añadir la desgracia de diez millones mas , que no
»se salvan de la muerte sino por el sufrimiento , y con el
»dolor de ver igual número sometidos como expectadores
»á las angustias de la compasion , ó que viven sobresal-
»tados en medio de una sociedad agitada por la necesi-
»dad ó por la carestía.

»No hay , pues , ninguna proporcion entre el mal ac-
»tual de un encarecimiento considerable , y el bien futu-
»ro que por él puede resultar á la agricultura.«

No solo persuade la equivocacion del supuesto , sino
que la prueba en otra parte quanto se puede y cabe en
una materia obscura , en que no es fácil demostrar la justificacion , sino inferirla por los efectos. Así discurre.

»Se ha escrito bastante , queriendo probar , que el
»Pueblo ganaria en el encarecimiento de los granos , por-
»que el propietario aumentando su renta , gastaria mas.
»Si el trigo vale veinte libras , se dice , los campos de
»Francia no rinden mas que mil millones ; pero darian
»mil

„mil y quinientos, valiendo treinta libras: cuyos quinien-
„tos millones de exceso á favor de los propietarios se es-
„parcirian en provecho del Pueblo.

„Todo lo que he escrito hasta el presente no basta
„para dexar de responder á este argumento.

„¿Por ventura de estos mil y quinientos millones que-
„dará mas en los propietarios que los mil, si las imposi-
„ciones, los trabajos, y todos los demas objetos sujetos á
„alteracion se suben proporcionalmente?

„¿No es evidente, que este aumento de fortuna de
„los propietarios de trigo es otra tanta disminucion de
„los demas miembros del Estado? La armonía general se
„disloca en tales casos, porque estos quinientos millones
„de supercrescencia no descienden del cielo, ni se extraen
„de la tierra.

„Sobre estos principios, absolutamente contrarios á los
„mios, se fundan los famosos cálculos de producto neto,
„tan celebrados en muchas obras económicas, que han
„merecido el aplauso de personas notables, y caracteriza-
„das de zelosas por el bien público, en cuyo crédito han
„rendido homenage á estas opiniones: no obstante deben
„permitir algunas observaciones sobre una materia tan im-
„portante...

„Se cuenta, que los trigos vendidos, por exemplo, á
„veinte libras el septier, dan tanto producto ó beneficio
„ne-

»neto , y se dice : Si el precio sube á veinte y cinco ó
»treinta libras , se aumentará tanto...

»Así quanto mas caros sean los trigos , mas aumenta-
»rán el producto neto , y mas considerable será la rique-
»za nacional.

»Pero yo he demostrado ya , que este modo de juz-
»gar del tesoro de un país es erróneo en sumo grado. Si
»bastáse para duplicar la riqueza de un Reyno hacer valer
»un septier de trigo quarenta libras en lugar de veinte,
»los monopolistas serian los mas respetables sustentadores
»de la prosperidad de un Estado : una salida sin límite ni
»medida vendria á ser la combinacion sublime de la ad-
»ministracion ; y una cosecha reducida ó moderada haria
»el mayor beneficio que pudiera esperarse de la Providen-
»cia. Si se cree que exàgero en deducir estas conseqüen-
»cias , voy á hacer la proposicion sensible por un cálculo
»simplicísimo , que quizá dará nueva luz á la materia.

»Supongamos que el consumo anual de Francia sea
»de quarenta y ocho millones de septieres. Supongamos
»tambien, que en manos de los propietarios subsisten qua-
»tro millones sobrantes para tener en equilibrio la nece-
»sidad de los compradores y de los vendedores , y esta-
»blecer un precio razonable , por exemplo , el de veinte
»libras el septier.

»Quanto tiempo subsistan estas proporciones , los pro-

»pie-

»pietarios venden ó consumen cada año quarenta y ocho
»millones de septieres, que á veinte libras hacen nove-
»cientos sesenta millones, restando por vender los qua-
»tro millones, que sirven de atemperar el poder y man-
»tener el precio conveniente.

»Consideremos ahora que la moderácion de las cose-
»chas haga desaparecer una parte esencial de este pre-
»cioso sobrante : entonces la fuerza de los propietarios y
»la inquietud de los consumidores se aumenta de tal ma-
»nera, que los quarenta y ocho millones de septieres se
»venden á treinta y seis, ó quizá á quarenta libras.

»Así este año en que menos se recibe de la tierra,
»los trigos vendidos por los propietarios han sido repre-
»sentados por una suma numeraria doble que los años
»precedentes.

»¿Se creerá entonces que el Estado ha ganado nove-
»cientos sesenta millones? ¿Se podrá tener *confianza* en
»estos cálculos, que no son productivos, sino de lo que
»la tierra nos niega, ó de los errores del gobierno? No,
»sin duda.

»Por mas que se nos diga que la poblacion de un
»Estado aumenta, que las riquezas Reales se acumulan,
»y que en estas circunstancias se logra el acrecentamien-
»to de su prosperidad ; lo cierto es que esta *aritmética*
»interior, que deduce interes de los altos precios, es de

nto-

»todas las medidas la mas falsa y engañosa.«

No sé si es sospechoso tanto zelo y tantos tutores á favor de la agricultura , y tan pocos procuradores del Público en esta parte , aunque es menor y huérfano. La súbida precipitada de un veinte y cinco por ciento es muy comun á qualquier leve accidente, y no rara la de ochenta y ciento ; pero baxar de golpe un décimo ó vigésimo, pocas veces se ve , no solo del precio natural en que estaba antes de la alteracion ; pero ni aun declinar del punto alto al justo , sino por grados muy lentos.

Si es por mal temporal , no se espera á la evidencia: basta el amago , y sin remuneracion , aunque no se verifique la desgracia , porque á lo sumo el precio volvió á su estado ; pero no baxó del otro tanto como subió y procedia.

¿Qué cosa mas violenta é injusta , que por temor de que no llueva se suba el trigo que se cogió en abundancia? El motivo es contingente, y acaso el suceso será contrario ; pues si se verifica la lluvia en tiempo , es factible la abundancia en lugar de la escasez. Sola la costumbre de sufrir este abuso hace menos reparable su vicio ; pero ni la tolerancia ni la práctica cubren la sinrazon , y menos subsanan el perjuicio. El sufrimiento se presta con menos sacrificio quando se ofrece por accidentes inopinados y extraños , pero efectivos ; mas por presagios tan contin-

gen-

gentes es difícil la resignacion. ¿Y qué diremos si el móvil fué la extraccion excesiva, como muchas veces sucede? Déxemos las causas, y atendamos solo á los efectos, que siempre serán á favor de los propietarios de granos; pues aunque en ciertos. tiempos padezcan algun quebranto de menos precio, no tiene comparacion con el exceso en los casos mas freqüentes de alteracion por motivos presumidos ó ciertos, en los frutos cogidos ó por coger.

Esta evidencia se mira sosegadamente, y aun se cree felicidad por los patronos de la propiedad y de la agricultura (mejor diré por los de la libertad); y falta poco para que no gradúen de blasfemia (en su idioma) oir que el Público es acreedor á que se le procure el *pan á precio cómodo*, teniendo por *ignorante en el conocimiento de los verdaderos intereses del Pueblo al que los separa del propietario*, como lo dice en este capítulo su autor. Yo creo sabio al que los desea y procure á unos *y otros; y no* se dexe arrastrar de la comun opinion moderna, tan reiterada en esta obra, de que el mayor precio del trigo refluye secundariamente en beneficio de todo el Estado, por el que primariamente logra la agricultura; pues no solamente la creo ilegítima, sino contraria. No lo digo yo, sino Mr. Necker.

Este Escritor, con tanta propiedad como delicadeza, particulariza dos actos y dos tiempos: uno del precio ín-

fitimo al justo , y otro del racional al violento ; y aunque en ambos lleva la máxima de relaciones debidas , distingue los efectos, negando utilidad al propietario en el primero ; porque supuesto que conforme suban los frutos han de ascender los costes de las labores , iguala el cargo con la data , y en el segundo , que es la súbita y excesiva subida de los frutos, aunque momentánea , concede utilidad al dueño , pero daño á la República , porque es á cambio de otra tanta mengua del justo ascendiente , que en tal caso debe tomar la recompensa de las fatigas de los obreros , á quienes se les causa una injusticia notable ; á cuyo intento dice.

„¿Qué ganará , pues, un propietario en vender las sub„sistencias por un valor mas ó menos considerable , si el „trabajo que en cambio va á comprar encarece á pro„porcion?

„Se me responderá sin duda : Vuestra teoría no hie„re el punto : él es muy contrario á las ideas mas co„munes y generales , y acreditado por la experiencia. „¿Cómo os persuadiréis , dirán los poseedores de tierras, „que no tenemos mas interes en cultivar quando el sep„tier vale treinta libras , que quando solo pasa á veinte? „Si no lo creeis , ved el efecto del edicto de 1764 , que „habiendo hecho subir el precio por la libertad de la sa„lida , ha ocasionado muchos desmontes y roturaciones.

„Una

„Una teoría, que seria opuesta constantemente á los „hechos , merecería sin duda poca fe ; pero los que se „sirven como basa de la objecion que yo me he forma- „do , no destruyen la proposicion que he establecido. :

„En cierto espacio de tiempo el precio constante de „granos , qualquiera que se conceda , debe ser indiferen- „te á los propietarios de tierras ; pero el encarecimiento „de este fruto es un beneficio mas ó menos *durable* para „ellos , y bastante para que esta circunstancia sea el objeto „de sus deseos, y los empeñe á deboscar , como sucedió „por el efecto del edicto de 1764.

„Debe distinguirse el alto precio constante del enca- „recimiento extraordinario : *el permanente buen precio* „de los granos no beneficia á los propietarios de tierras, „porque el del trabajo se conforma con el del fruto; „pero en el tránsito de baxo á alto en los primeros „tiempos de carestía adquieren los mismos *propietarios* „ventaja efectiva , pues mientras aumentan el precio de „sus frutos , y resisten se alce el del trabajo , combaten „contra las pretensiones de los obreros , y todo lo que „dura la desproporcion se aprovechan los propietarios de „la afliccion de la gente de trabajo , resultando un bene- „ficio nuevo á la cultura , que los estimula á emprehender „roturaciones. Pero esta ventaja cede , apenas el *indus-* „trioso acabó de encarecer el precio de su tiempo , y á

„pro-

„proporcion que se restablecen las antiguas relaciones.

„Qué importa, se dirá: miéntras se establece esta
„especie de nivelacion, que destruye el beneficio momen-,
„táneo de los propietarios, ellos habrán deboscado al-
„gunos terrenos, que harán mas rica y mas poderosa á
„la sociedad.

„Yo convengo; pero de todos los esfuerzos de que
„la agricultura es susceptible, el que resulta del reenca-,
„recimiento de un fruto de necesidad es sin duda alguna
„menos conveniente, porque es un valor que no se hace
„lugar sin perjuicio de la multitud y del reposo de la
„generalidad; y por fin bien analizado, es un valor seme-,
„jante á una capitacion inmensa y rigurosa, impuesta por
„algun tiempo sobre todos los hombres de trabajo en benefi-
„cio de los de propiedad. Todavía este último medio seria
„menos aflictivo, porque tendria límites, y el abuso cesaria
„por su evidencia; pero quando los propietarios alzan el
„precio de los frutos, y resisten se suba el de la maniobra
„de los hombres industriosos, se establece entre estas dos
„clases de la sociedad una especie de choque obscuro, pero
„terrible, en que no se puede contar el número de los
„desgraciados, en donde el poderoso oprime al pobre al
„abrigo de las leyes, y en donde la propiedad carga el
„peso de sus prerogativas sobre el hombre, que vive del
„trabajo de sus manos.

„Quan-

„Quando el pan está á un precio moderado, el ar-
„tesano mantiene su familia, y reserva con que ocurrir
„á alguna enfermedad; pero si sube sensiblemente, se ve
„en la precision de renunciar este remanente saludable:
„quizá llega al duro trance de cercenar el alimento or-
„dinario de sus hijos, y hacerse sordo á sus lágrimas, ó
„privarse él mismo de la subsistencia necesaria para la
„conservacion de sus fuerzas. En fin, al compás que el
„pan se eleva, asciénde el imperio del propietario, por-
„que desde que el artesano ó el hombre del campo die-
„ron fin á su reserva, ya no pueden disputar, y es pre-
„ciso que trabajen, so pena de morir mañana; y en este
„combate de interes entre el propietario y el obrero, el
„uno pone á la suerte su vida y la de su familia, y el
„otro una simple demora ó mengua en el acrecentamiento
„de su luxo::: El propietario, que solo percibe el trabajo
„que se le consagra, no computa mas que lo preciso á la sub-
„sistencia del hombre que él ocupa, y no mira que sigue
„á este desgraciado la muger y los hijos que debe ali-
„mentar; y así es que la miseria se acrece con la miseria
„misma::: Fomentar al rico con la afliccion del pobre, y
„gravar al Pueblo lo necesario por fomentar la agricultu-
„ra, es sin contradiccion el medio menos razonable, el
„mas dañoso, y el mas contrario á los principios de una
„sana administracion."

En

En suma, el objeto principal de este capítulo es como el de todos los demas, la libertad del comercio de granos y su favor, sin temer por él la carestía, ni que quando suceda dañe al Público, porque beneficia la agricultura, y menos que por ella se alcen los salarios. Mas yo creo que es indebido negarles la proporcion del pan quando alza todo lo demas, porque los jornaleros, por pobres y próximos, demandan caridad; por socios y útiles piden justicia en la igualdad respectiva con el resto de repúblicos. Faltar á este principio es medir al poderoso con la dócil regla *lesvia*, que se ajusta al objeto mensurable, y al pobre con la de *policleto*, cuya inflexibilidad obliga á ceñirse á ella la materia. Quiero decir, que los ricos regulen por la carestía el precio de los frutos y efectos que venden, y el miserable maniobrero que sufra el rigor, sin aumentar la recompensa de su trabajo.

Ultimamente se quiere probar, que los mercaderes no alzarán el pan mas de dos dineros en libra (un maravedí nuestro). El concepto de esta proposicion en buena lógica compromete las operaciones de los comerciantes, segun la *via ordinaria* de sus facultades, arregladas á prudencia y buena moral : mas no debe fiarse en pura y propia justificacion quando el interes es personal, y brinda arbitrariamente, porque suele obrarse entonces por

la

la *absoluta*. Y siendo el prurito de estos negociantes la *ganancia*, y su carácter la *codicia*, será ésta tanto mas, quanto pueda crecer aquella, como dixo Juvenal : *Crescit amor nummi, quantum ipsa pecunia crescit.*

TRADUCCION DEL ENSAYO

SOBRE LA AGRICULTURA.

Las delicias de la vida del campo fueron los primeros plaçeres de los hombres, y la agricultura su mas intere-sante ocupacion. Un secreto encanto nos recuerda toda-vía aquella felicidad; pero presto somos deslumbrados por el fausto de las Ciudades; y seducidos por los pla-ceres mas vivos y las ocupaciones sobresalientes, perde-mos de vista luego las ventajas de la cultura, y nos con-tentamos con admirar algunas veces las preciosidades de la naturaleza en simplicidad, variedad y riqueza de sus producciones.

Los hombres, errantes á la aventura, pendieron anti-guamente de un casual alimento, incierto siempre á su di-ligencia. Sujetos por necesidad á sus ganados, conducian de pastura en pastura sus vicios y penalidades. La tierra infecunda no ofrecia sino una vasta soledad á sus tristes habitantes. Perpetuamente ocupados de sus miserias y de sus temores, se retraían y destruían mutuamente. La agri-cultura templó las arideces de una vida vagamunda, y la solicitud de conservarse los hombres, y de afianzar los frutos de la tierra, formó los asilos y edificó las Ciuda-des.

Al

Al abrigo de las mismas desolaciones se perfeccionó
la agricultura , y difundió los bienes en abundancia. Mas
seguros los hombres , y menos acosados de accidentes , se
multiplicaron á medida que se proporcionaron las subsistencias. Su copia aumentó su poder , y de aquí nació la
industria. Las artes hicieron mas cómodas y brillantes las
sociedades ; pero seduxeron á los hombres en el instante
que no dudaron de sus efectos. El brillo engendró la la-
xitud , y al momento abortó el espíritu de conquista.

La indolencia fué siempre victima de la ferocidad ; y
sobre las ruinas de vastas Monarquías precipitadas por la
floxedad , se levantaron nuevos Estados , que no tardaron
en disolverse por el mal uso de su política y de sus fuerzas , no pudiendo resistir al torrente de los Pueblos ar-
rojados por la indigencia y por la barbarie. Las artes y
las Naciones se confundieron largo tiempo con el tumulto de las armas , y pasaron muchos siglos en revoluciones continuas , ignorándose en larga série el arte de asegurar un Estado , y regir los Pueblos por medio de buenas leyes. Victimas tantas veces de sus disensiones y errores , parece que alumbró ya en muchos Pueblos la luz
de la razon. Las costumbres se docilizaron á proporcion
que los gobiernos se afirmaban , y se perfeccionaba la
buena sindéresis. La guerra ya no fué tan cruel , y no era
menester invadir á fuerza abierta , porque los talentos y

la

la industria, subrogando á la violencia, disputaban la superioridad.

Si el espíritu de cálculo y de comercio, que empieza á gobernar las Naciones mas reflexivas, parece debe fixar la suerte en nuestro continente, ¿se podrá velar jamás con demasiada atencion sobre sus causas y efectos? Y si la cultura es la primera vasa del comercio, de la fuerza y de la riqueza de los Estados, ¿con qué cuidado no se le debe proteger? y al mismo tiempo las producciones de la tierra ¿de dónde se pululan sin cesar?

No busquemos el elogio de la agricultura en la amenidad de las ideas, que nacen en el seno de la calma y de la comodidad: encontrarémosla en las necesidades; y ellas bastan para hacernos sentir su utilidad. Pero acostumbrados á gozar plácidamente de los bienes que derrama sobre nosotros, no reflexionamos, como debiamos, en la copia de sus beneficios, y olvidamos prontamente que ella es el cimiento del bien público, y el único sustentáculo de los Estados.

Concedemos sin violencia la preferencia á lo que mas lisongea nuestro antojo y prurito. Nuestros talentos, nuestra industria y todo género de acontecimientos nos persuaden haber encontrado el camino mas seguro del poder y de las riquezas: recorremos incautamente la carrera mas brillante, sin reflexionar en si podemos sostenerla.

De-

Debemos muchas obligaciones á los conocimientos adquiridos, para no dexarlos de cultivar ni un instante con empeño continuado. Estos talleres de la industria humana, en donde las necesidades reales se confunden con las de mera aprehension : estas artes, que mezclan nuestras comodidades con las gracias del ornamento : estos talentos rivales de la naturaleza, que se esfuerzan en imitarla y hermosearla : por fin, estas producciones del espíritu, del capricho y de la fantasía nos serán siempre admirables, si ellas no nos hacen olvidar la simiente que las produce, y el fecundo tallo que las sostiene.

Es del seno de nuestra comun madre de donde los hombres proveen sus necesidades : *la tierra es quien engendra y alimenta los objetos de su industria* : en fin, las campiñas son donde se encuentra la fuerza fisica de los Estados, y el orígen de las rentas públicas y particulares. La agricultura es la basa mas sólida de *las necesidades, de la riqueza y del poder* : despreciarla es debilitar el Estado.

Es efectivamente difícil conocer cómo un Reyno podria subsistir sin cultura ; y es de afirmar positivamente que quanto ella mas crece, el Pueblo es mas numeroso, fuerte y opulento. Las tierras bien trabajadas anuncian la comodidad y la abundancia de poblacion : los terrenos incultos son señal nada equívoca del pequeño número,

y

y de la mucha miseria de los habitantes.

No imputemos, pues, el defecto de la cultura á la calidad del suelo; y sí mas bien á las causas que hacen resolver á los hombres á su trabajo ó su abandono. No hay terreno alguno tan ingrato, que la industria no lo haga provechoso, quando el interes se empeña, ni tan fecundo, que produzca sin los socorros humanos. Los mejores campos serán estériles, si les faltan colonos, y abundantes los menos fértiles por el trabajo asiduo.

Solamente la naturaleza del gobierno decide de las ofrendas de la tierra y de la suerte de los cultivadores. En vano esparcirá el sol sobre qualesquier contornos sus ricas influencias: la agricultura desalentada es un coto que separa las producciones. En el país en que la naturaleza parece tener menos favorecidos, la cultura protegida multiplica sus beneficios. No es ocioso ningun recuerdo que nos haga conocer sus efectos.

La agricultura tiene relaciones con todas las partes del Estado, y ninguna dexa de depender ni de serle deudora de su órigen y de sus progresos. Simple en su principio parece poco interesante á primera vista; pero quando se le mira atentamente, se asemeja á los humildes collados que se elevan insensiblemente, y terminan á gran distancia, al modo de montañas que escalan las nubes. Alimentos, poblacion, artes, comercio, navegacion, ar-

ma-

madas , rentas , riquezas , todo marcha en pos y al compás de la agricultura. Quanto mas floreciente sea ella, mas vigor y mas recursos adquiere el Estado.

Ella es la que nos da los granos , los frutos , las plantas , las maderas , y toda especie de producciones que preparan el alimento á los hombres y á las artes. Sin sus cuidados no podriamos mantener esta multitud de animales domésticos , que alivian á los racionales en sus trabajos , que satisfacen su apetito y su gusto , y cuyos despojos se convierten en comodidades ó en aliños. Este es el plantél de los obreros , de los soldados y de los marineros.

Que la industria aumente por su habilidad el precio de las primeras materias : que la política agite los resortes para el engrandecimiento y la conservacion de los Estados : ¿sobre qué se exercitarán las artes y los talentos sin los dones de la cultura? ¿De qué serviria la fuerza y la seguridad del Gobierno sin brazos robustos y valerosos? Reducidos á los bienes ficticios , careceríamos precisamente de lo necesario ; y obligados á recurrir á nuestros vecinos , seríamos dependientes de su arbitrio. Alimentos, salarios , socorros de toda especie , todo monta á exôrbitantes precios quando es preciso obtenerlos de los extraños ; y las riquezas mas acumuladas se filtran presto por millares de imperceptibles canales. Todo se debilita,

Y

y un brillante Estado en apariencia llega en breve al borde de su declinacion sin percibirse. La guerra en un país, en que la agricultura es la ocupacion mas esencial, y la mas bien sostenida por el Legislador, no agota la navegacion ni el comercio, porque siempre encuentra recurso inalterable en sus tierras y en el trabajo de sus Pueblos.

No ignoramos que la actividad de un extendido comercio puede suplir la esterilidad de un terreno, y atraer hombres y producciones en abundancia. Tampoco que la industria es mas lucrativa que la agricultura, y que da á las Naciones laboriosas un brillo que nos deslumbra; pero esto es contemplar no mas los frutos sin reparar en el árbol que los produce. ¡Qué cuidados, qué economía, qué frugalidad, y al mismo tiempo qué inmensos gastos para procurar estas ventajas extrangeras! Esta es una riqueza de artificio, cuyo origen puede facilmente desaparecer ó extraviarse. Un poder, que depende únicamente de la industria, está expuesto á muchos reveses, cuyas precauciones no pueden garantir siempre de un catástrofe. El país sin tierras y sin producciones nativas se encuentra privado de todo, quando se pierden las relaciones exteriores.

Al contrario, una Nacion á quien la fecundidad de su terreno, su extension y su situacion feliz aseguran una,

Eee   abun-

abundante variedad de producciones nacionales, lleva en su seno la semilla de la fuerza y de la opulencia. Como ella vele sobre la cultura, sobre sus cultivadores y sobre las ocupaciones de sus individuos, no carecerá ni de sus subsistencias, ni de hombres, ni de riquezas. Si su poder estriva sobre estos sólidos fundamentos, podrá desafiar á la revolucion de los siglos y de la política.

Salgamos del comun error, que concede facilmente la preferencia á las artes agradables y á las mas relevadas profesiones. Fixemos la vista en el arado y la azada: interesémonos mas en el favor de los que la suerte destinó á manejar estos penosos instrumentos, pues que el bien público y la humanidad nos exhorta.

Si estos hombres, que sufren con constancia el calor y toda inclemencia, no tienen ninguna parte en la estimacion pública ni en las recompensas, merecen á lo menos la atencion mas privilegiada del Gobierno. Hay ciudadanos mas preciosos; pero no tan necesarios, y muy pocos con quien se les pueda comparar.

Todos aquellos que no sirven á la patria por sus ocupaciones, por sus luces ó por su mérito, serán siempre, en la especulacion de un sabio político, muy inferiores á este hombre grosero cubierto de pajas, y cuyas manos se ocupan sin cesar en producir valores, que no existirian sin su afan, y cuyos brazos vigorosos hacen bro-

brotar, de la tierra bienes reales, con que proveer de materias primeras á las urgencias y comodidades de la vida. Su laboriosa familia puebla los campos, surte nuestras armadas, y multiplica nuestras rentas.

No pretendemos aplicar á la cultura, ni el comercio debe ser ocupacion de aquellos, á quien la inclinacion conduce en el camino de la gloria, por el padron de nuestra esforzada nobleza. Estos ciudadanos que se consagran á la defensa de la patria, serán siempre su apoyo y ornamento: y léjos de pretender afeminar este genio distintivo de la Nacion, lo preferimos para los honores y prerogativas que justamente merece. Deseamos solo que nuestras campiñas se mantengan en estado harto floreciente para reforzar nuestras legiones en todo tiempo. Quando nuestras tierras sean generalmente bien cultivadas, estos rústicos habitantes, acostumbrados á los trabajos de fatiga, sostendrán facilmente los marciales (a); y la agricultura mas que otra profesion mantendrá siempre completos estos cuerpos robustos, sin rendirse nunca á los rigores de una campaña.

Los Estados no se elevan ni pueden sostenerse sino por la agricultura y por la poblacion, manteniéndose una

Eee 2 y

(a) *Ex agricolis viri fortissimi, &c. milites strenuissimi gignantur. Cato, de Re Rustica, cap. 1.*

y otra por la armonía de un trabajo bien dirigido. Una Nacion es un texido de hombres, cuyas ocupaciones unidas por hilos imperceptibles se afirman mas ó menos, segun las leyes y los usos; y si la trama se altera, la tela mas preciosa pierde presto su consistencia. Quando las profesiones ociosas se prefieren á las útiles, enferma la Nacion, la agricultura y el Pueblo se disminuyen, y el Estado se enerva insensiblemente.

No nos asombremos, pues, si vemos paises de corta extension competir con vastos Reynos. Ellos han inquirido los principios del verdadero poder, y han sabido calcular el precio de un hombre y el valor de un arpent. Han conocido que los *frutos, los individuos y el trabajo* asiduo son las semillas de las riquezas y del poder. Todas sus leyes favorecen la cultura, la poblacion y el comercio. Han desconocido estas profesiones lucrativas que enriquecen sin fatiga. De este modo crece *su poder á proporcion de sus producciones y de sus trabajos;* y sus tierras mejoradas mantienen mayor número de pueblo.

Desmarañar un terreno es virtualmente extenderlo, y aumentar en realidad sus súbditos, sus rentas y sus fuerzas. El valor de un Estado no se mide por la extension de sus dominios, sino por la calidad de sus producciones, por el número de sus habitantes, y por la utilidad de sus trabajos. Todo terreno infructífero ó que cesó de produducir, causa quiebra en la Nacion. Todo suelo deboscado ó mejorado es un valor real que el cultivador hace producir, y que acrecienta el número de habitadores, su bien estar y sus ocupaciones, y al mismo tiempo un nuevo manantial de rentas para el Estado.

No nos detendrémos á exâminar de qué modo se multiplica el Género Humano. Es evidente que el número de sus individuos se aumentaría hasta lo infinito, si no hubiese obstáculos físicos, políticos y morales. Bástanos saber, que los hombres abundan siempre en donde se hallan bien, y que los paises han sido alternativamente bien ó mal poblados, segun la naturaleza del gobierno.

La Palestina y Egipto, de donde salieron exércitos innumerables, quedaron inhabitadas despues de largo tiempo. Inglaterra y Holanda, casi desiertas alguna vez, se poblaron despues con nuevos habitadores. Las leyes y los usos favorables á la cultura y á la poblacion causan esta diferencia; y se advierte notablemente, que los Estados no se pueblan por el órden de progresion natural de la propagacion, sino por el de su industria, el de sus producciones, y el de sus instituciones varias.

La guerra, la hambre, las enfermedades epidémicas destruyen la tierra; mas estos males se reparan, y una Nacion renace alternativamente de generacion en generacion por los cuidados del Legislador. Estas terribles desgragracias son menos formidables que los vicios interiores, que minan un Estado por grados imperceptibles. Un Pueblo se aniquila, si no remedia la languidez que debilita la agricultura, y los individuos se disipan sin percibir la causa. Todo lo que deteriora el trabajo de la tierra, empobrece y despuebla un Estado.

Los campos incultos destierran los habitantes, y hasta en la naturaleza infunden tristeza y palidez. Al contrario en las tierras bien trabajadas, todo respira y todo alhaga. Collados risueños, vergeles deliciosos, rebaños abundantes y surcos bien formados, anuncian una multitud de cultivadores, y hacen creer que la tierra produce á medida de que se cultiva bien.

Los hombres se multiplican efectivamente como las producciones solares, y á proporcion de los adelantamientos y recursos que encuentran en sus trabajos. El primer cuidado es el de las necesidades; y si tienen con que ocurrir á ellas, ninguna inquietud se opone á su aumento. El colono no toma pena en ver crecer el número de su familia quando puede alimentarla; mas las gentes desanimadas ó consumidas por la miseria, aprecian poco su vida para interesarse en la agena. Mal riega las plantas el que necesita el agua para beber.

No en los lugares faustosos, ni en las clases elevadas se ha de buscar el recurso para la posteridad. El método de

de vida , las pasiones , el interes , la delicadeza son obstáculos de la poblacion. La humana naturaleza no despliega toda su fecundidad sino en las floridas campañas , y
entre los que sin ambicion trabajan precisamente para
poder vivir. Su simplicidad y su economia les presentan
cada momento nuevos auxilios y esperanzas en los mismos tallos con que les regala. Sus trabajos bien sosteni-
dos le afianzan en su comodidad ; y quantos brazos les
ayudan les procuran mas medios de garantirse de las miserias de la vida. El aumento de la familia es una progresion de bienes para el cultivador : sus tierras mejor
trabajadas y á menos gastos , le proveen de copiosas subsistencias , y su abundancia facilita la poblacion.

Esta abundancia no depende tanto de la fertilidad del
terreno , quanto de las causas que congratulan á cada particular con su país. Los terrenos fecundos quedan desier-
tos quando los habitantes no gozan tranquilamente el fruto de sus trabajos , y los ingratos se repueblan por el
favor y aliento que se infunde en sus individuos.

La industria sigue siempre la calidad del suelo ; y la
Nacion económica es una colmena que crece por su trabajo. El Pueblo se aumenta á proporcion de la facilidad
que encuentra de vivir ; y los hombres se multiplican como los frutos , quando su vida no es asaltada por las
necesidades ó por el temor. Proteger la agricultura es ayu-

ayudar á la naturaleza en sus operaciones.

De la superioridad de cultura nace la de la poblacion: del gran número de habitantes viene una gran copia de industria: á la industria bien dirigida sigue un comercio extendido; y estos diferentes acrecentamientos forman los recursos inalterables de las rentas públicas. Todo lo que no es fluido es un torrente pasagero, mas destructivo que fecundo. La cultura, la poblacion y el comercio amplían el poder; y todas estas ramas parten de la agricultura.

La prosperidad del comercio seria una riqueza equívoca, si no tuviera su apoyo en las producciones del suelo, ó en las que se le pueden adoptar; y el país que produzca mas, recogerá siempre los frutos ciertos, y menos caducos. El será el mas rico, pues que provee con mas actividad á sus habitantes. La cultura hace la verdadera valanza del comercio; y aunque un Estado pueda florecer por la industria, no será su comercio *sólidamente* establecido, si carece de producciones propias. Si su abundancia mengua, se alterará su comercio, y la pérdida será paulatina, por grados imperceptibles.

Las Rentas Reales, que se miran como los nervios del Estado, y que verdaderamente lo son, no deben su origen sino á los dones de la tierra; y estos nervios serian disueltos bien presto, si el trabajo de los colonos no les proveyesen de los jugos, sin los que *no pueden*

sub-

subsistir : si las campañas se cultivan bien , habrá mas súbditos y mas consumos. De este modo la agricultura y la
poblacion serán los quicios de la legítima Renta Real ; y
el aliento de la cultura es el único medio de aumentar
sin daño las rentas del Estado. Quantos mas Pueblos y
mas producciones haya , serán mas abundantes y seguras.
Los grandes consumos atraen productos mas ciertos y mas
copiosos ; porque si las heredades no se aumentasen sino
por la atencion del arrendador , su industria seria de mas
daño que provecho. Léjos de ser adelantamiento efectivo , será causa destructiva de la cultura y del trabajo
popular : quando los tributos , al contrario , aumentan
por el gran número de contribuyentes y consumos , es
un signo nada equívoco del recrecimiento y prosperidad
del Reyno.

Los sucesos de la agricultura son tan lentos , que no
admira se entreguen las gentes con preferencia á una infinidad de expedientes , que suministran recursos mas
prontos y mas eficaces , aunque aparentes. Estrechados
por las necesidades y por otras circunstancias , no se sigue siempre el camino mas seguro : no hay tiempo para
deliberar y exâminar las sendas , y es preciso ceder á las
impresiones de la necesidad : de que resulta que con las
mejores intenciones y los conocientos mas perfectos es casualidad dar á la agricultura toda la atencion que ella merece.

Po-

Podemos felicitarnos ciertamente de los establecimientos mas sabios , mas útiles y mas lustrosos , que nos dan un brillo superior al de otras Naciones. ¿Quánto no debemos á los progresos que nos ha atraido la atencion de los Ministros para hacer el Reyno floreciente , y á la vigilancia de nuestro Soberano para alentar las ciencias y las artes? Pero la agricultura rara vez merece cuidados exquisitos (a).

Entre tantos Reglamentos para prosperidad del Reyno encontramos pocos relativos á esta importancia. Las débiles chispas que únicamente restan , avivan lentamente el ardor del colono , y la agricultura desmaya al mismo tiem-

(a) *El Rey ha mandado se le diese cuenta de las experiencias de la nueva cultura , y la fomenta por diferentes medios. Reglamento de 4 de Febrero de 1567. Edicto de 8 de Octubre de 1571. Reglamento de 21 de Noviembre de 1577. Edicto de 3 de Noviembre de 1590. Letras-patentes de 16 de Marzo de 1595. Decreto del Consejo de 17 de Diciembre de 1643. Edictos del mes de Abril de 1667. Declaracion de 9 de Octubre de 1701.*

Todos estos Reglamentos prohiben inquietar á los labradores ni molestarles , ocupándoles los utensilios ni yuntas. No hay exercicio mecánico ni cargo en las rentas , cuyos Reglamentos no sean mas extendidos y mejor observados.

tiempo que las otras profesiones encuentran continuos y nuevos motivos de emulacion.

Ciertamente que nuestras campañas no se cultivan á proporcion de su fertilidad, ni son pobladas segun la capacidad de su extension. A poco que se separe de la capital y de los principales caminos, raro Pueblo se encuentra sin terreno inculto; y lo que mas es, que hasta en lo interior del Reyno se hallan tristes reliquias de Pueblos abandonados. En comarcas enteras los habitantes mal vestidos, peor alimentados, cárdenos y decrépitos antes de tiempo, no prometen una robusta posteridad: señales no dudosas de que el edificio amenaza ruina por el fundamento.

Sin descender á detalles reservados, únicamente al zelo y trabajo de los Magistrados, que velan en la conservacion de nuestras Provincias, podemos convencernos por una especulacion general de que la cultura del Reyno es muy débil, y poco numeroso el Pueblo en razon de la extension y bondad de nuestro suelo.

Hemos visto ya en lo que precede, que siguiendo los cómputos geográficos, la Francia contiene 308 leguas quadradas, y cada una 49688 arpens, y 28 pértigas y media; cuyo cálculo arroja 140.664.600 arpens. Si se rebaxa la mitad por los caminos, las aguas, los edificios, los prados y las viñas, restan 70.332.330 arpens para los ali-

men-

mentos. Supongamos que hay en el Reyno 20 millones de personas de ambos sexôs y de todas edades : se seguirá que cada individuo tiene mas de tres arpens y medio para su subsistencia. Si no hay mas de 16 millones de sugetos , como se cree comunmente, cada uno de ellos tendrá mas de quatro arpens. Los Romanos en el repartimiento de tierras no concedian sino la mitad de este terreno á una familia entera. No se puede dudar que la mitad del nuestro puede ponerse en cultivo para proveer á su subsistencia ; pues si se diese doce arpens para cada una , compuesta de quatro cabezas , marido , muger é hijos , resultaria que esta mitad , ascendiendo á 70.332.330 arpens , puede alimentar facilmente 23.444.100 personas. Si no fuera menester mas que dos arpens y medio por cada una , podria sostener la mitad de nuestro terreno 28.132.920 habitantes. Si bastasen dos solos , su mitad alcanzaria á la subsistencia de 35.161.075.

Convengo en que no se crea adequado este raciocinio , ni regular el supuesto : siempre resultará quando menos que la Francia no es cultivada ni poblada quanto podria ser : concluyendo últimamente que hay muchas tierras vacías ó mal empleadas ; juicio manifiesto sin engaño á los viageros que con atencion recorren el Reyno.

Hay otros muchos Estados que son menos poblados todavía ; pero tambien hay algunos no tan fecundos , y

no

no obstante le aventajan. Asombra ciertamente que la Francia, con un suelo propicio para infinidad de producciones y de hombres industriosos, con un gobierno justo y dulce, un ayre sano, buenos alimentos de toda especie, un comercio floreciente, una vida cómoda y mas agradable que en otras partes, situada entre los dos mares, atravesada de grandes rios, y por los mejores caminos de Europa : asombra, repito, que 309 leguas quadradas, con todas las ventajas de la naturaleza y de la industria, no contengan mas de 16 á 18 millones de habitantes, que no hacen sino 570 personas por legua, quando seria muy posible alimentar á 850 lo menos, si las tierras fuesen bien cultivadas, como se ha demostrado ya.

Suponiendo, pues, que hay 550 habitantes por legua, es preciso deducir dos quintos á lo menos que habitan en las Ciudades, ó que no se ocupan en los trabajos agrícolas. Por esta cuenta resultará no mas 342 personas por legua para cultura. Débese tambien rebaxar una mitad por los ancianos, los enfermos, las mugeres, los niños que aun no han entrado en estado de poder trabajar, y quedarán 171 cultivadores efectivos en cada legua.

Supuesto que la legua contiene 4688 arpens y 82 pértigas y media, y que no contamos sino la mitad capaz de cultura, que son 2344 arpens por 171 trabajadores, tocan á cada uno seis arpens en la suposicion,

mas

mas inferior y débil. No es, pues, dable que un solo hombre pueda cultivar esta extension de terreno. De todos estos datos resulta, que una gran parte de nuestras tierras no se pueden cultivar por falta de una cantidad subida de colonos.

No nos admiren nuestras escaseces : el trabajo de la tierra es el mas penoso de todas las ocupaciones. Conducidos los hombres naturalmente ácia la comodidad y el ocio, instan siempre por romper los lazos que los sujetan á los trabajos del campo. Ellos no ven clase alguna que no sea menos onerosa, empleo en la sociedad que no sea mas lucrativo, ni profesion á que no se aspire con mas empeño. Asi todo el resto de las otras ocupaciones arrancan á los hombres de la tierra, y no cesarán de extraerlos mientras que no se favorezca con preferencia al cultivador. Quanto mas ricas, mas numerosas y mas distinguidas sean las otras clases, mas débil será la de los colonos : de donde necesariamente decaerá el valor de las tierras y el número de sus trabajadores.

Todos los que oprimidos de la miseria, ó atraidos de la ganancia ó de los placeres desamparan las Aldeas, son por lo regular individuos perdidos para el Estado. Si ellos aciertan, eligen ocupaciones, ó contrarias, ó nada favorables á la poblacion ; y si la fortuna no les lisongea, van á tentarla á otra parte, y qualquier partido que tomen

es

es siempre contrario á la cultura y á la posteridad.

Regularmente en los cuerpos políticos que parecen sanos y robustos, no se percibe sino muy tarde el principio de las enfermedades que pueden alterar su constitucion; y las de un Estado florido se manifiestan dificilmente: por lo mismo es mas de temer en ellos una enfermedad de languidez, que carcome los sugetos, que los castigos pasageros, que hacen grande comocion en nuestro espíritu. La desercion de las campañas y la despoblacion son los males mas dañosos que pueden atacar á un Estado, y contra los quáles se vela menos. ¡Qué precauciones no se tomarian para prevenirlos, si se reflexionase seriamente sobre sus conseqüencias!

La pérdida de un cultivador causa superior ruina, que la de infinidad de hombres mas notables, cuyas ocupaciones no producen ninguna utilidad á la sociedad. Un rústico habitador de la campaña, que pasa su vida proveyendo las necesidades y comodidades humanas, y que dexa succesores en sus penibles trabajos, hace mas servicio á su patria que el soberbio habitador de las Ciudades, cuyo luxo sofoca la memoria que debia dexar á la posteridad: como los juegos agradables que la arte hace brillar en el ayre, y cuya luz y estruendo termina en torbellinos de humo. La falta de un cultivador no le es indiferente, porque sus trabajos son la simiente de una opulen-

cia

cia que renace sin intermision. Si él desampara su campo para expatriarse ó habitar en los Pueblos de comodidad, el terreno queda hiermo, ó no se cultiva bien. Esta es una mengua de las producciones y de la poblacion, de la que á las rentas públicas toca gran parte : pérdida poco sensible desde luego, mas no obstante tan real, que si crece insensiblemente, los súbditos, la comodidad y la fuerza de un Estado disminuirán á la misma proporcion.

Un arpent inculto es un mal destructivo y un vicio real para una Monarquía. Donde no hay frutos, tampoco rentas ni hombres. Un arpent en cultura es un valor mas efectivo que mil cosas atractivas de nuestra atencion. Todos estos objetos que no producen felicidad ni poder á los Pueblos, ¿causan por ventura la utilidad que los presentes de la cultura? Por lo comun ellos no aumentan nada al bien del Estado, ni jamás engruesan las rentas públicas.

Los subsidios de un Imperio no se aumentan en razon de las riquezas ficticias de la Nacion, sino solamente á proporcion de los productos del suelo y del número de sus súbditos. Si las artes superfluas se fortificasen á expensas de la agricultura, si las Ciudades aumentasen su poblacion con la gente de las campiñas, si restasen tierras sin estimacion en medio de benignos dominios, si no se debiese su buen estar sino á estas pro-

fe-

fesiones poco necesarias ; todo esto que mas nos deslumbra no seria sino una bella pintura , pero sin fondos,
cuyos colores en breve los disiparia el tiempo. Grandes
Villas en fecundas campañas son mas estimables que los
soberbios Palacios rodeados de tierras incultas.

La agricultura contribuye sin equivocacion á la fuerza , y el engrandecimiento de los Estados mas que todos los talentos esquisitamente solicitados. Si ellos adornan una Nacion y la hacen recomendable , tambien pueden alguna vez serle perjudiciales ; y esta verdad seria
facilmente demostrable , si se comparasen los efectos de
la cultura con los de las artes , que lisongean la delicadeza y el gusto.

Supongamos que por muchos siglos un Pueblo situa-
do en país de bondad natural se aplicase únicamente á
la cultura , y no conociese otras profesiones que las absolutamente necesarias , y las artes que conservan el Estado y la salud. Ocupado sensiblemente en el cuidado
de sus tierras , de sus granos , de lo fisico y diario , y
de su conservacion y defensa ; este Pueblo , aunque grosero , pero tranquilo y exênto de las necesidades de la
inaccion y del dolor de sus vicios , viviria en perfecta
seguridad , y vendria á ser de edad en edad mas numeroso , mas robusto y mas invencible que lo fué antes de
este dichoso estado. Las leyes dulces y sabias , los víve-

res,

res , los hombres , las fortalezas y los baxeles harian su política sólida y respetable.

Comparemos este Pueblo con una Nacion , la qual, sin dedicarse á mejorar sus tierras , se entregase absolutamente á las profesiones que multiplican las necesidades. Entónces los particulares , mas sensibles á lo lisongero que á lo útil , preferirian las vagatelas á las cosas necesarias. Esta costumbre y propension se *apoderaria* de una gran parte de súbditos , y todas las clases establecerian pronto un método de vida que excederia á sus facultades , y que introduciria paulatinamente la relaxacion y un desórden contrario á la propagacion de las familias. La elegancia de esta Nacion *fascinaría algunas vecinas* , y atraeria una cantidad considerable de oro y plata. Resultaria efectivamente una súbita opulencia , que empeñaria una gran parte de este Pueblo al abandono de las ocupaciones mas útiles , para dedicarse á *las artes del luxo.*

Si por qualquier revolucion imprevista los Estados vecinos se reduxesen á lo necesario , ó se dedicasen á cultivar y hacer florecer entre ellos las mismas artes de luxo , seria de temer que la Nacion enriquecida por la excelencia de sus talentos, perdiese en poco tiempo una gran porcion de sus riquezas y de sus artistas. *Aunque* fuese cierto que ella hubiera adquirido algunas ventajas,

por

por los atractivos del brillo, mas constante seria la mayor pérdida de otras por falta de poblacion y de suficiente cultura; y puede creerse sin disputa, que en lugar de prosperar, se encontraria inferior al Pueblo, cuya frugalidad hemos pintado. Así las flores mas hermosas se marchitan bien presto, al mismo tiempo que se conservan largos años las espigas y las mieses.

Se han reputado muchas veces por vanas declamaciones las quejas de los Autores Romanos, contemplando la decadencia de su agricultura con los desórdenes del luxo: no obstante, el suceso las ha justificado; y este Imperio fué destruido mas por sus vicios interiores, que por la fuerza de los bárbaros que lo destrozaron. El Pueblo orgulloso con los despojos del Universo se desdeñó de los trabajos de Cincinato. Los jardines de Lúculo cubrieron las playas de Ceres. Las campañas pobladas de casas de recreacion no proveyeron mas subsistencias; y fué preciso obtenerlas con contribuciones á los extrangeros. Los Pueblos ocupados de intrigas, de placeres y de magnificencia, corrompieron á los ciudadanos. Las armadas se completaban con gentes bárbaras por falta de naturales interesados en la defensa del Imperio.

Abrid los anales del Universo, y vereis formarse las Repúblicas y los Imperios en la sencillez y frugalidad: elevarse y engrandecerse por la economia y la actividad

de

de los Pueblos ; y precipitarse por los vanos proyectos, las profusiones , la floxedad y la relaxacion. El Pueblo de Israël se multiplica y fortifica por una cultura animada : la sabiduría de Salomon se sopora en las riquezas y en las delicias. Un Pueblo que contrae demasiada delicadeza y afectacion , se degrada facilmente : mira como talentos los mismos vicios que le embriagan , y en esta costumbre desordena succesivamente todas *las clases* del Estado.

Las costumbres no son indiferentes á la conducta de los Pueblos , porque tienen una influencia muy poderosa sobre las acciones y juicios de los hombres. Ellas son muchas veces mas eficaces que *las mismas leyes* , *y producen* mayores efectos , segun el acrecentamiento ó disminucion de los súbditos. Una Nacion es mas poblada á proporcion de la simplicidad y virtud que reyna en ella. El espíritu de corrupcion es contagioso , y penetra *insensi-*blemente hasta las clases mas inferiores.

En las campiñas no se conocen aquellas artes y pasiones que cambian las costumbres y la faz de los Imperios. La cultura jamas corrompió á los hombres ni á sus espiritus : no produce sino buenos efectos , y lleva sobre todo la ventaja de mantener siempre una fuerza activa y permanente , y una comodidad infinitamente *mas* apreciable que las riquezas pasageras. Ella *multiplica* los

tra-

trabajos y los Pueblos , y no da lugar á que los hombres siempre ocupados se desvien de su bien. Ellos procuran continuamente los medios de trabajar sin intermision por una alternativa perenne de producciones y de consumos. Esta armonía es tan simple y tan preciosa , que es preciso sostenerla con esfuerzo y sin decadencia á qualquier precio que cueste , porque podria bien sacrificarse á la agricultura muchos exercicios , sin que el Estado recibiese por su cambio daño alguno ; pero no puede permitir el mismo Estado la elevacion de clase alguna sobre las ruinas de la agricultura.

Si alguna revolucion pudiese acaecer en la política, en la industria de las Naciones , y en el modo de hacerse mas ricas y mas poderosas , la agricultura será siempre el principio de la opulencia y el atlante de la sociedad. Por ella se han levantado comunmente las Colonias , y por ella se han fortificado ; y si qualquier Estado se debilita ó se destruye , no puede restablecerse sin restablecer la agricultura. Ella sola mantiene la circulacion necesaria , y como la sangre oculta en las venas , ella imprime la vida y da movimiento á todos los miembros del Estado.

Detengámonos todavía en comparar sus efectos con los de las artes mas estimadas. Supongamos que un cultivador no saca mas provecho que diez libras al año sobre

bre sus granos vendidos fuera del país, y que un obrero del luxo gana mil sobre las maniobras de su profesion vendidas al extrangero. Estas mil libras son seguramente una riqueza mas notable, y un efecto mas perceptible en el Público, que las diez libras ganadas por el trabajo del labrador: sin embargo el Estado adquiere y conserva una fuerza intestina y mas real por este pequeño beneficio sobre los frutos, que *por el provecho* mas considerable que le procura el artista industrioso.

La produccion de estos granos, que no ha aumentado el fondo del Estado sino en diez libras, ocupó y dió subsistencia á un gran número de trabajadores, quando la fábrica de un obrero, *qualquiera que sea*, *no ha empleado* sino el talento de un hombre. El labrador entretiene necesariamente un número importante de zagales y animales útiles. El cria y alimenta una familia, conservando por su trabajo el precio de los *alimentos en* una tasa favorable al Público, y hace subsistir muchas gentes, que sin él no habitarian las campañas.

Todo lo contrario executa el laborante del luxo, que no tiene necesidad de mas socorro que el de sus dedos, contribuyendo á encarecerlo todo, á aumentar los salarios, y á embarazar que el Estado venda á los extrangeros los frutos á un precio cómodo, sin el qual no *tienen* salida. Por otra parte su venta, que no provee sino

á

á los caprichos accidentales de la fantasía, no puede nunca ocasionar á la Nacion sino una renta fugaz y pasagera. No es así la resulta de la venta á forasteros de los productos propios, que establece para el Estado un fondo, aunque mediano, continuo, porque se repite anualmente, y provee la materia de un trabajo perenne á mucha gente laboriosa, que se aumenta á proporcion de la cultura.

Un beneficio moderado sobre la venta de los frutos extiende el trabajo á mas individuos, con exceso conocido á la ganancia considerable sobre las obras de simple precio. Por tanto el provecho menos aparente que produce y radica mayor número de habitantes, es el mas ventajoso al Estado, de donde se sigue, que las artes de refinamiento y delicadeza, que no facilitan sino complacencias y comodidades ignoradas de nuestros abuelos, no podrán ser de utilidad alguna para ocupar las manos superfluas, sino quando ya no restan tierras que cultivar, y armadas y exércitos, para cuyo servicio sea preciso reclutar. Pero si ellas desvian á los hombres de la cultura, serán hostiles y destructivas, porque entónces disminuyen el Pueblo, disminuyendo la cantidad de trabajos y de producciones.

Mucho mas interesa el Estado en desmarañar un terreno, si puede aumentar y alimentar algunos hombres, que

que en la adquisicion de los medíos ingeniosos de enriquecerse súbitamente con la industria de las artes esquisitas. Si la cultura introduce en un país menos metales, tambien entretiene mas hombres , que hacen el poder efectivo del Estado , y multiplican sus rentas y sus fuerzas : qualidad real , que no se encuentra en el cúmulo de metales ni en las cosas mas preciosas.

Por conseqüencia , la Nacion que *pueda proveer con* mas cómodidad las necesidades indispensables de la vida, será señora de las restantes del mundo ; y si deteriora la agricultura de sus rivales, destruirá su poder. En fin, impondrá un tributo cierto á sus vecinos la que pueda ofrecerles viveres á mas *baxo precio.*

¿Qué sucede á una Nacion , que consulta mas su gusto en las maniobras de luxo , que su interes personal en las producciones de su tierra? Ella llama á sus talleres una multitud de hombres , que por su *exemplo y* modo de vivir seducen presto al resto para abrazar su misma profesion. Como encuentran mas provecho con menos pena , los obreros mas útiles desiertan , y las campañas quedan desamparadas sin *percibirse* por entónces. Los valores de los frutos se aumentan necesariamente por la calma de las ocupaciones agrarias. El desprecio y desazon se difunde sobre las profesiones penosas apénas el Pueblo empieza á desdeñarlas.

Si

Si por otra parte un vecino menos brillante le ofrece víveres en comodidad, se hacerá la costumbre de adquirir las subsistencias de afuera. La Nación suntuosa encontrará mas ventajas en comprarlos del extrangero, que de cultivarlos sobre su propio terreno. El provecho de sus talentos esparce en ella los metales, y le proporciona los medios de pagarlo todo caro y con comodidad. Si le sobreviene una guerra, la sostiene facilmente, mientras el oro y la plata no falta para comprar hombres y municiones; pero se apurará bien presto; si tiene menos vasallos y provisiones que metales, y si las campañas, débiles ya por los obreros del luxo, no pueden proveer de reclutas sin dañar á la agribultura. Al punto perderá todos los maniobreros de luxo, cuyo trabajo será sorprehendido en este intervalo, y ellos obligados á pasar á otra parte para subsistir, llevando con ellos mismos su industria. Entónces se sentiria la diferencia entre estas artes permahentes unidas á la tierra, que producen muchos hombres y poca plata, y las tan encarecidas, que rinden mucha plata y entretienen pocos hombres. Los colonos en ningun tiempo se trasplantan como estos obreros, cuya fantasía y libertinage, ó el cebo de una recompensa puede en un instante frustrar á su país de la industria mas lucrativa. Así es que las artes poco necesarias pueden degradar y debilitar una

Hhh

Na-

Nacion por muchos medios imprevistos : y tambien es
cierto , que quantos mas metales y cosas preciosas ad-
quiera un Pueblo , puede ser disminuido en fuerzas reales
é internas. De donde no admire la conclusion , que las
riquezas solicitadas con el mayor empeño no son regularmente sino la máscara de la opulencia : que ellas no
son siempre una señal tan cierta del acrecentamiento y
poder , como la mejora de la cultura , capaz mas que
otro arte de entretener los fondos de un gran Reyno:
que la agricultura es el apoyo mas firme de las Naciones , porque ella es la sola profesion que no está sujeta
á cambios : que ella es, por sus efectos, superior á todas
las ocupaciones de los hombres : que los beneficios que
le debemos son preferibles á todas las riquezas adquiri-
das por otros medios : que el oro y la plata son un simple signo, momentáneo del poder , porque los metales se
disipan facilmente ; y que un país bien cultivado es una
opulencia permanente , y la balanza verdadera del poder
de los Monarcas.

COROLARIO DEL TRADUCTOR.

Supuesto que, como dixe en el principio, y he repetido algunas veces, todo el objeto del Autor es únicamente el libre *comercio del trigo*, con sus adyacentes de protegida y franca extraccion é importacion, venta y compra arbitraria, todo en fomento de la agricultura y cómoda posesion de este alimento, me reduciré en este corólario ó extracto á solo este punto, porque es el de reunion de todos los demás.

Ya se vió que su mecanismo y economía estriva en estos dos principales puntos: *aprovechar solo el sobrante en años abundantes quando vaya barato el trigo*, primero, y *proveer al Público con él ó con otra en tiempo de necesidad, mediante una moderada ganancia*, segundo.

De las seis esenciales condiciones ó preliminares que Mr. De la Mare establece para que el comercio de granos pueda ser útil, la primera y mas principal es la de que las compras se hagan en lugares y tiempos abundantes. Si esto falta, ya no hay comercio sano.

El trigo sobrante será únicamente el empleo del comercio: uno de sus axîomas. ¿Y quánto y quándo sabrémos el sobrante? Si por juicio, será contingente: si por especulaciones, tarde; pues quando se averigüe ya está en poder de los comerciantes el superfluo y el preciso.

Hhh 2   Por

Por qualquiera de estas dificultades, y otras muchas que omito, veo inaccesible su conocimiento, á lo ménos por ahora, y mientras no se tomen otras providencias de prevencion.

Sea lo que fuere, digo segun mi juicio, que no es sobrante para este efecto (especialmente para el comercio exterior) el trigo que se compra, sin dar lugar á la venta. Tal es quanto se cobra á título y cambio de anticipaciones y socorro á labradores, porque segun las cosechas puede ser muy preciso; y sobre esta contingencia es evidente el perjuicio de que éntre el grano en poder de comerciantes, sin exponerse al precio y surtido público; pues aunque la Pragmática previene sabiamente sea el que pase quince dias ántes ó despues de nuestra Señora de Septiembre, no se cumple ni cumplirá.

Tampoco es sobrante la gran copia de trigo que comprehenden los arrendamientos de derechos decimales, primiciales, dominicales y de tercias reales; porque los mas son alimentos de los preceptores, que han de extraer despues del venal en los mercados públicos, con perjuicio del consumidor precario; y este es punto de grande consideracion.

Menos debe tenerse por sobrante el que interceptan los *atravesadores* y *regatones* ántes de hacer mercado, contra el espíritu y utilidades del comercio; y así de otros

adul-

adulteradores de su buena fe , que ofrecen mucho que discurrir para saber el sobrante.

Algunos quieren que este sea respecto al consumo general del Reyno , supuesto el derecho de comunidad y coaccion : otros el de cada Provincia y tambien el de cada Pueblo ; pero yo considero los mismos vínculos entre los individuos de un Estado , que singularmente entre los de una vecindad.

Si así se considerara , á lo menos en el juicio , ya que no sea tan fácil en efecto , no debe tenerse por sobrante y materia del comercio el trigo que de una Provincia á otra exîja comunicarse con necesidad , como socorro mutuo. Respecto al comercio exterior no pongo duda , ni que para el interior es sobrante ; para cuyo buen uso son precisos comerciantes que lo compren al labrador , y le proporcionen *pronta* , *fácil* y *útil venta* para atender á sus urgencias , porque no puede esperar las ocurrencias accidentales , tardías y remotas.

Es constante que este es el admirable empleo del comercio ; pero no dexa de probar tambien lo dificil y casi imposible de ceñirse al sobrante , que ni se sabe quánto es , en dónde exîste , ni quándo se verifica ; y que en este caso la salida , que es la que hace el comercio exterior , aunque convenga , es verdaderamente como una purga en el cuerpo fisico , cuya difinicion discreta por

un

un sabio Médico le quadra. *Es un ládrón á obscuras* (dice) *que roba lo que encuentra*, y *no lo que quiere*. En fin, la justificacion de limitarse al sobrante es de pura voz hueca, aunque bien sonante.

No es mas sólida ni justificada la segunda calidad del comercio en el uso de este sobrante *para proveer oportunamente al Público*. Los mismos Apológistas del comercio aseguran, *que no hay otro medio para obligar á los tenedores del trigo á que lo manifiesten*, *que la concurrencia, la copia*, *y el temor de no perder*.

La concurrencia de los vendedores es solamente probable, la de los compradores infalible por la necesidad del alimento : lo cierto es que el *Público dexa de estar* provisto muchas veces, y oportuna y proporcionadamente pocas lo está : de que concluyo, que ó el comercio no ofrece concurrencia, ó no es suficiente ni oportuna.

En el mecanismo de una máquina de *gran potencia* lo admirable sobre todo es la simplicidad de la concordancia de sus partes y la levedad del móvil. Una *moderada ganancia* es el vehículo é impulso de la seguridad; y comodidad del abasto mas esencial que tiene en agitacion los Reynos, y del fomento de la agricultura : empresa tan importante como apetecida, y todo por la providencia del comercio. En efecto; la alza de *dos dineros ó un maravedí* nuestro en libra de pan, la debemos creer premio

mio

nio suficiente del capital y de la industria de los mercaderes ; pues con ella compramos, segun la opinion sentada por nuestro Autor, *la seguridad del abasto*, *la equidad del precio* ; *la quietud de los Pueblos*, y redimimos *la extraccion de la plata*.

Si esto es cierto, ¿cómo ha ido tan caro el trigo, reynando entre nosotros un comercio libre y protegido? Si lo causaron los mercaderes, es paradoxa *su pureza y su moderada ganancia*, y todas sus virtudes tan preconizadas ; y si los propietarios, ¿dónde está la potencia del comercio para contenerlos con el concurso de vendedores? Y si los monopolistas, regatones, atravesadores, ú otros de su categoría, ¿cómo se niega su existencia, ó qué es de su inocencia y conveniencia pública?

¿Y quién anima á estos representados? *La codicia, la avaricia y el espíritu de ganar*, pero *moderadamente*. ¡Qué ilusion! Mas bien creeré que toda la naturaleza cambió su órden y compuesto, que la codicia diga basta, si le resta que tragar. Sobre que el Espíritu Santo afirma, que el avaro es insaciable : es tambien principio de Filosofia Moral, que con la vida y sus ganancias aumenta tambien la codicia. A mi parecer, todos estos buenos sucesos son mas para proponerse como hipótesis convenientes, que posibles.

Este manejo puede ser útil solamente en años sobrados

pa-

para aprovechar lo redundante , pero muy perjudicial en los escasos ; y aun en los medianos es problema de resolucion dificil. No lo es tanto la de que el Público pierde menos en que se reduzca algun tanto la ganancia sobre el trigo en el estado abundante , que con el mayor valor que adquiere en tiempo de escasez. En suma se propone el dubio , que importa mas valorar justamente lo superfluo , ó no encarecer lo preciso. *No discuto* , y concedo la primera por ceder en obsequio de la agricultura , preferente á todas las profesiones en singular y aun en general ; pero no puedo dexar de advertir , que si esto es preferible comparado simplemente año con año, se tenga presente que son *infinitamente mas los escasos que los copiosos*, pues todo computista sensato y atinado da mas cosechas malas que buenas ; y baxo de este supuesto equivale , si no excede, la repeticion de los casos á la entidad de las cosas.

En compensacion ya nos dice el Autor , que estos mismos comerciantes que encarecen y escasean nuestro trigo , *sabrán traerlo de fuera en los tiempos apurados*. Esto es posible ; pero las mas veces no ha sido efectivo quando debia. Y he referido algunas necesidades en la época de la Pragmática , especialmente en Aragon , Cataluña , y en Galicia sobre todas. ¿Y esto de qué nace? De la condicion de nuestros comerciantes , que no se salen del recin-

.to del Reyno sino á necesidad vista y ya talante, como acontació en Galicia, que despues de encendida la epidemia por la hambre se sucedian los arrivos. Se dirá que estos son accidentes que el comercio del trigo tiene, como todas las cosas : luego no es tan eficaz y oportuno, que pueda fiarse únicamente en él. Prescindo de los futuros contingentes y aun de lo vicioso.

Sea lo que fuere, de la propension moral, del órden legal lo invariable es la locacion. Las Provincias interiores de las Castillas distan del mar. Esto lo proponen los mismos sustentantes del comercio, y es evidente : luego no pueden hacerlo activo, exterior ni casi pasivo. Veamos las lindantes productoras.

Extremadura, Salamanca, Zamora y Toro confrontan con Portugal para extraerle ; pero no para darle. Poco mas ó menos sucede á Palencia, Campos, Valladolid, Burgos y la Rioja con la costa del Océano, y con Navarra y Guipuzcoa.

Aragon está en el mismo caso con Cataluña, Valencia, Navarra y Francia ; y el Ebro facilita mas la salida que el ingreso, y nunca son iguales las circunstancias que afianzan el comercio, cuya utilidad consiste en el mutuo.

Esta palabra *Co-mercio* yo la entiendo *merced recíproca*, al modo de *co-áccion*, accion correspondida ó comprometida.

Es~

Esto mismo , dirán, cabe , ya que no con el trigo precisamente , con otras especies ; y hasta la institucion del dinero el comercio no era otra cosa que el cambio de las no necesarias por las precisas ó convenientes. Esto ya es efugio , porque no se habla del comercio en general, sino del comercio de granos ; y si en ellos no es la equivalencia , falta el supuesto.

La generalidad de nuestros comerciantes no observa las estaciones , ni va á buscar los trigos á los paises favorecidos de ellas , sino que en sus domicilios compran por sí en año bueno como malo , caro ó barato , el sobrante y lo preciso. Esto es irremediable , porque procede del hombre. Veamos las implicaciones que tiene el asunto en sí mismo. Abundancia y carestía se vió posible en el capítulo de *Derechos* : y puede ser muy útil, aunque quizás no siempre conveniente ; pero alto precio y comercio provechoso , como quieren , *si no chocan*, no conforman para identificarse en un sistema de elementos uniformes.

Si el comercio ha de ser útil , debe hacerse activo con el extrangero. El precio comun del trigo en Europa se supone de veinte y ocho á treinta y tres reales fanega castellana ; y si el nuestro está mas caro , será invendible. En el tratado de *Comercio* expuse el juicio de nuestros Geógrafos sobre la distancia de las Provincias cen-

tra-

traíes al mar, que casi imposibilita la extraccion é introduccion del trigo : evidencia que hará muy caro el porte del que se dedique al comercio exterior.

El Traductor de Mr. de Beguillet no solo duda de la potencia para el comercio exterior por el subido porte, sino aun de la del interior ; pues dice, que en *muchas Provincias de España hay años en que sucede aun mas que doblarse el precio del trigo por el de su porte.* Infiérase, pues, á qué subido estará en los Puertos, ó á qué valor se ha de comprar en los Pueblos de cosecha.

En crédito de esta verdad sé por prácticos en la materia, que cada fanega conducida de Campos á Santander tiene diez y seis ó catorce reales de gastos ó sobreprecios, llevado en caballerías : Don Desiderio Bueno la reduce á diez ; pero Arrequivar gradúa medio real por fanega y legua, y reputando treinta hasta el Puerto, con atencion á la generalidad de distancias, resultan quince reales lo menos por fanega, y que lo mas caro á que debe compararse es á diez y ocho ó diez y seis reales, para que en la costa esté á treinta y tres, que es del precio prudente el mas subido; y á doce ó catorce, si ha de ser á veinte y ocho, que es el baxo : lo que no es posible, si no es en una baratura abandonada, y entónces no es útil al cosechero.

Don Desiderio Bueno dice : *Para establecer un comer-*
cio

cio nuevo es menester que las ganancias sean considerables para aquietar los zelos de las contingencias , y mayores de las
que pudiera dexar el dinero empleado en otro comercio. ¿Y
cómo ha de ser esto sin comprar muy barato? ¿y cómo
se ha de comprar barato sin ruina de la agricultura? Y
aunque se compre barato , ¿cómo ha de competir con los
extrangeros , distando tanto los lugares de cosecha de las
costas , y tener que conducirlo por malos caminos en
carrùages pesados , y con otras mil dificultades que él
mismo propone?

No puede dudarse que es principio infalible , según
el juicio universal de todos los políticos , que para ser
un género materia útil del comercio extrangero , debe estar barato en el país productor ó elaborante , y por eso
se le procura relevar de quantos gravámenes pueden hacerlo costoso. El Caballero Yohn en el tratado de las
ventajas y perjuicios de Francia y de Inglaterra, hablando de lo que ésta premia la extraccion de granos , dice:
„Otro precioso efecto de la gratificacion es tentar á otras
„Naciones con lo barato del precio de nuestro trigo,
„para que se desanimen del cultivo y abandonen su agri-
„cultura.‟

Esta proposicion , tan sabia como sencilla , contiene
á mi parecer la resolucion del problema de la gratificacion. Conviene en la esencialidad de la baratura del gé-
ne-

nero para comerciarlo con utilidad , y al mismo tiempo
acredita que el baxo precio del trigo arruina la agricultura ; pero intercala la gratificacion en lo que sale , para
que baxe el que va afuera , y dexe en su natural valor
al que queda en el país. Pero el Autor releva de toda
prueba en su confesion paladina al capítulo de objeciones.
Es infalible (dice) *que el modo de obtener la preferencia en
los Mercados extrangeros es vender mas barato que otras
Naciones :* sobre cuyo axioma deduzco esté argumento urgente. *Si el trigo está caro , no es materia de comercio con
el extrangero ; y si es barato , daña á la agricultura.*

Entónces , dicen , es quando los comerciantes le dan
valor. Convengo ; pero no puede ser tanto que pase de
diez y seis reáles , porque con los diez y seis ó catorce
de porte llega ya al punto de modo , que no puede pasar. Auméntense despues los derechos de salida y entrada , si los hay , fletes , gastos de estarías , averías , comision y otros indispensables , y será fácil resolver , que
ó se han de comprar muy baratos en el país de cosecha , ó no tendrán despacho.

Don Desiderio Bueno , como queda visto en el tratado de *Comercio* , considera , que siempre que el trigo
Inglés no exceda en su Isla de veinte y cinco reáles la
fanega , podrá venderse con utilidad en nuestras costas
del Océano , fundado en que de los veinte y cinco rea-

les

les del verdadero valor pueden rebaxar quatro y medio por fanega, con que aquel Gobierno gratifica su exportacion : de donde resulta, que el nuestro ha de estar á veinte ó veinte y dos á lo sumo puesto á la lengua del agua ; y si su conduccion de Campos cuesta diez lo menos, por regulacion del mismo, habrá de, comprarse á diez ó doce lo mas caro.

Esto lo especifica el mismo *computista en otra parte.* »En Castilla (dice) donde hay lugares distantes treinta leguas de la raya de Portugal y de la costa de Cantabria, ¿cómo podrán transportar por malos caminos una fanega de trigo, y vendiéndole á diez y ocho reales, sacar el coste del porte y del valor *intrínseco del trigo?* En tal caso saldrá la fanega á ocho ó nueve reales.«

¿Y quándo será esto? Nunca ; y si sucediese serán pocas veces, porque la agricultura se arruinaria *por la inferior* estimacion del trigo, si fuera freqüente. En conclusion ; ó éste no puede ser materia del comercio activo extrangero, como acabo de decir, ó aquella padecerá : disyuntiva, terrible, y nada favorable á la gran disposicion en que se nos cree para lograr las ventajas de este ramo de comercio.

Dixe que se han hecho extracciones con utilidad: luego son posibles, sin embargo del alto precio á que

sal-

salgan los granos puestos en el Puerto. Esto parece contradictorio á la dificultad que opongo al comercio por los crecidos gastos del trigo. Es verdad, y mas si concedo tambien que las compras no se harán á tan inferior precio, como propongo y entiendo precisas para que el comercio sea posible. Extrecho todavía mas el argumento contra mí. ¿Cómo habiendo convenido en que podia alzarse la cota de veinte y dos reales que cierra la extraccion para Portugal, supongo que cabe comercio exterior lucrativo, comprando el grano á superior coste, y ahora la ciño lo mas alto á quince ó diez y ocho? Así es; pero tambien siento que esto es respectivo en tiempo y lugar: y añado que quizás mas nos proporcionará la necesidad de otros, que nuestra propia disposicion comun, debiendo concurrir en conjuncion de tiempo la abundancia en nuestro país, y la indigencia en el forastero; lo que no es muy comun.

Baxo de este concepto es claro que no se puede decir general aptitud lo que solo es casualidad temporal y local proporcion; pues siempre que no se cuente con una Potencia, á lo menos probable, si no segura, que facilite repuestos y contratos anticipados, y reintegro á los desembolsos, no es comercio.

Es de advertir que la extraccion para Portugal por tierra es mas fácil y barata que por mar, y por esto per-

permite mas alta tasa , porque los menos gastos es mas ganancia , aunque se compren los trigos algo mas caros. Por otra parte , la rivalidad de los extrangeros no es tan temible , porque tienen que introducirlos tierra adentro para llegar á competir con los nuestros en las proximidades de España , y siempre serán mas costosos aquellos.

En otra parte me valgo de Zavala para defender que la posesion en que los extrangeros estan de este comercio en Portugal, excluirá siempre de sus ganancias á los Españoles : verdad es , pero no me implico : aquí hablo del comercio terrestre , y allá del marítimo ; y así como ellos no es fácil nos desbanquen en el primero , tampoco nosotros á ellos en el segundo.

Otra cosa concurre tambien contra nosotros respecto, creo , á todas las Naciones frumentarias , que es el consumo del pan , que desde luego puede contarse con una tercera parte de exceso á todas , y esta misma aumenta en ellos la masa comerciable y su acomodo. Varias legumbres y pastas , la leche , manteca , los quesos , grasas , patacas , y otros auxilios de muchos paises suplen en gran parte por el pan ; cuya materia es para los Españoles universal , como se ha visto en el tratado de *Comercio* , sin la qual ningun otro alimento parece que nutre , y siempre hace la principal parte de los compuespuestos. Supongamos el gazpacho en Andalucía y Extremadura, sufragio casi único de la gente del campo y jornalera : el pan es la esencia y cuerpo de este mixto.

Debo confesar que Inglaterra gasta mas trigo en cerbeza, que ninguna Nacion en qualquier otro uso extraño del pan ; pues he visto en escrito recomendable, que solo en esta bebida se consumen treinta millones de boisseaux de cebada y trigo, que corresponden á mas de ocho millones de fanegas, porque cada boisseaux pesa veinte á veinte y una llbras ; y no parece que dexa duda, advirtiendo que el derecho de la cerbeza refinada importa ochocientas mil libras sterlinas.

Por todas estas razones resulta, segun mi juicio, que en iguales circunstancias nos llevarán siempre ventaja las mas Naciones comerciantes de granos ; y si hemos de entrar en concurso con ellas ha de ser comprando el trigo muy barato al cosechero : circunstancia que no conviene con el buen valor que el comercio por su instituto propio debe darle, que es la repugnancia que encuentro de parte del mismo comercio.

Sobre los buenos efectos en general que quedan referidos, de que puede ser causante poderoso el comercio del trigo á favor del Estado y en fomento de la agricultura, que es la causa de la materia comerciable, se pone otro como en apéndice de su historia y gloria, cuya di-

.Kkk   vi-

visa ó empresa es la *Medida de Nemesis* y la *Balanza de Astrea*, con que establece la igualdad del precio del trigo y el pan : utilidad que sola ella es el epítome del mayor bien. En tanto grado es así, que el Marques de Mirabeau no dudó decir : *Donde menos variacion ha tenido el precio del trigo, allí es donde la vida y la subsistencia humana habrán peligrado menos.*

Este precio igual y comun lo regula Mr. Patullo moderadamente sobrecargado al *fundamental* que debe establecerse por los gastos que es preciso precedan á las producciones. Esto es con un premio prudente por el capital é industria.

El supuesto de que *los mercaderes se contentarán con una moderada ganancia, que no encarezcan los trigos*, y otras semejantes, coinciden al fin de un cómodo precio : objeto entre otros que guió la Pragmática, como ella misma y sus adiciones lo declaran.

Por otra parte todos los Escritores del comercio exhortan al alto precio, y el Autor es uno de ellos ; de cuyo espíritu animado Mr. Patullo dice, como se ha visto en otra parte : *El buen precio de los frutos : digo mas, la carestía misma ::: provocará la abundancia.* El Marques de Mirabeau, siguiendo la opinion de ambos, se explica así: *La salida procura el alto precio, éste anima la labor y atrae la abundancia. La abundancia y alto precio forman las rentas,*

:tas , *favorecen la poblacion* , y *procuran el buen estar de los habitantes*. Todas estas opiniones las contiene la Encyclopedia baxo esta clave de triples muelles : *El baxo precio con la abundancia no es riqueza.* *La carestía con penuria es miseria.* *La abundancia con carestía es opulencia.*

: Estos planes , mejor concertados en la figuracion que convenibles para el hecho , se dirigen á mantener , como he dicho , constantemente en un buen precio el trigo y el pan. Pero ¿quién enfrenará las vicisitudes temporales? El comercio : no lo niego , pero lo dudo. Una Provincia indigente interrumpió el precio regular y constante, como se ha visto en el último capítulo *de objeciones.*

- Si un país queda apurado por excesiva extraccion, suponen tan pronto el socorro con la reversion , como casi la necesidad ; pues en el momento inicial que se advierta , retrocede el trigo á ocupar el hueco que dexó, ú otro por la misma virtud que el antecedente salió, demostrándolo con el nivel y peso de las aguas, como dice el *Marques de Mirabeau* , asegurando que los comerciantes no pasarán hambre , »por la misma razon que el »nivel está asegurado entre el Mediterraneo y Océano; »y por lo mismo que *nadie ha emprehendido todavía sa-* »*car toda la agua de uno de estos mares para hacer una* »*abundante pesca.*«

Yo no creo cierto lo uno, ni fácil lo otro. El trigo sale prontamente , si es por necesidad , en alguna parte. El fallo se cansa luego ; pero aunque sea advertido breve , el periodo que media hasta proveerse es bastante para agoviar al Pueblo abundante , aun mas que lo fué el primer necesitado. Introducido en país hambriento , es ilusion esperar que vuelva ; y si sucediera con algo sobrante , seria sobrecargado infinitamente con los gastos de conduccion , reversion , &c. De otros trigos tampoco es fácil.

Es visto , pues , que el instante de la salida arrebatada es el de la necesidad que ella causa verdadera ó figurada , por aprehension ó nimio miedo , ó artificiosamente abultada ; y sin mas intermedio que el de un punto casi indivisible , ni otro daño que faltar parte del fondo que mantenia la estimacion equitativa , se perdió la posesion del precio igual.

Concluyo con la ingenua confesion de que no alcanzo los medios de conciliar la triple alianza de comprar barato el trigo , fomentar la agricultura con su alto precio, y mantener el del pan igual y casi permanente , y todo baxo la garantía del comercio sobre el axîoma que él ha de comprarlo á baxo precio y no mas el superfluo, porque tambien es principio, que no han de encarecer los granos los mercaderes , y que se contentarán con una moderada ganancia : exercicios todos mas propios de una

aso-

asociacion de verdaderos amigos de la patria , que de negociantes , cuyo espíritu es la avaricia , y sus miras el lucro , segun el Autor. Verdad es que mi óptica no puede extenderse á horizonte tan dilatado como la de estos linces , cuya perspicacia percibe los átomos , en donde yo no veo sino densas nieblas.

Finalmente todo se acomoda con el exemplar de Inglaterra , queriendo que como en un sello estampe su dibuxo en qualquiera superficie , concediendo á lo sumo alguna leve desemejanza del trasunto al original. En el tratado de exemplos dice el Autor : *Entónces sucederán las cosas en Francia como en Inglaterra ; y no habrá la pretendida diferencia que se pretexta.* ¿Y á qué se reduce ó en qué se funda la identidad? *En una regla fixa que asegure la entera libertad : y que si alguna vez se deba limitar , guie solamente el precio , y gobiernen los derechos de extraccion.*

La libertad se ha mantenido veinte y cinco años , y solo el precio la ha limitado : se entiende en el precepto , porque cumplimiento no lo ha tenido.

A la asercion valiente que acabo de referir contraida á Francia , merece asociarse la no menos brava del cliente de su autor Don Desiderio Bueno relativa á España, que poco ha referí ; y es , que con *la sola permision de extraer los granos se fomentará la agricultura , la marina y*

el

el comercio, y *se desterrará para siempre la hambre.* ¡O fuerza del consonante á lo que obligas! se podia aplicar aqui : ¡ó, y lo que arrastra el empeño de persuadir un sistema! Los Ingleses, sin competencia á quien resistir, ni rivales que vencer, jugaron todas las máquinas hasta las casi imposibles, y siempre encuentran que aumentar, y á nosotros se nos asegura tan á poca costa. Ellos no se imaginan con todo su cuidado capaces de *desterrar la hambre para siempre*, y nosotros sí con solo el descuido, porque no es otra cosa la libre extraccion.

Estas y otras decisiones magistrales, hijas de un arrogante espíritu, intimadas con expresiones absolutas, parecen unos astros luminosos, *siendo solo meteoros fanfarrones*; pero no dexan de seducir á muchos y atolondrar á no pocos, y mas si la autoridad ó el concepto les da vuelo : entónces la lisonja se brinda y la preocupacion se rinde, adquiriendo fuerza de axîomas *las equivocaciones.* Así se vió con los ochocientos mil toneles de Dancik, en cuyo supuesto, creyéndolo cierto, se fundaron opiniones para la declaracion de la Pragmática del año de 65, sobre otras muchas razones verdaderamente sólidas, que sin duda tuvieron mas poder para su promulgacion que este simple supuesto.

No es la primera vez que advierto la precaucion que pide el asenso á proposiciones inspiradas del empeño, aun-

aunque se reciban de personas doctas y circunspectas. Llamo la atencion á los asertos del célebre Mr. Tomás, que expuse en los tratados de *cálculos* y *demostraciones*.

Los escritos producen sus aficiones, que interesan el ánimo respectivamente como las relativas, entrambos géneros de la especie humana. El corazon en la efervescencia de la inclinacion no es capaz de prostituir su ídolo hasta que el acaso ó la providencia ofrece algunos instantes, en que se vean menos exâltadas las calidades que embargaban. Este, pues, es el momento en que el raciocinio debe insinuarse.

A esta idea las opiniones arrebatan por algun tiempo, y no es fácil persuadir sus contingencias, sino despues de haberlas experimentado, con cuya evidencia se puede oportunamente argüir; y en este caso estamos sobre el libre comercio de los granos.

El zelo de muchos por el Público esfuerza la voz *comercio libre* y *general*, *salida franca* y *absoluta*. Su eco resuena en los Foros, se difunde en todo el lugar civil, y sube hasta el Trono. Todo lo ocupa, porque á todos interesa; mas no obstante se podia preguntar á muchos lo que el Señor á los Discípulos ardientes: *¿Sabeis por ventura el espíritu de que sois animados?* Otros arrebatados del brillo se apasionan demasiado de la novedad y de los atractivos con que lisongea; y acaso tambien el

de-

deseo de acertar en tan grande importancia , expone y aun precipita : como suele despeñarse el que en un paso expuesto se afianza mucho , especialmente proponiéndose exemplares , que si no se anatomizan , engañan.

Con alusion á este efecto y sobre la misma materia dice Mr. de Beguillet : "El ciego amor de la novedad "causa freqüentemente mucho mal. Este amor desenfre- "nado de todo lo nuevo produce un *deseo inconsidera-* "do de hablar de qualquiera asunto , y sus efectos algu- "nas veces son funestos ::: La mayor parte (de ingenios) "ha hecho de una libertad de comercio sin límites el "principio de todas sus decisiones. Este sistema es to- "talmente nuevo ; pero es tan *suave* , tan *cómodo* , fa- "vorece de tal modo *todos los gustos* , lisongeando la "pereza de los hombres de casi todos los estados y con- "diciones , que ha seducido las mejores cabezas y ha cau- "tivado los mayores talentos."

El conato es : ¿*Por qué el trigo , siendo la materia mas importante , ha de carecer del auxilio del comercio?* Así es ; pero esto es mirar la especie en sí sola : resta con- siderarla por los respetos políticos en los efectos que puede causar su falta , segun se ha dicho ; y aunque se persuade y cree que por lo mismo le conviene el co- mercio , tambien por otro tanto precaverle de sus ries- gos. Las demas , si progresan , aumentan los *fondos* del

Es-

Estado; pero si no prosperan, tampoco alterarán su constitucion; mas la falta del trigo puede arruinarlo. En fin, aunque en todos versan relaciones de economía, hay la diferencia de la sensacion que causa el trigo en la conservacion y quietud de las Repúblicas; y por esto importa que sin separarlo del comercio se cautele, de modo, que *mitigado y precavido sea tan útil*, como puede ser nocivo, general y absoluto, que será el asunto de la segunda parte, cuyo emblema abraza los dos.

TRA-

TRADUCCION DE COMISION.

El bien del Estado no se logra por acaso, sino por la naturaleza del Gobierno y la providencia del Legislador, que difunde con oportunidad la simiente de la grandeza ácia la posteridad. Una Nacion que conservase en sus fastos la enumeracion de sus individuos, de sus tierras, de sus producciones y de sus rentas, juzgaria con certidumbre en las causas de su acrecentamiento ó su disminucion, y de los medios que pudieran hacerla mas fuerte, mas próspera y mas feliz. Este espíritu y estudio de cálculo no serian menos útiles al Género Humano que los mas sublimes conocimientos. *Sin embargo,* todas las tentativas de esta especie permanecen imperfectas, y la ignorancia de detalles arrastra muchas veces la de los principios.

Por Edicto de 20 de *Diciembre* de 1559 estableció Francisco II. un Tribunal de Comisarios para arreglar las salidas de los vinos y de los granos conforme su abundancia ó escasez; mas este Tribunal espiró al año con el Monarca.

Cárlos IX. despues de haber hecho el Reglamento general para la policía de granos de 4 de Febrero de 1567, promulgó en el mes de Junio de 1571 un Edicto para su comercio y extraccion, baxo el principio de que

ca-

cada año se formaria un estado cumplido de su cosecha, para establecer las cantidades que se podian extraer. Este Edicto, que fué registrado, no se observó, y contiene treinta y tres articulos, que arreglan las funciones de los Comisarios y la economía de este régimen.

Parece que el objeto de estos reglamentos fué la incorporación del derecho de salida, que habia sido usurpado, cuyas miras podian conciliarse con el bien público. Si estos estados no se hubiesen interrumpido, tendríamos sin duda una indicacion del producto de las tierras que nosotros ignoramos.

En el siglo de Luis XIV, mas ilustrado que los antecedentes sobre los verdaderos intereses del Reyno, se quiso formar un proyecto del conocimiento exacto y discreto de todas las Provincias del Reyno, y de las diferentes partes de la administracion. Mas este plan sugerido por el amor al Público, no tuvo efecto. Las memorias que se dirigieron á las generalidades no dieron sino vagas nociones, por las que no puede formarse concepto, y menos operacion alguna. Esta empresa bien executada hubiera esparcido luces claras sobre diferentes operaciones del Gobierno, y habria correspondido á las intenciones de un Principe que deseaba instruirse, y á nada aspiraba con mas conato que á conciliar la gloria del Estado con las facultades y felicidad de los Pue-

blos.

blos (a). Estos mismos sentimientos animan á sus augustos descendientes; y una tentativa tan útil no seria hoy infructuosa, especialmente si no abrazando todas las partes de su gobierno á una vez, se ciñese á ilustrar algunas succesivamente.

"Las necesidades de la vida son el primer objeto de la policía del Estado"; y la atencion que el Ministerio ha tenido siempre por su subsistencia no dexa duda que se le mira como una parte de las mas interesantes. Se toma exacta noticia de los precios de los granos de cada Provincia; mas no se ha sabido hasta ahora la suma de las cosechas ni de los consumos: de manera que en tiempo de carestía ó de necesidad los socorros han sido medidos mas bien por la buena voluntad del Gobierno, que por la realidad de las necesidades.

Parece que el único medio de adquirir conocimientos necesarios para no entregarse sin precaucion al curso de los accidentes, seria formar en la capital un Tribu-

(a) *En 1697 el Rey mandó comunicar una instruccion, sobre esta materia á todas las Provincias, y nadie ignora, que el Duque de Borgoña trabajó este proyecto. El Conde de Boulainvilliers recopiló todas las memorias, y se imprimieron en tres volúmenes en folio, con algunas otras obras del mismo autor.*

bunal , que se ocupase solamente en el cuidado de la agricultura , de sus causas y de sus efectos. Este establecimiento , mas útil que brillante , tendria baxo la autoridad del Ministerio correspondencia seguida con todas las Provincias, Inquiriria los medios de saber cada año la cantidad de cosechas , su calidad y consumo. Descubriria las causas de su mengua ó aumento. Examinaria si dependia de las estaciones , de los terrenos , de la negligencia ó de la emulacion , y del número de cultivadores. Premeditaria lo que podia animar sus trabajos ó relaxarlos. Vigorizaria las experiencias sobre diferentes producciones , y sondearia los nuevos descubrimientos sobre una cultura mas perfecta , sobre la conservacion de los granos , y sobre su administracion. Si estos objetos fuesen seguidos atentamente , no habria incertidumbre de la fecundidad del Reyno , de las cantidades proporcionadas á las necesidades , ni de los medios de proveerlos en tiempo.

Las especulaciones ni los razonamientos desnudos de las luces de la experiencia práctica no dan conocimientos precisos ni positivos. Son prismas que varían los objetos y los colores , siguiendo la mano que los guia. Es preciso detalles y hechos para no caer en error ; y no se podria quizás adquirir una guia segura para diferentes operaciones de este Tribunal , sin preceder una demarcacion de tierras, de su naturaleza, de su empleo, y de la cantidad de habitantes, y de sus diferentes profesiones.

Este proyecto, al parecer inmenso, no es imposible. El censo Romano no era otra cosa, y se hacia sobre la declaracion que cada uno estaba obligado á dar de sus bienes, de sus hijos y de sus esclavos y libertos, baxo la pena de confiscacion de lo que se ocultaba. El Censor de Roma y los Subalternos Provinciales tenian igual registro, aunque respectivo; y por estos detalles podia juzgar la República de sus fuerzas, y resolver en sus empresas. Ella sabia exactamente los socorros que podia esperar, tanto de hombres como de dinero. Los Emperadores Claudio y Vespasiano consiguieron hacer padrones de todos los ciudadanos del Imperio: objeto casi inaccesible respecto á los que se podian hoy emprender.

En la China, una de las mas preciosas porciones del Universo, de extension poblada con exceso á toda Europa, realizó el Emperador Cang-hi al principio de este siglo una enumeracion de todas las tierras y su cabida (a), y

(a) Véase el tomo 2.º de la Descripcion de la China por el Padre Duhalde, pág. 14 y 15, y léanse los capítulos siguientes que tratan del gobierno. No puede dexarse de admirar el órden, la sabiduria y la industria de un Pueblo tan nuy como se sabe igualmente la suma de familias, se fixan sin trabajo los tributos, y todos saben lo que deben pagar en cada año: método tan fácil, como ventajoso á los súbditos y á los Soberanos.

La Inglaterra despues, de largo tiempo consiguió formar un catastro ó registro público de las rentas y productos de todas las tierras del Reyno, y se formó sobre simples declaraciones de poseedores de bienes-raices, sin que se haya advertido fraude ni notable diferencia. La tasa ó derecho sobre las tierras, que es de dos sueldos hasta quatro por libra, siguiendo las necesidades del Estado, se levanta sin ninguna dificultad, sin gastos y sin inconvenientes. Quizás á esta igualdad y á esta fixacion debe el Reyno el aumento de la agricultura y poblacion.

Nosotros tenemos semejantes catastros en algunas Provincias de Francia para arreglar las imposiciones; cuya existencia prueba, que una comision que se empeñase en arreglarlo generalmente, y en perfeccionarlo quanto fuera posible, trabajaria ciertamente con admirable suceso.

Si al conocimiento detallado de tierras, sus valores, y producto, se añadiese el de diferentes clases de habi-

numerosa, cuya imperio y leyes subsisten muy largo tiempo, y que no ha podido variar la invasion de los Tártaros.

bitantes, ¡con qué certidumbre se procedería en las empresas, tanto en guerra como en tiempo de paz!

Además de la ventaja de asegurar la subsistencia de los Pueblos, sobre la qual se discurre siempre tumultuariamente y sin conocimiento, esta obra seria seguramente la basa de todas las operaciones del Gobierno, y de todos los proyectos mas útiles, cuyo acierto se pudiera prometer, no sobre vanas congeturas, *sino por ilustraciones ciertas.*

Se sabria por qué una Provincia es mas poblada que otra, y por qué un buen suelo no da muchas veces tanto cómo otro mediano : se veria lo que podia fomentar la poblacion, la agricultura y las demas artes : no habria duda en qué comarca es mas apta para hacer prosperar las manufacturas.

¿Qué norte mas seguro para descubrir el modo fácil y menos oneroso de asegurar los subsidios, *y si es sobre las tierras*, sobre las personas ó sobre los consumos, que conviene aumentarlos ó reducirlos en ciertas ocurrencias, y qué parte se debe aliviar con preferencia á otra? La experiencia demostraria por qué método podian repartirse con mas igualdad para hacerlos menos sensibles.

Un particular no percibe los vicios interiores de un brillante Estado, sino como las manchas en el sol imperfectamente. De la combinacion de diferentes observaciones es de don-

donde únicamente pueden deducirse resultados ciertos. Por el exâmen de diferentes partes es por donde han de reformarse los abusos sin exponerse á riesgos. De las luces superiores del Consejo han de descender estos conocimientos , de que redunde general utilidad. Los Magistrados que han gobernado nuestras Provincias conocen bien los inconvenientes ; y quanto mas se aproximan al Trono , mas hacen brillar sus talentos y su zelo por el bien del Estado.

Si hemos conseguido ventajas conocidas de nuestro Tribunal de Comercio con nuevos progresos diurnos, ¿qué no debemos esperar del establecimiento de una comision, que tuviese la vista siempre fixa sobre las producciones de nuestro suelo , sobre sus valores , sobre el acrecentamiento ó mengua de la poblacion , y sobre los medios de proporcionar los subsidios á las facultades de todos los súbditos del Reyno? Reglas seguras para robustecer á un Estado , y prevenir las enfermedades de la languidez, que pueden alterar su constitucion. Estos riesgos no se pueden descubrir sino por conocimientos de detalles, sin los que las reflexîones mas sensatas y los proyectos mas preciosos no son regularmente sino frutos de la imaginacion.

Un simple particular tuvo harto espíritu para consagrar sus rentas y sus trabajos en la institucion de una

Mmm   Aca

Academia de Agricultura en Florencia en el año de 1753.
En el Electorado de Hanover el Rey Jorge fundó en
1751 una Sociedad de Sabios, que dan cada seis meses
un premio por una qüestion económica. ¡Qué bellos sucesos se pueden esperar de estos nuevos establecimientos
á la vista de los de muchas Sociedades formadas en Es-
cocia, y en Irlanda para fomentar la cultura y las artes
mecánicas! Ellas se han aumentado y perfeccionado considerablemente hasta connaturalizar en sus climas las plantas que lo resistian por naturaleza (a) á fuerza de premios á los que atinasen el medio de conseguirlo. Mucho tiempo ántes Enrique VIII. (b) sacó de España la
casta de carneros, cuyas bellas lanas enriquecen á la
Inglaterra. La comision que este Príncipe estableció para
zelar su conservacion subsiste todavía hoy. Asi este Reyno logra los frutos de su providencia y de su atencion.
De este modo las artes y las ciencias que se animan en
Francia por recompensas, se radicarian por nuestras Academias, que han servido de modelo á nuestros vecinos.

(a) *Se ha hecho criar el lino, el cáñamo y las patatas,
que no se conocian.*

(b) *Enrique VIII. Rey de Inglaterra, casado con Ca-
talina de Aragon, en 1509 sacó de España tres mil carneros.*

nos. Ni mas ni menos nosotros les imitarémos en los conocimientos económicos, si les damos valor. Tenemos
ya pruebas ciertas en los premios distribuidos por las
Académias de Amiens y Búrdeos, que han promovido
disertaciones utilísimas sobre objetos de comercio y de
cultura (a).

Ya pues no hay que increparnos de ligeros, de in-
aplicados y de inconstantes en seguir nuestros proyectos.
Verdad es que hemos dexado muchos imperfectos : sin
embargo no nos pueden negar la gloria de haber dado
testimonios de nuestra penetracion y capacidad en todo
género de materias. Este humor ligero que nos divier-
te y hace mas amables á la sociedad, no es mas que
una corteza que no daña á la solidez. La moral y las
reflexiones útiles se encuentran entre los Poetas, como
entre los Filósofos. Una Nacion puede profundizar y hacer inquisiciones sobre lo que le es útil ó dañoso, sin
tener el humor sombrío y amoynado, que hizo perecer
á Caton Uticense.

La importancia de ocuparnos sériamente en lo que

pue-

(a) *La Disertacion de Mr. Fillet sobre el sarro ó caries
de los trigos, es una excelente memória. No se escapó á la
atencion de S. M., pues mandó que se hiciesen las pruebas
en Trianon (Palacio Real cerca de Versalles).*

puede contribuir á la fuerza y riqueza del Reyno nos
es tanto mas importante , quanto son continuas y sábias
las reflexiones de nuestros rivales en hacer bambolear
nuestra superioridad ; y si mientras ellos adelantan , des-
cuidamos nosotros en rectificar lo que nos puede dañar,
nos amenaza próxîmo el riesgo de la inferioridad. Nosotros mereceriamos poca consideracion entre los Poten-
tados de la Europa , si no hubiésemos variado el modo
de combatir , quando el arte de la guerra está ya perfeccionado.

No imaginemos que el exâminar las costumbres del
Pueblo , sus vicios y sus recursos , es querer penetrar
los secretos del Estado. Un Gobierno que subsiste despues de tantos siglos , y contra el que las fuerzas de
la Europa entera se han quebrantado algunas veces in-
utilmente , es un edificio público , cuyos fundamentos sólidos se dan bien á conocer. La fertilidad de su suelo,
el valor y la industria de sus habitantes , la atencion de
sus Soberanos por los Pueblos , y la union indisoluble
de los Pueblos á sus Soberanos , forman su poder y su
seguridad. No se trata sino de entretener la elasticidad
de estos resortes ; y si algunos vicios interiores pudiesen laxâr su actividad , el amor al bien público debe
descubrirlos con la sagacidad y sinceridad que empeñen
á los súbditos en procurar la prosperidad del gobierno.

¿Quán-

¿Quándo los Pueblos sentirán que el unánime concurso de los deberes de los súbditos y del Soberano ha hecho siempre la felicidad y gloria de nuestro Gobierno?

Si no está siempre en manos de los Soberanos hacer todo el bien que ellos conocen y desean, porque aun el mas probable no es posible muchas veces, dependiendo de tiempos y de circunstancias, inflámenos esta consideracion para aplicarnos con teson á conocer lo que puede contribuir á la felicidad y fuerza de nuestra Monarquía. Lo mas útil é importante para inculcar á los particulares es hacerles conocer la verdad, de que trabajando por el Estado, trabajan por ellos mismos. El medio de acertar en este blanco es introducir especies y métodos que fermenten el grano del amor al bien público: sentimiento tan interesante, que él solo puede producir los efectos mas copiosos.

Ya hemos visto lo que el establecimiento de Academias y el Tribunal de Comercio ha obrado entre nosotros. ¿Otro semejante al exámen de la cultura y su aumentó no será capaz de producir las mismas ventajas? No son siempre los acasos de la guerra, los sucesos de la política ni las riquezas del comercio los que deciden sobre la suerte del Público; pero sí la qualidad de sus fuerzas interiores, y la atencion á darles toda la elasticidad de que son capaces, sin consumirlas ni debilitarlas.

las. Estos son únicamente los bienes efectivos y durables, preciosos sobre todos los tesoros del Universo.

Quando nosotros tuviésemos las posesiones de ambos emisferios ; Y quando cubriésemos los mares de baxeles, y la tierra de legiones ; Y quando reuniésemos en nosotros el comercio de las Naciones , y y que pudiésemos acumular todo el oro del Potosí ; todas estas ventajas se eclipsarian insensiblemente , si no tuviésemos *siempre* hombres y víveres en abundancia. La tierra es quien los engendra , y es preciso unir á ella los hombres , no con cadenas de hierro , que siempre forcegean por romper, sino con grillos de plata , que ellos aman con extremo ; y el grande arte de esta empresa es *saberlos fabricar.*

No sabremos aplicarnos demasiado á conocer el valor de nuestras tierras , la cantidad y qualidad de nuestro Pueblo , y los resortes de nuestra industria , la naturaleza y los efectos de nuestros subsidios , porque *la mejora* de la policía de los granos por sí sola no conduciria la cultura á su perfeccion , si la naturaleza y la recaudacion de los impuestos no la facilitan. De aquí es de donde dependen los sucesos ulteriores. Este misterio parece que está escondido en una profunda noche ; pero él se manifiesta fácilmente á la atencion que lo quiera penetrar. Los hombres y las riquezas corren de siglo en siglo á diferentes paises , y son conducidos por las olas

de

de los tiempos á todos los climas adonde pueden abordar sin resistencia. Las leyes, las instituciones y la providad del Ministerio los fixarán siempre en donde encuentren mas comodidad y proteccion. La Francia mejor que otro país puede lograr estas ventajas, pues se las asegura su situacion, su suelo y el genio de sus habitantes.

La Francia, alguna vez confundida entre las tinieblas de la ignorancia, es en el dia el teatro de las ciencias, de las artes y del buen gusto, cuya fortuna debe á los cuidados de sus Soberanos; y ella puede llegar igualmente á poseer la llave del comercio, de la comodidad y de la fuerza. Todo parece que le brinda, y solos los vicios inveterados pueden oponerse á los progresos de su poder. Feliz Patria, que sin otros esfuerzos que los de la atencion del Gobierno, puede naturalmente aspirar á la superioridad. El aumento de los individuos y el de la cultura pueden facilmente constituirnos en ella: estos solo son verdaderamente los fundamentos del edificio político; y si algun accidente ó algun defecto de constitucion puede hacerlos tambolear ó debilitar, no se debe diferir su reparo lo non e i i i

Una comision permanente de Magistrados ilustrados y de miembros instruidos no darán jamás con los medios de repartir los tributos sin riesgo y sin sbsorros en adelantamiento conocido de los Pueblos y del Estado. Solo un un exâmen seguido y detallado por conocimientos precisos y bien combinados podrá vencer las dificultades, alzar los obstáculos y remediar los inconvenientes. Dirijan sus miras los sabios observadores ácia la poblacion y ácia las tierras : desciendan por grados á las diferentes calidades : inquieran las causas del aumento ó decadencia : congratúlense de aplicarse, y rubórense de ignorar lo que puede causar el bien ó el mal ; y se encontrarán insensiblemente los remedios quando se hayan sondeado bien todas las ensenadas. No hay solicitud poco importante, si trata del honor y fuerza de la patria ; y no debe temerse nos descarriemos quando hayamos erigido un farol que ilumine nuestras nociones fluctuantes y nos indique los escollos.

¡Qué medio mas seguro y mas á propósito para excitar la emulacion de nuestros ciudadanos, y empeñarlos á ocuparse en la utilidad pública, en consagrar sus talentos y sacrificar tambien sus intereses! A medida que los hombres son mas instruidos, conocen mejor sus obligaciones y las ventajas de la sociedad; y el interes particular junto con el amor del Soberano es el mas firme apoyo. Felices vínculos, que unen la prosperidad del Pueblo y la grandeza de los Monarcas por un mismo nudo al conocimiento exâcto de las facultades de los vasallos, para hacerlos mas dichosos entre ellos y mas temibles á los extraños.

PRO-

PROTESTA APOLOGÉTICA

DEL TRADUCTOR.

Con alguna resistencia he hablado genéricamente , sindicando á todo el comercio y comerciantes de *avaros*, *codiciosos* , y otros adjetivos indecorosos. Protesto que tales expresiones no son producidas de mi juicio , sino del Autor del *Ensayo* , como se puede ver , y yo las reproduzco únicamente para fundar mis discursos sobre sus supuestos.

El comercio contiene en su seno la caridad , la liberalidad , la buena fe , y todo el resto de virtudes que adornan y caracterizan á un hombre de bien. En apuros de guerra , de epidemias , de hambres y otras calamidades , y en las desgracias de naufragios , incendios , inundaciones , terremotos , &c. ha sido el comercio el mayor apoyo del Estado y de los infelices. Disculpe , pues, mis expresiones , y crea mi estimacion á su mérito. ¡Ojalá : que los Atlantes de la nobleza conocieran el esmalte que recibiria su blason , si á las heroycidades con que lo poblaron y adornaron los ascendientes , lo enriquecieran los actuales con el caduceo de Mercurio !

Verdad es que en el comercio de granos se comete mas dólo que en el de otra especie ; pero estos actores

abo-

abominables deben relaxarse y manciparse de su sociedad. El que dedica su industria y caudal honradamente á qualquier objeto que le utiliza, incluyendo los granos indistinta y simplemente, como uno de los muchos de su empleo, éste obra por lo comun con espíritu generoso, comerciante de profesion; pero el mañero, que lo ocupa astuta y únicamente en los trigos, suele ser atizado de la codicia, y gobernado de la insaciable sed de la ganancia, resuelto á conseguirla por qualesquier medios sórdidos y de torpeza.

Que esto proceda de un ánimo duro é inflexible, ó de la proporcion que ofrece la especie por la necesidad de su uso, no importa exâminar ahora, sino vindicarme de que no hablo del comercio y comerciantes en general, solo sí del abuso en el tráfico de los granos; y por eso al substantivo de *Protesta* añado el adjetivo de *apologética* ácia mí y ácia el comercio. Lo cierto es que la codicia del lucro en el trigo es implacable y singular. Negarlo es fanatismo, por mas que el artificio, la política, la prudencia ni aun la caridad se esfuercen para disfrazarla con los coloridos mas vivos. Este ha sido el sentimiento general de todas las Naciones en todos los tiempos y de toda clase de gentes. Las Escrituras divinas estan llenas de terribles amenazas contra estos prevaricadores. Los Poetas, reprimiendo su numen jocoso,

con-

convirtieron las gayterías de su humor en invenciones tétricas y doloridas para encarecer este funesto estrago. Los Gobiernos apuraron su zelo en leyes que lo reprimiesen ; y todo hombre sensible ha mirado como apóstatas de la sociedad civil y racional á estos piratas fratricidas.

En mi juicio , si puede darse fascinacion ; es la que causa el trigo en los que fixan la vista en sus utilidades, y no menos en los que persuaden obstinadamente puede el Gobierno abandonarse sosegadamente á la provision del libre comercio de granos sin precaucion , quando su dolo es tan comun como sus quiebras.

Un hecho bien autorizado , y el mas antiguo que consta formalmente de la historia , pues cuenta veinte y dos siglos lo menos , y cuya referencia acredita orígen mucho mas precedente , es una expresa apología de todo mi juicio acerca del comercio de los granos , y hace ver que fué nacido con los hombres , y que su vicio no espirará sino con ellos. Léase atentamente , y no dexará duda á esta verdad.

No puede negarse á los Griegos , de quienes recibimos lo principal de esta noticia , especialmente en lo de hecho , que dexaron á la posteridad admirable exemplo de zelo por el bien comun ; empero su exâctitud de gobierno y pureza de moral no triunfó enteramente

de

de los pérfidos , que hacen violento y feo patrimonio suyo el alimento mas precioso de los hombres , segun se ve en la siguiente

Anécdota del comercio de los granos.

»Debe permitirse y procurarse á los comerciantes de »granos , como á qualquier otro negociante , una justa »y legítima ganancia , pues el Público recibe servicio con »el establecimiento de su casa y comercio ; mas en el »género importante á la vida humana , en cuya recom- »pensa el Estado , como cada respectivo particular , de- »ben dispensarles una proteccion singular, para que el pro- »vecho que esperan , móvil de su exercicio , sea siempre »razonable y proporcionado á los desembolsos , á los »cuidados de su trabajo, y á las fatigas que son inse- »parables de los socorros que nos procuran. Ved aquí »á lo que son acreedores los sugetos honrados , que des- »empeñan esta profesion con toda la fidelidad , rectitud »y buena fe que ella pide , y lo que el Público debe »esperar de su providad.

»Mas por otro rumbo y en la misma materia , nada »hay mas pernicioso en un Estado que las gentes que »se dedican á este comercio ó se introducen en él , re- »sueltos á sacrificar estas sinceras disposiciones á su in-

»te-

»teres particular. Estos son los que prestan á los labra-
»dores, vinculando con anticipacion los granos, ya en
»sementera, ya en las granjas, ya en las paneras, para
»almacenarlos despues, obscurecer la abundancia, y des-
»proveer los puertos y mercados públicos. Estos son
»los que observan atentamente los tiempos y las esta-
»ciones, para ponderar qualquier intemperie ó fenóme-
»no capaz de menguar la futura cosecha, y los que á las
»menores apariencias ó con simples pretextos esparcen
»en las Provincias falsos y dañosos susurros de carestía.
»Ellos se asocian de concierto para hacerse dueños de
»todo el comercio. Sus emisarios corren los cortijos, las
»eras y los mercados, y tomando la mayor parte de los
»granos, introducen la carestía : retardan las remesas á
»los mercados y puertos de los grandes Pueblos donde
»quieren ellos hacer la venta, para lograrla á precios
»excesivos con tales pausas y ardides. ¡De quántas otras
»perversas maniobras se sirven para mantener la necesi-
»dad y la carestía, ó para fomentarla en medio de la
»abundancia! ¡De quántos artificios usa en tales casos el
»espíritu humano, corrompido por el amor propio y de
»la inmoderada codicia y una sórdida ganancia! Su deta-
»lle seria casi infinito.

»En todo tiempo han cundido estas pérfidas gentes,
»y pocas Naciones han sido libres de sus estragos. No
»se

»se puede dudar que los Hebreos los miraban con abo-
»minacion : ved cómo uno de sus Profetas (a) los em-
»plaza con esta amenaza. *Vosotros que aniquilais los po-
»bres y que haceis perecer á los indigentes, escuchad, dice;
»vosotros que proferis : ¿Quándo se pasarán estos meses mo-
»lestos y estas semanas enfadosas, para que abramos nuestros
»graneros y vendamos bien caro el trigo con medidas fal-
»sas, y pesémos en balanzas dolosas el dinero con que nos
»lo paguen? De este modo seremos por nuestras riquezas los
»señores de los pobres, precisándoles sin riesgo á que nos
»compren hasta las granzas de nuestros trigos. El Señor ha
»pronunciado esta anatema contra el orgullo de Jacob : yo
»juro que jamás olvidaré ninguno de estos trabajos.

. »Los Oradores sagrados y profanos de la Grecia nos
»demuestran bien quán freqüente y odioso era este vicio
»en su tiempo, y qué funestas conseqüencias tuvo en
»todos. Lysias, Abogado célebre de Atenas, lo hizo ma-
»teria de una de sus declamaciones en el Senado del
»Areópago. La ocasion fué esta : el comercio de los gra-
»nos giraba en esta República por dos especies de ne-
»gociantes : unos forasteros, cuyos baxeles arrivaban al
»puerto de Pireo : avecindados otros; pero éstos no ha-
»cian sus compras sino de los pocos trigos solares, que

»eran

(a) Amos. 8. v. 4, 5 y 6.

»eran escasos , ó del de los extrangeros puestos ya en
»tierra. Se advirtió que los del país esclavizaban el co-
»mercio , alzando los que traían los forasteros , y guar-
»dándolos en sus graneros , obligaban despues al precio
»que les placia ; lo que dió lugar á publicar una ley,
»la qual prohibia , pena de la vida , que nadie pudiera
»comprar en cada arrivada sino una determinada y mó-
»dica porcion (correspondia á ciento y veinte fanegas
castellanas). »Esta ley no se observó , porque los mer-
»caderes domiciliados continuaron el monopolio , y en-
»careciendo el trigo causaron una extrema necesidad.
»Murmuró el Pueblo , se quejaron los mismos mercade-
»res forasteros , informaron al Senado los Magistrados;
»y al mismo tiempo los Abogados que hacian la parte
»del Público pidieron todos que los acusados fuesen con-
»denados al último suplicio. Solo Lysias se puso en pie
»y representó , que los acriminados estaban ausentes, y
»que segun prevenian las leyes y pedia la equidad natu-
»ral , debia oírseles ántes de sentenciarlos : que no ha-
»bia riesgo ninguno en seguir este órden , pues si eran
»inocentes , era justo absolverlos ; y que si instruido el
»proceso en forma legal resultaban culpados , esta de-
»mora no diferia sino algunos dias la execucion. No pudo
»menos de aprobar el Senado este parecer ; pero el Pue-
»blo , siempre inquieto quando padece , y precipitado por
»la

»lo regular en sus juicios, improperó á Lysias y le in-
»crepó haber tomado partido por los usureros revende-
»dores, que fomentaban la carestía de los granos. Lysias,
»superior á todos por la rectitud de sus intenciones, se
»justificó en pleno Senado, y peroró despues tan fuer-
»temente por el Pueblo, que convenció de prevaricacion
»el manejo de los mercaderes de granos. Este Orador
»manifestó las malas mañas que tal gente practicaba en
»la Grecia para enriquecerse á expensas del comun, la
»vigilancia de los Magistrados para descubrirlas, y la
»severidad de las leyes para castigarlas. Véase su discurso.

SEÑORES:

»El suceso del último dia sobre los mercaderes de
»granos ha empeñado mi nombre en un verdadero ne-
»gocio á favor del Pueblo. Mi casa desde entónces ha
»sido toda ocupada de nuestros conciudadanos, impután-
»dome que baxo el vano pretexto de acusar á los mer-
»caderes usureros que causan la calamidad pública, he
»tomado á mi cargo su defensa : que yo he insinuado á
»la Magistratura que los acusadores eran verdaderamen-
»te calumpiadores ; y en fin, que todo lo que dixe mi-
»raba á su justificacion. Yo daré principio, Señores,
»por justificarme, y haré ver despues quán distante está
»de mis sinceras intenciones el argumento que se me
»ha

»ha hecho , y los motivos que me movieron para hablar
»en los términos con que manifesté mi discurso.

»El Congreso se acordará con quánto zelo por el
»bien público fué animado quando los Archontes (*Oficiales que gobernaban el Pueblo y administraban justicia*)
»pidieron audiencia , y le informaron de la excesiva ca-
»restía de los granos y de la miseria del Pueblo ; á
»cuyo favor hablaron al mismo tiempo algunos Aboga-
»dos , pidiendo que nuestros mercaderes de granos , que
»por sus monopolios y usuras mantenian la carestía , se
»entregasen á once Jueces criminales para que los hicie-
»sen morir sin otra forma de proceso.

»Al oir esta demanda representé , que seria cosa ja-
»más vista ni practicada en este augusto Senado conde-
»nar á nadie sin escucharle : exemplar que atraeria per-
»niciosas conseqüencias , y que entendia yo debia for-
»marse causa á los mercaderes de granos , segun las for-
»malidades prescritas por las leyes. Que si fuesen con-
»victos de criminales capitales , no juzgaria el Tribunal
»con menos justicia que nosotros ; y que si al contra-
»rio vindicaban su inocencia , era mas equitativo atender
»á su justificacion , que hacerlos morir por un juicio pre-
»cipitado.

»Aprobó su circunspeccion mi dictámen , y en el
»mismo instante se me empezó á calumniar de que yo

»to-

»tomaba el partido de los culpados con solo el desig-
»nio de favorecerles y relevarles de las penas que mere-
»cian. Yo abogué entónces en mi propia causa ; y para
»acreditar mejor que estuve muy distante de defender
»á los mercaderes de trigo , y solo si el decoro y la
»fuerza de las leyes , pedí se impusiese silencio para ha-
»cer ver que era su acusador. En fin ellos han sido
»llamados : vedlos aquí á vuestros pies. Permitidme aho-
»ra interrogarlos , y ofrezco convencerlos ; pues no pue-
»do abandonar un negocio de tanto interes á mi honor.

»Pregunta. Venid acá , amigo mio. P. ¿Habeis venido
»de la campaña á estableceros en el Pueblo con inten-
»cion de obedecer á las leyes , ó con la de vivir á vues-
»tro arbitrio? R. He venido para obedecer á las leyes.
»P. ¿Podeis esperar otra cosa que morir , si violais las
»leyes que sois obligado á cumplir baxo pena de la vida?
»R. Esto es justo. P. Respondedme , pues : ¿No confesais
»haber comprado mas trigo que el permitido por la ley?
»R. En efecto he comprado mas cantidad , pero los Ar-
»chontes me lo han permitido.

»Ea , Señores , tenemos la confesion de esté acusado:
»ya no debe tratarse de otra cosa mas que de si puede
»alegar alguna ley , por la qual sea libre de comprar
»quanto trigo le permitan los Archontes , en cuyo caso
»debe absolvérsele ; pero si no puede hacer ver este de-
»re-

»recho por alguna de nuestras sanciónes , será razon
»condenarle , porque de nuestra parte se ha producido
»la que prohibe comprar más de cincuenta sacas de trigo:
»y permitid , Señores , me atreva á acordaros el jura-
»mento que habeis hecho de juzgar segun las leyes.

»Aunque esta prueba sea ya suficiente para conde-
»nar desde luego á este criminal por su propia confe-
»sion , y que cada uno de los restantes , aunque sea oido
»en particular , no tendrá mejores pruebas que alegar,
»sin embargo debemos todavia detallar otros cargos que
»resultan del proceso , y vereis claramente la mentira
»urdida contra los Archontes , y todos los artificios de
»que se valen para prolongar en su provecho la miseria
»pública.

»Ya habeis oido , Señores , á estos Magistrados , y
»que han justificado su conducta sobre el punto , y esto
»basta. Dos de ellos han certificado de no haber tenido
»ningun conocimiento de este negocio, y menos de ha-
»berse mezclado en él. Solo consta haber hablado *Anytos*
»á los mercaderes de granos , pero para exhortarlos al
»cumplimiento de su deber. Advirtió , dice él , que en
»el invierno último compraban los granos de los foras-
»teros con empeño , pujándose unos á otros con au-
»mento conocido de su precio. Vosotros interesais , co-
»mo todo el resto de los ciudadanos ; pues que hacién-

Ooo 2

»do-

»dose dueños del comercio estos regatones, estamos su-
»misos á sus manos para nuestras provisiones, que nos
»venden á su arbitrio. Este desórden inflamó el zelo y
»vigilancia de este sabio Magistrado, y les requirió con
»fuertes amenazas para que comprasen al mas posible baxo
»precio, prohibiéndoles competir entre ellos, y de hacer
»ningunos almacenes, ni revenderlo al Público con mas
»sobrecargo en su provecho que un *obolo* (la *sexta* parte
de una dracma) »por cada medida (cerca de la quarta parte de nuestra fanega), »como estaba prevenido por los
»reglamentos. Ved, Señores, lo que os ha informado
»*Anytos* el último dia de Tribunal, y está aquí presen-
»te, que puede volver á *certificarlo*.

»Habeis visto la prueba bien clara de que estas ex-
»cesivas compras de trigo se han hecho deliberadamente
»sin órden ni consentimiento de los Archontes, y con solo
»el objeto de aumentar el precio: resulta, pues, *que to-*
»*dos los* mercaderes que alegaron en su defensa esta ra-
»zon, léjos de justificarse, pronunciaron ellos mismos
»su condenacion, y nada podrá dispensarles de sufrir to-
»do el rigor de las leyes.

»Pero acaso dirán (como en efecto lo han dicho)
»que ellos habian acopiado el trigo por inclinacion y amor
»al Público, para podérselo vender despues á precios
»muy moderados. Es preciso, Señores, forzarlos *hasta*
»las

„las últimas trincheras y convencerles su mentira. ¿No es „verdad que si la adhesion á nuestro bien fué su movil, „habiendo comprado mucho trigo á la vez á un mismo „precio, hubieran puesto á la venta diaria en los mer„cados una cantidad razonable, y no lo habrian vendido „mas caro un dia que otro? Bien público nos es á todos „que ellos han ocultado la abundancia, y que no sola„mente de uno á otro dia, sino en uno mismo, y de la „mañana á la tarde lo han encarecido una dracma (seis tantos mas del premio y recargo que concedian las leyes) „como si estuviese ya para acabárseles.

„Causaria ciertamente admiracion, que unas gentes „que no quieren concurrir á título de su pobreza con „una pequeña porcion de sus bienes, siempre que se ha „tratado de alguna contribucion general por motivos de „pública utilidad, se transformasen de golpe en amigos „nuestros tan íntimos, que expusiesen su vida, sabiendo „con evidencia que la tenian perdida en el mismo ins„tante de ser descubiertos.

„Es muy comun á estos operarios el lenguage del „amor al bien público: estos que no procuran su for„tuna sino con la pérdida de los demás, y que cuentan „en el número de sus quiebras todo lo que es provecho „nuestro: estos que continuamente estan alerta de las „malas nuevas, que son los primeros que se informan

„de

„de los malos sucesos , ó que ellos mismos los forjan
„para tener pretexto de aumentar el precio de los granos.
„Escuchad cómo hablan en las plazas públicas : Ya una
„tempestad ha sumergido los baxeles en el Mar Negro:
„ya los enemigos ó corsarios han apresado el comboy que
„venia de Lacedemonia : en un tiempo la carestia de los
„mercados y de los puertos donde se esperaba comprar
„granos ha frustrado el efecto : en otro la rotura de las
„treguas ó de la paz con los vecinos ha causado el mis-
„mo mal suceso. Ellos tienen buena gracia para manifes-
„tarse amigos de la República, al mismo tiempo que su
„malicia se está armando y acecha en celada para ata-
„carnos al momento en que nuestros enemigos procuran
„sorprendernos , como si estuvieran de inteligencia con
„ellos. ¿No es este ciertamente el tiempo en que mas ne-
„cesidad tenemos de trigo? Entónces , pues , cierran sus
„almacenes y graneros, y nos desamparan en la urgencia
„para de este modo obligarnos á comprarlos al precio
„que mas llena su codicia , sin casi permitirnos ni aun
„regatear ni disputar con ellos. ¿Quántas veces , durante
„una paz tranquila , somos asediados por estos usureros,
„y morimos de hambre rodeados de la abundancia que
„ellos nos ocultan?

„Nada de esto es nuevo , pues mucho tiempo ha
„que nuestros predecesores muy antiguos experimentaron

„los

„los mismos tristes manejos. Los artificios , los fraudes
„y las maliciosas prácticas. de estos regatones ó merca-
„deres de granos les fueron bien manifiestas , y les obli-
„garon á establecer comisarios sobre todas las cosas ve-
„nales ; pero con mucha mas precaucion para los granos.
„Sabeis bien , Señores , que á mas de los Inspectores
„nombrados para el cuidado de los abastos , ha sido pre-
„ciso elegir por suerte un cierto número de vecinos,
„que velen sobre esta mercaduría en particular. Vuestra
„justificacion ha impuesto graves penas , y hasta la últi-
„ma que puede padecerse ha hecho sufrir á algunos de
„estos mismos zeladores , que fueron negligentes en su
„obligacion. Y si vuestra justicia castigó de muerte un
„simple descuido en descubrir y denunciar los defectos,
„¿qué penas no deberéis pronunciar contra los verdade-
„ros culpados?

„Perdonadme me atreva á deciros , que no os es po-
„sible absolverlos. ¿Qué dirian los mercaderes , con cuya
„navegacion y cuidado somos proveidos de trigo ? ¿No
„seria esto arrojar sus flotas de nuestros Puertos , quedan-
„do en presa de estos regatones , que forman sociedades
„y convenciones para atravesar el giro de esta mercaduría?

„Si á lo menos ellos produxesen algunas razonables
„excusas , nadie resistiria la indulgencia á que fuesen
„acreedores , porque vuestras luces penetran bien la ver-
„dad

„dad por qualquier lado que se presente : mas no ne-
„gando ellos su culpa , y confesando la transgresion de
„las leyes , ¿qué arbitrio os queda para dexarlos impunes?
„Acordaos que en igual caso habeis condenado á otros,
„que negaban el hecho , y alegaban razones en su excu-
„sa ; pero juzgásteis segun equidad , porque el completo
„de las pruebas equivalia á la confesion. Aquí teneis unas
„y otras , que os ponen en los términos mas precisos;
„y seria muy extraño condenar á los negativos y absol-
„ver á los confesos. Esto pues sucederia , si usáseis de
„remision con los presentes.

„Tened á bien , Señores , reflexionar por un mo-
„mento , que el Público está informado de todo quanto
„aquí ha pasado y pasa , esperando atento é impaciente
„el juicio que no dudo de vuestra equidad y justicia.
„Todo el Pueblo , á quien estos prevaricadores han sacri-
„ficado , se persuade que si ellos son condenados á muer-
„te ; su castigo contendrá á los restantes para que sean
„mas fieles en su comercio y exâctos en el cumplimien-
„to de las leyes ; pero al contrario , si los indultais , será
„su impunidad una licencia absoluta y general para ha-
„cer cada uno su antojo. Por tanto no solo deben ser
„castigados por sus crímenes , sino para que sirvan de
„exemplo á sus iguales , y contenerlos en los límites de
„su deber.

„¿Qué

„¿Qué favor pueden merecer estas gentes, cuyo úni„co y perpetuo objeto ha sido levantar y engrosar su „fortuna con los despojos de la miseria pública, y por „medio de ganancias injustas y abominables? ¿Ignoraban „por ventura, que si conspiraban contra las leyes expo„nian su vida? Si hoy la pierden por el suplicio que me„recen, á nadie sino á ellos mismos deben dirigir sus „quejas. Así, Señores, esperamos que no usaréis de pie„dad con ellos, aunque los veais á vuestros pies pror„rumpir en lágrimas y gemidos. Otro objeto, que no es „menos efectivo y presente, ya que no á vuestros ojos, „á lo menos á vuestros espíritus, es bien digno de vues„tra conmiseracion : tanto pobre pueblo, tantos ciudada„nos honrados que han muerto de hambre por las usuras, „los monopolios y por las detestables maniobras de estas „gentes, sus almas son las que os piden justicia contra „ellos.

„¿No debemos mas proteccion á los comerciantes ex„trangeros, que á los que han sorprendido su comercio? „Ellos, pues, estan en expectacion del suceso de esta „causa y de la justicia que se mande hacer con estos re„gateros. Saben que han confesado llanamente sus zeladas „en el mar, para embarazar que repitiesen en nuestros „Puertos las descargas de nuevos granos, que hubieran „disminuido el alto precio. Si estos interceptadores son

„con-

„condenados á muerte , como merecen , asegurará su cas-
„tigo la fuerza del comercio de granos en nuestro favor,
„atrayendo los extrangeros para que nos conduzcan la
„abundancia ; pero si son absueltos , ¿qué comerciantes,
„por despreciables que sean , querrán tratar con nosotros?

„Creo , Señores , haber dicho bastante para persuadí-
„ros quánto importa restablecer el órden y disciplina en
„el comercio de granos. No declamo contra algunos otros
„sindicados del mismo delito , porque el proceso no se
„halla en estado , y toca á los Fiscales proceder á las di-
„ligencias necesarias ; pero en quanto á los que aquí re-
„sultan convencidos , es de esperar de vuestra rectitud
„les imponga la pena que merece su malicia. *Este es el*
„único medio de hacer abaratar el trigo ; y de lo con-
„trario cierto es que la extrema carestía que hoy pade-
„cemos continuará.“

Esta enérgica Anécdota, aunque menos vehemente que
en su original Griego , del que la mayor parte fué tradu-
da al Francés , y todavía mas mitigada por mi version al
Castellano , es no obstante una bien clara y expresiva cifra de toda la economía del comercio de los granos en
sentido triple ó aspecto triangular , por lo que ha sido,
por lo que es , y por lo que regularmente será , contenido todo en mis demostraciones , pues justifica :

1.º Que el comercio de los granos es digno de *pro-*
tec-

teccion : por ellos , como materia la mas importante; y por fomento y gratitud á quien nos la proporciona.

2.º Que en todas partes y edades ha habido comerciantes de trigo , y que su abuso no depende de tiempos ni de lugares , sí de la corrupcion del corazon humano , una misma siempre , sino de la proporcion que dá la especie , sin otra diferencia que la de mas ó menos extension , conforme la permiten los temporales y las situaciones.

3.º Que el comercio interior siempre será acosado del monopolio , á pesar del rigor de las órdenes , si no lo defiende la rivalidad de los trigos extrangeros ó los repuestos públicos gubernativos.

4.º Que la usura es mas comun y perniciosa en el trigo , que en otra especie capaz de ella , tanto que parece haberse alzado con el denotado horroroso de usureros por antonomasia los logreros en granos.

5.º Que el Pueblo hambriento nunca juzga con prudencia ni acierto y menos con discrecion ácia el Gobierno , sino conforme al ansia de socorrer su necesidad.

6.º Que si ni el amor á la vida , ni el temor á la muerte , ni el horror al suplicio limita la codicia del hombre embriagado con la ganancia del trigo , como se ha visto en la alegacion de Lysias , ¿qué comedimiento

ra-

racional , qué decoro civil , qué respeto á la ley , qué caridad fraterna , qué miedo á un simple apercibimiento ó á una leve pena contendrá la avaricia de un comerciante de granos en los términos de una moderada ganancia ?

7.º Que aunque encarecen el favor que hacen al Público , no es mas que pretexto ; pues el efecto de todas sus maniobras es siempre oprimirle.

8.º Que no son unos mismos los sucesos quando las miras del mercader son las del comercio en general , que quando se dirigen precisa y únicamente al trigo , que es el punto objetivo de esta propuesta , para justificarme con el apreciabilísimo estado comerciante , *de que no tildo su bien executoriada legitimidad* , sino que ataco á los espurios intrusos , que infaman su noble modo de proceder ; porque acaso no se habrá hecho reflexîon sobre esta vagatela , que en mi juicio merece exâmen circunspecto.

9.º y últ.º Que las leyes sagradas y civiles , y todas las gentes pías y sensatas han graduado de conspiracion contra la vida de los hombres el retraimiento del trigo ó su demasiada carestía ; lo que no se entiende de ningun otro fruto ni alimento , y que por esto el cielo se conjura contra estos monstruos de la humanidad sobre el

res-

resto de individuos que han exercido su perfidia en qualquier otro género y trato.

En verdad nunca serán bien ponderados los estragos
de la hambre, ni sus causantes demasiado despreciados
ni temidos, como autores de la mayor afliccion del Género Humano. La hambre se ha tenido siempre por la
suma desgracia temporal, ya en lo singular de cada persona, ó ya en lo comun de una República, y en ésta
con mayor angustia quanto se aumenta el clamor con la
ruina universal. Mas triste que la peste y el último suplicio la llamó Livio: *Fames quam pestilentia tristior* ; *ulti-
mum supplicium humanorum fames* ; y San Ambrosio mas
grave que la misma muerte y que todos los suplicios:
Fames morte gravior est, & omnibus suppliciis. Plutarco con
otros dice, que sobre ser la hambre el mayor mal que
puede temerse, es el mas asqueroso, ignominioso y su-
cio, porque no hay cosa inmunda que no se haga servir
de alimento al cuerpo humano. Dígalo el último recurso
á que apelaron los Persas en una muy antigua hambre,
en que los huesos de los muertos fueron pasto de los vivos : horrible escena, que se renovó no léjos de nuestros
dias en el asedio de París por Enrique IV. haciendo pan
de éllos despues de tostados y molidos. ¡Alimento bien
fatal, que segun los Historiadores, mataba mas que sos-
te-

tenia! La hambre hizo venal en plaza pública la carne humana en tiempo del Emperador Honorio.

Algunas veces los racionales lidiaron con las fieras para arrancar de sus uñas la presa de otros animales, y aun mas feroces que ellas mismas devoraron á sus semejantes. Esto y mucho mas ha causado la falta del trigo, y autor de todo es el que lo retrae ó encarece excesivamente.

Los Sabios de Trevoux, en el elogio del Autor del Ensayo de la policía general de los granos, que acabo de traducir, impreso en Londres año de 1754, se explican así:

«Si se trata de prevenir y embarazar la *carestía de* «los granos, por conseqüencia tambien de substraer de «los horrores de la hambre á un número infinito de des-«graciados. ¡Quántos crímenes se derivan por esto en los «particulares y contra el Estado!... La grande carestía de «los granos esparce la miseria en todas partes: esta es «la que arruina las familias: esta es la que despuebla las «Provincias: ella es el azote mas terrible que el hierro «de los conquistadores, una tempestad que hace bam-«bolear las columnas del Estado, y una desgracia que «comprehende todas las otras calamidades.« ¡Qué reató de males, y qué digno empleo de las leyes y de toda so-

li-

llcitud , que remedie ó contenga estos atrocisimos, inju-
riosos á la Religion y destructivos de la humanidad! El
comercio que contribuya á este bien , será el apoyo del
Estado : el que lo vicie , su declarado enemigo.

F I N.

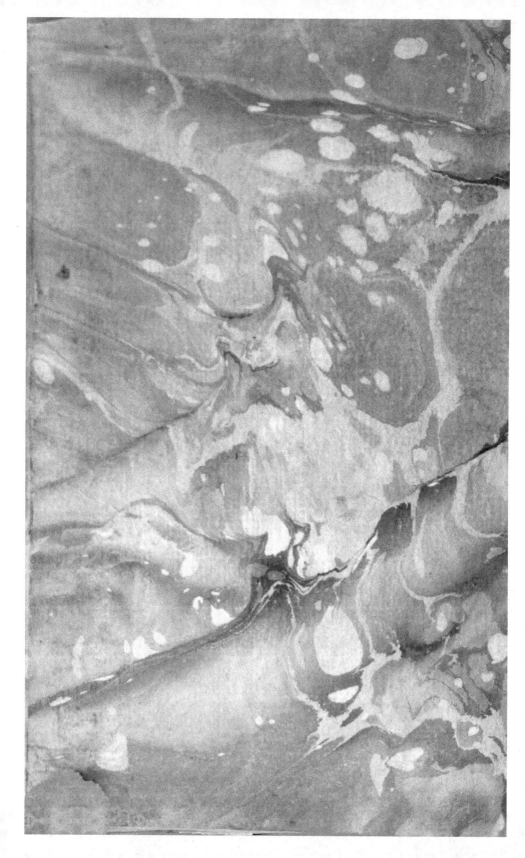

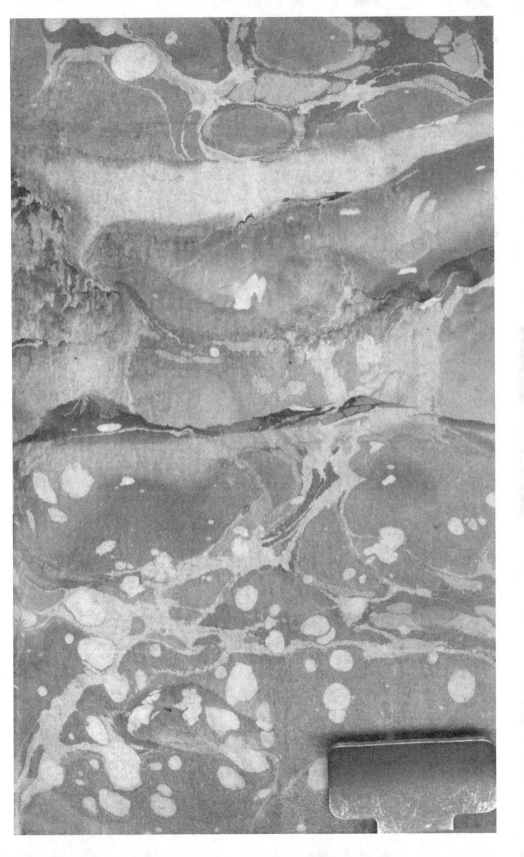

Check Out More Titles From HardPress Classics Series In this collection we are offering thousands of classic and hard to find books. This series spans a vast array of subjects – so you are bound to find something of interest to enjoy reading and learning about.

Subjects:
Architecture
Art
Biography & Autobiography
Body, Mind &Spirit
Children & Young Adult
Dramas
Education
Fiction
History
Language Arts & Disciplines
Law
Literary Collections
Music
Poetry
Psychology
Science
…and many more.

Visit us at www.hardpress.net